荷花仕女（约二十世纪六十年代初）

东坡访僧（约二十世纪四十年代）

戏剧人物（1948年）

伎乐（约二十世纪五十年代末）

舞（约二十世纪五十年代末）

飞鹜（约二十世纪八十年代）

绿衣女(1978年)

黄山（1978年）

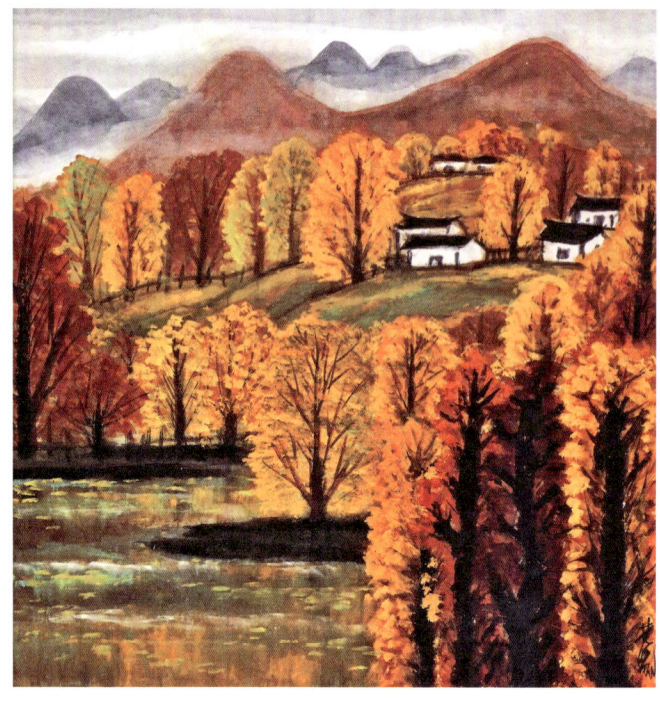

秋（约二十世纪七十年代末）

立（1963年）

大理花（二十世纪七十年代后期）

吹笛（约二十世纪六十年代初）

文汇传记

1990年林风眠在香港寓所书房

文汇传记
郑重 著

画未了
林风眠传

图书在版编目（CIP）数据

画未了：林风眠传 / 郑重著. -- 上海：文汇出版社，2025. 7. --（文汇传记 / 周伯军主编）. -- ISBN 978-7-5496-4505-3

Ⅰ. K825.72

中国国家版本馆 CIP 数据核字第 2025G1F665 号

（文汇传记）

画未了：林风眠传

丛书主编 / 周伯军
丛书篆刻 / 唐吟方
丛书策划 / 鱼　丽

著　　者 / 郑　重
责任编辑 / 鲍广丽
封面装帧 / 观止堂_未氓

出版发行 / 文汇出版社
　　　　　上海市威海路755号
　　　　　（邮政编码200041）
经　　销 / 全国新华书店
排　　版 / 南京展望文化发展有限公司
印刷装订 / 上海新文印刷厂有限公司
版　　次 / 2025年7月第1版
印　　次 / 2025年7月第1次印刷
开　　本 / 640×960　1/16
字　　数 / 350千
彩　　插 / 4页
印　　张 / 25

ISBN 978-7-5496-4505-3
定　　价 / 88.00元

开卷

　　林风眠的绘画宗旨是中西融合。
　　其实中西融合的绘画想法，并不是从林风眠开始的，而是可以追溯到清三代，康、雍、乾三朝，郎世宁等西洋传教士相继来华，以工于绘事被召入宫，其写实逼真的画艺颇受朝廷的青睐。他们运用西洋油画观念、方法，以中国画的工具、材料进行创作，从而开创了"中西合璧"的一代新风。但当时中国画的传统，水墨写意的画风占据着主导地位，崇尚笔墨而不求形似，所以"中西合璧"的画派被斥为"笔墨全无，虽工亦匠，不入画品"，仅仅局限于"新闻摄影"式的皇家政事、节庆活动的纪实工作。这虽然不久即告夭折，但却影响着宫廷画家，至今还能看到的皇帝出访、狩猎及巡视的纪实长卷，都是那时的产物。
　　西洋画家的到来，让中国画家的目光转向西方，要看看西方绘画的究竟，就有了出国学画的举动。开始时中国画家仅着眼于日本绘画，因为日本的浮世绘脱胎于中国绘画传统，又受着西方影响，所以有几位画家东渡日本学画。但收效甚微。民国初年，康有为考察欧洲文化归来后，以其政治余力所及，倡导中国画"新纪元"应以"郎世宁为祖",否则"随应灭绝"的观点。嗣后,他的学生徐悲鸿、刘海粟留学欧洲,与此同时,受蔡元培美育思想影响的林风眠、林文铮等一批人赴欧洲留学,形成了画家第一次出国潮。

在二十世纪的中国美术史上,徐悲鸿、林风眠在世纪之初的美术革命运动中,都做出了非凡的贡献,写下了不可磨灭的历史篇章,然而他们的命运,却相去甚远。徐悲鸿青云直上,独霸画坛半个世纪;而林风眠却每况愈下,被时代冷落,甚至误解了半个世纪。直至二十世纪八十年代,人们才得以用审视的目光,重新评估他们在历史上的价值。但是在几本歌颂徐悲鸿的传记中,林风眠仍然处在被批判的地位。也就是在这个时候,我开始走近林风眠和徐悲鸿,了解在他们的成功与失败,得失中的是是非非,我开始感到历史给人们开了一个很大的玩笑,便滋生了为林风眠立传的欲望。在上海老画家中,我对林风眠又是陌生的。

起始,我是从人们常说的"风眠体"的艺术中去了解林风眠。他的画既不是传统的中国画,也不是传统的油画,他搞现代派,但又不完全是西方的现代派,而是有着东方色彩的现代派。他的艺术为我们营造了一个艺术氛围:在孤寂中有着热烈,在沉静中有着壮美,在失望中有着希望,在向往未来与怀旧中似乎又在思索着什么,是对未来的乐观?这正是生活在峡谷中的人们的极为复杂的情绪。在他同时代的画家中,没有人能觉察到这种情绪,更没有人能把握和表现出来。

接着,我就读和他同时代画家传记,由于他很少和人交往,能得到的资料并不多。后来,我就去林风眠在上海的南昌路53号故居,拜访居住在这里的袁湘文女士。她是林风眠最熟悉而且欢喜的学生潘其鎏的妻子,是一位医生,也可以说是林风眠的保健医生。她性格开朗,语言爽快,不但和我谈了林风眠在上海的那些事,还把林风眠去香港后写给她的几十封信,全部借给我写传记时使用。再一个了解林风眠的就是席素华、冯纪忠及冯叶一家,可是这时席、冯夫妇已经去了美国,冯叶去了香港。但是,我从上海市公安局档案中看到"文革"期间,林风眠以特务之嫌被关进上海第一看守所的审讯笔录及他写的交代《我的自传》，而且进一步了解了席素华在林风眠被关押的四年，她一直以家属身份前往探望，送去衣物、食品及洗漱用品，危难之中见真情，引起我对她的敬佩。

我多次去了杭州。在国立杭州艺专旧址——罗苑——散步，从罗苑绕孤山再到林风眠的故居，走了几个清晨和黄昏。我曾得到林风眠的学生金尚义、郑朝的相助，他们把收集到的有关林风眠的资料和照片都提供给我。在我写这篇文章时，金尚义已经驾鹤西行多年了。再后来，我就到了林风眠的故乡广东梅州，在他家的老屋周围盘桓终日，走过村前的那座石桥，桥下流水潺潺，那是他童年随母亲洗衣服的地方，他记忆中的那棵大榕树还枝叶茂盛，遮风挡雨，他老宅前的芦花正在怒放，就是林风眠画中的风景。我还访问了林风眠童年好友、同时留学欧洲的李金发的儿子，谈到林风眠，他已经没有一点印象了。

除了上海，香港是林风眠生活时间最长的地方。到了香港，我见到了收藏林风眠作品最多的王良福，以及林风眠初到香港时，为林风眠服务的吴棣榕。本来想采访金碧芬，此时她以金东方的笔名在香港写流行小说，但她不愿见面。在香港，经过报界前辈卜少夫的介绍，我倒是见到了冯叶。古道热肠的卜少夫特地设宴把冯叶请来，席未终她就走了。我送到饭店门口，站在马路边说了几句话。她说许多人都要为她干爹写传记，都向她要材料，但她没有时间，将来她肯定要把材料整理出来，交给哪位传记作家还不知。说罢，她就消失在香港的暮色中。

我有机会到了法国，并去了巴黎，访问了林风眠当年读书的巴黎美术学院，访问了几个画室和正在学画的学生，想感受和体会一下林风眠当年求学的气氛吧。我在拉丁区鹅卵石铺就的路上走来走去，看画廊，看旧书店，又不止一次从美术学院经过拉丁区，穿过架在塞纳河上的艺术家桥到卢浮宫和巴黎圣母院，却无法体验到他们当年在巴黎学画时的辉煌，即我读过的传记中写的那种辉煌，我感到被抛得很远。在巴黎，我访问了赵无极和朱德群，他们当年都是林校长的学生，在国立杭州艺专学画或教画，谈论的仍然是林风眠在中国的事情。

这样的采访，断断续续进行了多年，由于我要对林风眠负责，有些拘谨不敢放笔，只写了一本简约的《林风眠传》。时光最易把人抛。一晃二十年过去。2013年冬天，林风眠的外孙杰拉德·马科维茨来到上海，我们见了面。他出生在巴西，只能从他的外祖母及妈妈那里得知一些外祖父当年的事情，但他却带来了鲜为人知的林风眠去巴西几次探亲的情况，还带来了林风眠一家昔日的照片。也就是在这时候，我认识了席素华的公子王泽良及林风眠的好友柳和清。王泽良少年时代经常生活在他的"林伯伯"身边，五十年代林风眠来到上海过隐士生活，直到后来去香港。柳和清是与他相往来的朋友，还有上海中国画院研究林风眠的学人朱朴，此时公开了林风眠从香港去巴黎开画展时写给李丹妮的几十封信。李丹妮是与林风眠一起留学法国又同在国立杭州美专执教的李树化的女儿，她和父亲一起长期居住在法国。再有就是徐宗帅从香港金碧芬及定居美国的潘其鎏那里得到许多有关林风眠的材料。徐宗帅慷慨地为我提供了几张他收藏的和林风眠相关的珍贵照片及资料。还有姚远东方，她身在南粤还是从法国找到了林风眠和李丹妮的照片，在我看校样的最后一天，传到我的手中。2014年，席素华走了。她是我一直想采访没有采访到的人。那天我去给她送行，看到她仍然是丰姿绰约的遗容，想到她把她和林风眠的故事也带走了，心中有些凄凉。

翻译过多部西方名人传记的傅雷，生前和林风眠有约，要为林风眠写传。但时代不让他们实现约定，这不能不说是历史的遗憾。傅雷与林风眠彼此有着仰慕之情和理解，但没有交往。如果林风眠传由傅雷来写，那该是什么样子呢？

总之，在林风眠逝世后三十多年的时间里，许多热心的朋友和笔者一样，还在不停地寻找林风眠。这样，一个真正的林风眠在慢慢地向我们走来。在中国当代艺术勃兴的时刻，我们是多么需要林风眠啊！

目
录

第一章　梅县：最忆故乡又怕还乡　　*001*

白宫镇老屋留下的寂寞　　*004*
祖父的凿子和孙子的画笔　　*005*
母亲：画家心中的一片云　　*007*
学堂、良师、诗社和诗友　　*010*

第二章　巴黎："调和中西"思想的萌发　　*015*

枫丹白露的熏染：崇尚自然　　*017*
校长的告诫：不要变成学院派　　*022*
吸取毕沙罗的经验：各个流派兼收并蓄　　*024*
艺术之神与爱情之神同时降临　　*029*
再现阿波罗精神的霍普斯会　　*034*
《摸索》：早期的艺术宣言　　*037*

第三章　北京：点燃艺术运动之火　　*047*

种子成熟了，播种在哪里？　　*049*

呐喊：且看今日之中国，还有一点比较过得去的地方吗？　*052*

林风眠的结论：传统的中国绘画应该告一段落了　*061*

齐白石和克罗多的任教："调和中西"的初次尝试　*066*

古都狮吼：震动北京的艺术大会　*068*

《人间》《人类的痛苦》：血与火的融化　*071*

第四章　杭州：建设中国新艺术的摇篮　*075*

呜呼！中国的艺术和艺术家　*077*

社会的解剖刀：《人道》　*081*

到西湖办学去　*084*

教师队伍：一个多姿多彩的艺术群体　*088*

艺术家：破茧而出的美丽蝴蝶　*093*

和潘天寿的争论：合并中国画和西洋画为一系　*100*

第五章　杭州：艺术运动之火的再起与熄灭　*109*

艺术运动社的诞生　*111*

徐悲鸿与徐志摩：一场论战的弦外之音　*115*

百幅图画：反映大众与现实　*121*

"一八艺社"的诞生与分裂　*123*

鲁迅与林风眠　*126*

艺术运动的寿终正寝　*131*

文化交流："西湖艺展"　*134*

热烈和冷静：林风眠性格中的多重因素　*136*

第六章　从西湖到沅江：流亡大转移　*145*

从贵溪到沅江的路上　*147*

洞庭风波：林主任的两次辞职　*150*

新校长到任：学校大裁员　*159*

第七章　重庆：从斗士到隐士——"风眠体"的诞生　*163*

仓库画师：新风格的诞生　*165*

拒绝文人画　*175*

黑院墙：重返艺术摇篮　*187*

又到西湖：黑衣女和红衣女的出现　*195*

第八章　上海：风风雨雨廿七年　*199*

再见了，西子湖：辞职离校　*201*

挂职美协的专业画家：卖画为生　*206*

异性知己：艺术与生活的温婉　*211*

戏曲艺术与立体主义　*221*

重新认识中国传统　*229*

对政治风向像对光和色那样敏感：躲过"反右"劫难　*235*

立体主义手法能画工农兵吗？　*241*

画记忆中想画的东西　*245*

山雨欲来：画笔束之高阁　*255*

看守所里写《自传》　*261*

以画铺路：申请出国探亲　*275*

第九章　香港：中国现代派绘画的结束　*289*

初到香港：信札中的林风眠　*291*

犹豫之中，何去何从　*302*

巴西探亲：叙廿二年的离情别意　*307*

席德进造访：又见四十年前老学生　*314*
与画外人语：真知灼见有多少　*320*
义女来香港：一切都在改变中　*325*
巴黎画展：重寻六十年前旧梦痕　*334*
婉谢侨商资助：建纪念馆并不重要　*349*
壮心不已：在画上要再变一变　*356*
福寿双修：依风长眠香江　*366*

外一章　林风眠的绝笔：我想回家，要回杭州　*375*

后　记　*385*

第一章

梅县：最忆故乡又怕还乡

寻找林风眠，我沿着他生命的道路走着，穿过那秋鹭栖息的芦苇塘，穿过那染着金黄色的丛林，穿过那几间老屋，也穿过那一溪清澈的流水，他的足迹有时是那样清晰，有时是若隐若现，有时又消失在视野中，使我感到迷茫与彷徨，不知如何再寻找下去。但是他那瘦小的背影，脱了发的脑袋，智慧的眼睛及那和蔼的笑容，又总是在我眼前闪动，特别是他的热烈似火又清静如水的矛盾的性格，使我无法放弃对他的寻找。

一天，我读到他的一篇自述，那是1989年7月在香港写的。虽说是一篇，其实只是很短的没有段落的文字，因为它短得无法再分段落了。由于它的短，我没有去复印，只是用自来水笔把它抄了下来：

我出生于广东梅江边上的一个山村里，当我六岁开始学画后，就有热烈的愿望，想将我看到的、感受到的东西表达出来。后来在欧洲留学的年代里，在四处奔波的战乱中，仍不时回忆起家乡片片的浮云、清清的小溪，远远的松林和屋旁的翠竹。我感到万物在生长，在颤动。当然，我一生追求的不单单是童年的梦想，不单单是青年时代的理想的实现。记得很久以前，傅雷先生说我对艺术的追求有如当年我祖父雕刻石头的精神。现在，我已活到我祖父的年岁了，虽不敢说像他一样的勤劳，但也从未无故放下画笔。经过丰富的人生经验后，希望能用我的真诚，用我的画笔，永远描写出我的感受。

就是这样的自述，把我带到林风眠的故乡——广东梅县，这是林风眠终生都朝思暮想神萦梦绕，而又是自小离家没有回去过的地方。从他的心情来看，他是很想回去的。其时广州去梅县已经开通空中走廊，去那里是很方便的。但直到他终老香港也未能回去。林风眠的真正故乡是梅县的白宫镇。从梅县县城去白宫镇还有一段路程，虽是山路起伏，尘土飞扬，一路景色还是很美的。随着峰回路转，一条江就在脚下，山石溅起了浪花，但不喧闹，在阳光下泛着美丽的色彩，平静地流向大山深处。过了风景清丽的西阳镇，抵达白宫镇，这就是真正的林风眠的家乡了。

白宫镇老屋留下的寂寞

白宫镇是一个美丽的古镇，一条清澈的小溪贯穿其中，它可能就是刚刚从车上看到的那条小溪，溪底可见丝丝青苔依附在形状各异的鹅卵石上，各种银色的小鱼穿梭往来。两座新建的石桥中央夹着残桥一座，还剩下两个桥墩在向人们诉说着白宫镇的过去，使人顿生一种沧桑感。小河两岸长满了槐榉树，这正是林风眠笔下的风物，镇子上的人也告诉我，林风眠晚年，每逢家乡有人去看他，他总要问起家乡的槐榉树还开不开黄色的花。这时黄色的花瓣飘落在小石子路上，飘落在小河清澈的水中。

到了镇上，我才知道白宫镇是因为镇子上有一栋白色的宫殿式的房子而出名。房子前有一片空地，空地上矗立着一棵大榕树，很大的树冠，能给人遮风挡雨。

即使在自己的故乡，林风眠仍是很寂寞的、孤独的。本来很少有人能记起他，更少有人谈起他。因为他自青年时代离开家乡后就再也没有回到这里。还是前几年，林风眠的作品到过梅县展览，白宫镇的人才第一次看到他的真迹。来这里办画展的人说，乡亲们看到几幅山水后，一下子就高兴地指点起来，说那山水画的就是阁公岭，许多旅居海外的梅县客家人，也一目了然地点评着。阁公岭是真正的乡村了，乡间的小路，曲曲弯弯，一塘碧波，闪闪泛光，芦丛水草，摇曳生风，塘边的堤岸是用山石垒的，临水坐落着一排泥墙青瓦的平房。走上一个斜坡，就是林风眠的祖居，石阶、大门、屋檐，屋檐下的门匾上仍留着清晰的墨斗方大字"敦裕居"，那门前的三层阶砌，是林风眠祖父所垒，有的石上还有着他祖父所刻的图案。进了大门，是卵石铺砌的天井，天井朝右三间是林风眠祖父的故居，白墙，木格直棂小窗，单扇木门露出清晰的木纹，只是贴在上面的"福如东海"的联匾，还有那旧房子已变成养猪的地方，时时散出猪尿味及猪叫声，屋后的园子还有鸡在走来走去，这些都告诉我虽然寂寞但现在还有人居住。林风眠并不是出生在这个祖居里，而是离祖居不远的一个所在，原先为他祖父作石匠兼营生的店铺，在二十世纪六十年代因山洪暴发而冲毁，后被拆除，如今已不复存在了。离店铺不远的地方有一个染坊，每天都有红红绿绿的布匹和衣服在这里染了出来。林风眠的童年生活除了看祖父和父亲打石头，看祖父在石头上雕刻出各种各样的花和鸟的图案，再一个乐趣就是看染坊染出的衣物，那各种各样的色彩在吸引着他，那里也是他常去的地方。如今，这个染坊和林风眠出生的老屋同样不复存在了。

但是，这两间已不复存在的老屋之间曾经惹出的故事，却一直埋藏在历史的记忆中，现在又系在小镇人们的心头上，这关系着林风眠为什么一生不回故乡的话题。

祖父的凿子和孙子的画笔

1900 年 12 月 22 日（农历十月初一），阁公岭山村一个贫苦农民家庭诞生了一个长子。这时正是清光绪二十六年，按天干地支推算，岁属庚子。在中国历史上，这是一个很不吉利的年头，八国联军攻占北京，12 月 24 日，也就是这个男孩出生的第三天，父母还没有来得及给孩子起名，清政府就公布了一项有十二条款的联合照会，向外国赔款四亿五千万两的白银，这就是有名的庚子赔款。也许孩子的家长预感到不祥，所以给孩子起了一个很普通的名字：阿勤。入学读书了，老师给他起了名字叫林绍琼，但他不喜欢这个名字，自己改成

"林绍群""林凤鸣",到法国后改为"林蜂鸣",最后定为林风眠。后来,林风眠自己也说:"我出生在那个倒霉的日子里。"可是,林家毕竟太穷了,祖父林维仁实在没有经营任何事务的能力,只好找了个不花一文本钱的职业,就是上山去打石头,虽是一个卖力气的职业,却又带着几分智慧。因为还要在石头上雕刻一些花纹,做成墓碑卖钱糊口。如果只是打石头,也是卖不出价钱的。不管怎样,人最后总归要葬进土里,并在黄土堆上立一块墓碑的。聪明的祖父看准了这一点,就把这个铁饭碗的技艺传授给了儿子——林雨农,也就是林风眠的父亲了。可是林雨农除了照父亲的意思刻石头外,还兼画几笔画,是画在画纸上,这在林风眠的眼里,父亲似乎比祖父要略高一筹。但在林风眠的印象里,最深刻的还是祖父的形象,他一生是很少提及父亲的。

祖父非常疼爱这个长孙。当林风眠会走路时,祖父就背他上山打石头,任他在岩石上、在树林和青草丛中游荡。对山上的树,山间的小溪,小河里一块一块的石头,他都很热爱;他有时也到河里捉一条小鱼,或在树林里捉鸟,养一些小鱼和八哥。那是他最快乐的事情了。七八岁时开始学画,是照着《介子园画谱》画的,更多的时间是守在祖父身边,帮助祖父磨凿子、递榔头,看祖父在石碑上刻图案刻花纹。祖父告诉他长大了老老实实做石匠,不要去想那些读书做官的事情。祖父还叫他少穿鞋子,并告诉他:"脚下磨出来的功夫,将来什么路都可以走。"

在林风眠的印象里,无论四季阴晴,祖父都是光着脚板,头上盘着辫子,束着腰,卷着裤管,成年累月地在一方方石块上画呀、刻呀:

我不敢说,我能像祖父一样勤劳俭朴,可是我的这双手和手中的一支笔,恰也像祖父的手和他手中的凿子一样,成天是闲不住的;不过祖父是在沉重的、粗硬的石头上消磨了一生,而我却是在轻薄的、光滑的画纸上消磨了一生。除了作画,日常生活上的一些事务,我也都会做,也都乐意做。这些习惯的养成,我不能不感谢祖父对我的教训。

母亲：画家心中的一片云

林风眠的母亲叫阙阿带，是瑶族人，容貌美丽，二十岁时生了林风眠。

回到林风眠的童年时代，那时的白宫镇只有一条小街，两边十几间店铺，街道是由鹅卵石铺就的。白宫镇村民多靠种田或到山里烧炭为生。这里的男人们多数外出南洋，寻求生路，外汇使小小的白宫镇渐渐地繁荣热闹起来，引来了外乡来谋生的人，每到墟日，梅州城的商贩便会蜂拥而来，带来各种新鲜亮丽的商品和外面世界的各种信息。也有一些从其他山区乡村来的人，多是一些穷苦的手艺人，打石、打铁、染布等，他们来到这里便租一间便宜的小屋住下来，干起了营生。外出南洋的男人留下的年轻漂亮的妻子与来谋生的商贩和手艺人便成了白宫镇的一道风景线，演绎出许多风情故事来。男女私情一旦被发现，就要受到族规的处罚，重者"沉猪笼"，轻者也是一个个被五花大绑毒打、游街、发卖到贫困的边远山区。

从冯叶的《梦里钟声念义父》一文中透露出林风眠留下了传记性的回忆文字。冯叶写道：

据他童年的回忆是"贫穷悲惨的童年"，一生出来就体弱。祖父是石匠，娶了一个哑巴，所以他的父亲讲话也不大流利。而他的生母是"离白宫镇比较远的山里人，姓阙名阿带，中等身材。我的祖父、父亲都是单眼皮，像北方正统的汉族，母亲大概是山居的汉族与本地的苗瑶混合的后代。我记得的留下来的印象是我五岁时，在小河边住屋空地里，一个秋天的午后，母亲和她的堂嫂洗头发的情形，我记得在空地的周围靠屋右侧是菜园，在菜园与空地间有一排很大的荆棘丛，开着鲜红色血一样的小花，我喜欢刺破黑铁色树干，叶上会流出许多白汁。空地前面是一大片竹林和很粗大的槐树,不远就是小河,是我小时候喜爱去捉小鱼的地方。清澈的水和一块一块的鹅卵石里,都有很多小鱼"。

义父一直跟我提起他的母亲的头发,放下的时候长长的,很好看。他写道:"我在母亲怀里发小孩子脾气,抓母亲的头发,纠缠得她没有办法继续梳洗她的头发。记得她们一面制酒,一面在烧热水。在一个大酒瓮里装好酒,放在灰堆里加热,周围烧着小树枝,同时烧水洗头发。这一幅构图是很入画的,她们的衣服都是青黑色的。"父亲,特别是祖父新娶的祖母,却似乎对她不好,一直让她从早做到晚,受人欺侮。

这时有一位从兴宁搬来的染布青年,是一个会唱会跳会传情的活泼后生。阙阿带总也免不了到染坊去染布料和衣服,这个青年表现出对她的倾慕。大概是爱屋及乌之情,他也特别喜欢她的儿子,看到小风眠从溪里捉了小鱼,会给他一个玻璃瓶;捉到一个小鸟会拿一个鸟笼给他。林风眠对颜色天生爱好,染坊也就成了他最喜欢去的地方,为染布铜煲里变来变去的颜色而着迷。有几次还把妈妈换下来的旧衣服送到染坊染成青的、绿的颜色。天长地久,渐渐地,妈妈也就穿着小伙子染的各种颜色的衣服在镇上飘来飘去,在石桥上经过,在溪水里洗衣裳、挑水……后来就发生了使林风眠抱恨终身的事情:妈妈被族叔用绳子五花大绑地绑在村口,用树枝、竹杠打,用山蚂蚁在身上咬,一声声惨叫在山岭上空回旋。爸爸实在看不下去了,苦苦哀求族叔开恩,放开她,给她一个改过的机会,而族中长辈们不肯答应。林风眠回忆写道:"我当时被关在屋里,不让出来,当时什么都不知道,也没看见这些惨剧,在家突然有一种感觉,突然愤怒疯狂起来,我拿起一把刀,冲出门大叫,我要杀死他们,将来我要把全族的人都杀了。远远地看到了妈妈垂头的形象。很多人把我抱牢了,夺了我的刀,不要我接近妈妈。我大哭大叫了一顿,他们把我抱回家里。"

阿带的下落,如今镇子上的人没有谁能说得清楚了,有的说被族叔卖到山区里去了,有的说被族上的人沉了"猪笼"。

一个七岁的孩子,是最需要母亲抚爱的时候,但是人们却把母亲从他身边夺去了。后来,爸爸又结了婚,为他娶来后妈,后妈的那种陌生感使他变得沉默寡言,与小朋友也疏远了,乡下小朋友在争吵时,会伤害他和他的母亲,他宁愿守着自己的孤独世界,用巧手去描摹《芥子园画谱》。这是他父亲学画时用过的书。

林风眠并不隐瞒妈妈的遭遇。在寻找他的过程中,在没有读到他的回忆之前,我从他的学生那里,从他的朋友及知己那里,都听到过他的这个经历。这个经历给他带来两个结果:生活上没有母亲的照料,发育不良,使他的身体非常瘦小;再一个就是开始学画,学会孤独,学会和社会的疏远。林风眠从法国回来,到杭州当了校长时,还派人回家乡,寻找母亲的下落,但村里的人告诉他,说他的母亲被人几经转卖,最后是在尼姑庵当用人,已经死了。母亲一直在他心里,故乡的山水在他的心里,就连那个小染坊也在他的心里,都搅和在一起,又都从他的画上表现出来,只不过妈妈被捆绑的悲惨情景将美丽的画面撕得七零八落,没有人知道他画的是哪里的山和水。别人的山水,都有标榜,是庐山、是峨眉、是黄山、是雁荡,或是粤北群山崇岭,只有林风眠的山水是不作标榜的。到了这里,对他的山水才有所了解,那山峦、民居、树木、水塘都有着家乡的情调和风物在,他一再倾诉于纸笔,爱画秋鹜苇塘,那不畏风霜凌侵丛生的芦苇,在他故乡的河滩水际随处可见,是故乡的山水,也是他的妈妈,是妈妈穿着鲜艳颜色的衣服在故乡的垄上、桥上飘来飘去,又飘上山巅,飘上林梢。还有他画的京剧人物,也有妈妈,妈妈的眼睛是向上边微翘的丹凤眼,她有小巧的鼻子,整齐的洁白的牙齿,迷人的而略带忧郁的微笑。一个个出现在他画纸画布上的仕女,都有妈妈的影子。在林风眠的作品中有一幅颇为特别的《仕女》(柳和清收藏),画面上美丽女子头上还有另一个美女的幻影。他对这幅画解释说,那天他梦到了自己的德国太太,又梦到了自己的母亲,因此根据梦境画了这幅作品。晚年,他到香港定居了,离故乡不远了,但他仍然没有回故乡。不是不

仕女（1947年）

想而是不敢回故乡，近乡情更怯，那是别有一番心境的，回去只有揭自己心上的伤疤。回去干什么？但是他那浓浓的乡情并不因为自己的意志而减退，他从香港寄钱回来做祖父和父亲的墓地，他那善解人意的侄女将他母亲阙阿带的姓名刻在父亲名字的旁边。画家知道了，称赞侄女做了一件大好事。直到他病危弥留之际，给世界留下的最后一句话是"我要回家！"但是，他最终还是没能回家。如今，他应该是魂归故里了。

学堂、良师、诗社和诗友

带着失去母爱的悲伤，林风眠走进本村立本学堂读书。读的不外乎中国传统启蒙文字的书，他是似懂非懂的。十一岁入新式高级小学。这时中华民国政府于南京成立，孙中山就任临时大总统，蔡元培任教育总长，发表《对于教育方针之意见》，鉴古今中外历史之经验，提出教育除注意体育、智育、德育之外，还要注意美育与世界观的教育。林风眠所在的小学也呼吸着这新鲜空气，改革教学，废止读经，各科教科书已经有新的知识充实进去。十五岁时林风眠就离开白宫镇，考进县城省立梅州中学。梅州中学又称广东省立第五中学，创办于1904年，师资雄厚，质量颇高。家境清寒的林风眠，寄寓在林氏宗祠，除自带粮食外，每学期交三个银元的伙食费。梅县虽地处山区，但文化昌盛，尤多诗人。林风眠也爱诗文，课余最喜欢读的是《昭明文选》。昭明太子选文标准是经书诸子不录，纪事传记不选，要求"事出乎沉思，义归乎翰藻"。无拘无束的遐想，斑斓绚丽的色彩，抑扬顿挫的音韵，正合乎具有艺术气质的林风眠的口味。林风眠对诗歌曾一度入迷，与同学组织了一个"探骊诗社"切磋诗艺，任副社长。后来成为现代派象征主义诗人的李金发是他的诗友。他的诗友中还有叶剑英，他们不但是诗友，而且同在一张课桌上学习，迷恋晚唐二李的诗。"探骊诗社"的诗友中还有林文铮。林文铮小林风眠三岁，广东博罗人，父亲是印尼打金匠，第一次世界大战爆发，林文铮从印尼只身回乡，进入省立梅州中学。和林风眠相识后，他们的志趣相投。林文铮喜欢画蝴蝶，林风眠就添几笔花草，林文铮喜欢作诗，林风眠就步原韵唱和。但在那时，林风眠所读所写的是中国传统格律诗，他最喜欢的诗人是王维与孟浩然，以及李白与杜甫。

对绘画，林风眠更是如醉如狂，那种绘画激情，《芥子园画谱》已经无法满足，华侨从国外寄来的有图画的卡通书成了他学习的范本。这些图画色彩丰富，形象逼真，使他窥见了一种崭新艺术，对那些画的原作及表现方法，他心向往之。正当他处在绘画的欲望饥渴之

1919年，"探骊诗社"成立纪念合影（局部）右一为林风眠

林风眠绘画老师梁伯聪先生

梅鹤家风（1931年）

时，遇到一位老师，那就是梅州中学美术教师梁伯聪。梁伯聪，本邑人，大林风眠三十岁。对这位梁先生我们知之甚少，可是他留下了一些诗词，七十岁时作了一副自寿联，上联"不饮酒，不吸烟，不选茶，不藉补供，七十年健健康康，过尽平民生活"；下联"能读书，能写字，能作画，能登讲席，三千士跄跄济济，居然学界师资"。可见他的生平胸次。梁伯聪的诗书画驰名当地，曾作诗《梅县风土二百咏》，自称俚歌，窃比"竹枝词"，书法刚健朴茂，喜画山水、花卉，尤工翎毛，笔法工整严谨，清新不俗。林风眠从之学做人，学书画。梅县文化发达而美术落后，梁伯聪有诗感叹曰："文化高于一省强，自宜满目富琳琅，欲对古董无商肆，美术如何不发皇。"在梅县要找一幅名人作品给学生欣赏临摹是很难的事，梁先生就自制画稿课徒，其中多松鹤图，以后林风眠也欢喜画鹤，也许是乃师的一点遗风。

梁伯聪发现了林风眠的非凡艺术才华，尤其是形象记忆能力特强，图画过目不忘，能默写出各种细部，而且有着自己的理解与创造。家乡出了这么一个艺术天才，梁伯聪引以为豪，常常在林风眠的作业上打上一百二十分。当时一些同学奇怪，梁伯聪说："你们奇怪，谁的画能和我画的一样好,就该打一百分,他的画比我还好,你说应不应该给他一百二十分呢?"同学们无不钦服。在课堂上,林风眠得到老师的指教,课余又得到老师的热情辅导。林风眠在林氏宗祠设下自己的画案,老师每隔几天总要到那里去,谈画论艺,十分契合。

在梅州中学读书的林风眠,正遇上岭南画派的崛起。岭南是唐代的道名。所谓岭南画派用现在的定义来说,是指广东一带的具有亚热带地方色彩、以调和中西艺术为主旨的画派。岭南一带历来不乏画师,南宋有牧溪,明代有林良、高俨、陈端、黎简、李魁、苏云朋、居巢、居廉等名手,但都没有形成流派。近至辛亥革命前后,高剑父、高奇峰和陈树人被称为"岭南三杰",他们引进西方的透视学、色彩学、素描技法,以及日本明治维新以后兴起的"南派"新画风,嫁接在中国传统绘画之上,创出了与他们前辈不同的风格。岭南画派抛开中国文人画传统中的情趣表现,不重视所谓的书法用笔和线条的抽象意味,也不问师承不师承,走求真写实的路子,故强调了渲染制作,艺术情调的追求被排斥了。在当时的中国画坛,从真正的画派及风格的意义上来说,是没有一个画派能够与岭南画派这样一支人数众

梅州中学

多、画风统一和递传不绝的队伍相比的；往实践效果来看，岭南画派是由一批有创新精神的画家为先导的。林风眠看到的正是风华正茂的岭南画派，不要说他这个未出茅庐的学子，就是在画界已小有名气的徐悲鸿对岭南画派的栋梁高氏兄弟也颇为倾倒，向高氏投以自己画写之作，得到高氏的赞扬："虽古之韩斡无以过也。"而这时的林风眠无法看到高氏的原作，但坷罗版已盛行，林风眠买来印刷品，用放大镜放大，细心临写。在此期间，林风眠的中国画打下了扎实的基础，大多为工整写实之作。如今，我们能看到他的1935年画的绢本《荷塘白露》，受岭南画派影响的风韵犹存。

十八岁的林风眠从梅州中学毕业了。他拿到毕业证书，感到十分彷徨，不知该往何处。再回到阁公岭村，上山打石头吗？还是在乡间做一个以卖画为生的画匠呢？或者抛开贫穷的家乡，漂洋过海，到南洋去求发展，远远地走开，不再回头？不管怎样，阁公岭村是无法再回去了，要离开家乡，只有离开家乡才能长成。像一粒种子落在老林下永难长大一样，随风吹走吧，吹到异乡，吹到天涯，总比一代一代在石头中把生命磨掉强多了。

到哪里去？茫然中，林风眠还是记着祖父的话："你将来什么事情都要靠自己的一双手。有了一双手，即使不能为别人做大好事，至少可以混饭吃。"这话像祖父用凿子刻进了他的心里。林风眠已经感觉到自己脚下有了些功夫，相信总会有路等待他去走。

梁伯聪书法

第二章

巴黎：『调和中西』思想的萌发

1919年12月26日的《时报》发表了一则新闻："昨日（25日）法国邮船公司'央脱来蓬'（Andre Le Bon）船，于下午一时在杨树浦码头起碇，乘斯船出发之留法勤工俭学学生有三十余人，均乘四等舱位（舱在船头下层），内有湖南女生葛健豪、蔡畅、向警予、李志新、熊季光、肖叔良六人系乘三等舱位。赴埠送行有聂云台君及留法俭学会沈俊仲君、各界联合会刘清扬女士、环球中国学生会吴敏吾君等数十人。"

这批青年学生留法勤工俭学并不是第一批，也都是不知名人物，之所以是一个新闻热点，就是因为五十二岁的葛健豪率领儿蔡和森、女儿蔡畅两代人留法勤工俭学。葛健豪的行动一时成为美谈，从湖南动身来上海时，报纸就进行了追踪报道，说她是一位"惊人的妇女"，湖南《大名报》还发表评论，说她远涉重洋，"到法国去打工，去受中等女子教育，真是难得哩"！报道中所说的聂云台是曾国藩的外孙、聂缉规的儿子，当时任上海恒丰纱厂经理，湖南人，和健豪是同乡。葛健豪率子女到了上海，一时生活无着，就向有点亲关系的聂云台借款资助。聂缉规对葛健豪率子女赴法留学深为赞许，立即借给他们六百银洋。

那时谁也不会知道，在这批青年学子中就有一个叫林凤鸣的，是后来成为世界级画家的林风眠。

枫丹白露的熏染：崇尚自然

中学毕业后，林风眠在家乡苦闷彷徨，出路无着，他想到同窗友林文铮已去上海，自己为什么不能也到上海去呢？于是他带着简陋的行装离开家乡。也许在上海可以找个官费学校，或者不花钱在军校读书。不是为了当官，而是要找一个活命的饭碗，并不是执着得一定要当画家。到了上海，林风眠首先注意广告。一天，他看到一则招收勤工俭学的学生赴法国留学的广告，他就赶到坐落于霞飞路的上海华法教育会打听消息。华法教育会人来人往，大都是来这里打听消息、办理手续、订购船票的准备赴法的学生。在这里，林风眠偶然碰到林文铮，林文铮一见到他非常高兴，说："可把你等到了，你怎么不去找我？"原来林文铮得到赴法勤工俭学的消息后即写信给林风眠，要他快来上海。林风眠没有接到这封信就到上海来了。林风眠报了名，办了手续，订了船票，就到林文铮的住处，候船赴法。当时报纸的"要闻"栏里报道了许多有关勤工俭学的消息，称赞赴法青年为"探险远征队"。

留法勤工俭学，开创了中国留学史上新篇章，也是中国人寻找出路、向西方学习创造的一种新形式，为无力出国求学的青年开拓了一片广阔天地。留法勤工俭学最早可追溯到1903年"《苏报》案"发生时，吴稚晖由上海到英国伦敦，与几位同学实行苦学生活。1907年吴稚晖又到巴黎，与李石曾同住一处，试验勤俭生活，费用比普通生减少一半。同年，蔡元培到德国留学，亦实行俭学。接着，李石曾又在巴黎开的一家豆腐工厂中，设立"以工兼学"，吸收留法的中国学子参加。

李石曾（1881—1973），名煜瀛，河北高阳人，为清军机大臣吏部尚书李鸿藻的第三子。十五岁时，曾从名儒齐楔亭受业。1902年毕业后，入巴黎斯德学院学习生物化学，用化学方法对中国大豆进行分析，发现大豆营养很好，受外国重视，便开办了一家豆腐工厂。为了鼓励和帮助青年赴法学习，1912年初，李石曾、汪精卫、吴稚晖、张继、张劲江、褚民谊、齐竺山等人发起成立留法俭学会，缘由是"欲输世界文明于国内，必以留学泰西为要图"。留法俭学会的宗旨是："以节俭费用，为推广留学之方法；以勤劳朴素，养成勤洁之性质。"为了支持发展留法勤工俭学，蔡元培、吴玉章、李石曾、吴稚晖，又与法国巴黎大学教授欧乐、法国众议员穆岱在巴黎组织法华教育会，沟通中法两国文化，在国内招收华工，在法国开办华工学校，学习法语。蔡元培在担任教育总长及北京大学校长期间，仍然参与留法勤工俭学的领导工作。1921年在法国勤工俭学的学生达一千七百余人。

"央脱来蓬号"邮船从上海启航，经过香港、西班牙，穿过马六甲海峡，进入印度洋，再经过苏伊士运河，进入地中海。在海上共航行三十五天，最后在法国马赛登岸。海上风光虽美，但还是使人看得麻木而厌倦，并不是一种享受。因为所谓四等舱，实际上是无等统舱，许多人挤在一起，因船身颠簸震荡，一些人头昏呕吐，食量锐减。尤其是臭虫多得吓人，扰得他们夜夜不得安宁。林风眠、林文铮把袜子套在手上，把裤角扎紧，用毛巾把脸和脖子包住，只露鼻子和眼睛，以求睡得安稳。同船四等舱的人都学着他们的办法，不让臭虫吮自己的血。

在马赛休息两天，勤工俭学的学生，有的去了蒙达尼。蒙达尼是法国南部的一个小县城，有一所法华学校，新民学会的许多会员蔡和森、向警予、陈绍休、蔡畅、李维汉、萧子璋等都集中在这里，经常讨论"改造中国与世界"的问题。林风眠迷恋艺术，对西方艺术带着一种朝圣者的虔诚，他选择了巴黎，然后到巴黎郊区的枫丹白露法华学校补习法文，以学写招牌油漆工的收入维持生活。这个中学的校长很爱护中国的留学生，常在假日带他们出去郊游，他自己骑一辆木制的自行车。不幸的是，校长在一次车祸中身亡。

枫丹白露得天独厚的优美的自然风景，是哺育艺术家的摇篮。在与古典主义相对峙的浪漫派绘画兴起的时候，法国画坛引起一场大争论，有一群对争论没有兴趣而不愿参加到这种争论里去的画家，悄悄进入了自然风景区森林附近的巴比松村。这批画家被称为巴比松画派。巴比松派的画家，其实是一人一派，不把自己的艺术强加于人，因而能容纳各种不同倾向。其代表人物是柯罗。柯罗的"面向自然，对景写生"的创作原则为巴比松的画家们广为接受。他们走出画室，到大自然中去直接写生，在大自然中把握灿烂的色调。柯罗的风景画喜欢用一种银灰色或褐色的调子，去表现宁静的、阳光灿烂的或浓雾弥漫的自然景色，同时加入柔和的感情，产生出诗一般的韵味。这和柯罗生性善良，认为"艺术是爱而不是恨"的艺术审美观有关。人们亲切地称他为"善良的大叔"。

林风眠来到枫丹白露，自然也感受到柯罗艺术的遗风，他常去烟雾迷离的森林中散步，领略大自然对他的亲和之感。艺术和大自然给他以安慰，抚摸着一颗游子的心，也孕育

1923年，林风眠（中）林文铮（右）与李金发在柏林

着他的艺术宗旨，所以七年之后在论及艺术的影响时，他结合这段亲身的感受与体验写道：

艺术的第一利器，是她的美。

美像一杯清水，当被骄阳晒得异常急躁的时候，她第一会使人马上收到清醒凉爽的快感。

美像一杯醇酒，当人在日间工作累得异常疲乏的时候，她第一会使人马上收到苏醒恬静的效力。

美像人间最深情的淑女，当来人无论怀了何种悲哀的情绪时，她第一会使人得到他们愿得的那种温情和安慰，而且毫不费力。

只学法文，林风眠并不满足，他的目标还是在绘画上。不久，林风眠得知在福格（Voge）的一所中学有许多石膏像，他就转入这所中学，白天学法文，利用晚上空闲时间去画石膏像。这时，他把自己的名字凤鸣改为风眠——凭风而眠，一个颇有诗意而不平凡的名字。

1920年，枫丹白露中学法文补习班合影（第二排左三为林风眠）

校长的告诫：不要变成学院派

不久，林风眠得到在非洲毛里求斯的林姓亲戚的资助，进入第戎（Dijon）国立美术学院，开始练习木炭人体素描。

第戎美术学院杨西斯（Yenicene）是位浮雕家，也是一个苦学成功的人，相当了解东方艺术，因此，他对一些清寒的学生都很同情，也特别注意培养。有一次，他偶然看到一张林风眠的粉彩风景，知道是一个中国贫苦学生画的，立刻就将这幅画收购下来，这是林风眠平生卖出的第一张画。

在第戎美术学院不到半年，校长杨西斯就惊叹林风眠绘画的才能，劝他说："你在我校没有什么可学的了，我介绍你去巴黎最高美术学府，到鼎鼎大名的柯罗蒙老教授画室里学习去吧。"这样林风眠就转入巴黎国立美术学院，进入柯罗蒙画室学素描和人体油画。

这时，徐悲鸿得到教育部长傅增湘的支持，以官费留学的身份到了巴黎，也进入巴黎国立美术学院，拜达仰为师学习油画。

柯罗蒙和达仰都是当时法国一流的画家，同时又都是法国绘画传统派的代表人物。柯罗蒙基本功扎实，善画人物，画的题材多为历史故事、神话、文学作品中的人物，特别是雨果诗歌中的插图，使林风眠倾倒。他的代表作《该隐》即《圣经》中亚当与夏娃的长子，现今仍悬挂在巴黎奥尔赛艺术博物馆里。柯罗蒙在莫罗死后接替他的画室，曾把马蒂斯赶走。

从第戎到巴黎，林风眠就在学校附近拉丁区的一家小旅馆租了一个房间住了下来。这类专门供学生住的小旅馆，规模都不大，但是设备都较齐全，都是弹簧床，上面有一条毛毯，包着床单，铺得平平整整的，天冷时还可以加一条鸭绒被。旅馆的租金也不贵，中国留学生多半集中在这里居住。这个地区还有许多小饭店，售卖定食，也就是

"包饭",通常都是一汤一鱼一点心,面包无限量供应,还有四分之一瓶的红葡萄酒供应,一餐只需三法郎七十五生丁,折合当时中国法币两角半钱,既方便又经济。虽然如此,但对勤工俭学的学生来说,一个月的收入也不过三百法郎,连油画布也买不起,也不宜作长久之计。于是,林风眠和林文铮、李金发就自己动手,烧火做饭。这样钱是省了一些,但时间又花去许多。有时为了节约时间,他们就啃干面包,一些洋葱加点盐就是菜了。

过了半年,杨西斯院长专程到巴黎美术学院看望林风眠。这时的林风眠还完全沉迷在自然主义的框子里,在柯罗蒙那里学了很长时间也没有多大进步。杨西斯看到了林风眠的画也感到进步不大,十分不满,批评这个中国学生画得非常肤浅,他知道林风眠的才气被束缚住了,就提醒林风眠:"你不要在这里学得太长,否则你就变成学院派了。"又说:"你是一个中国人,你可知道你们中国艺术有多少宝贵、优秀的传统啊!怎么不去好好学习呢?去吧,走出学院的大门,你到巴黎各大博物馆去研究学习吧,尤其是东方博物馆、陶瓷博物馆,去学习中国自己最宝贵而优秀的艺术,否则是一种最大的错误。"杨西斯还告诉他:"你要做一个画家就不能光学绘画,美术部门中的雕塑、陶瓷、木刻、工艺——什么都应该学习。要像蜜蜂一样,从各种花朵中吸取精华,才能酿出甜蜜来。"

杨西斯的话像一盏明灯,一下子照亮了林风眠在艺术上摸索的道路,点拨了林风眠的艺术走向。

巴黎美术学院是法国艺术的殿堂,有着悠久的历史,形成了一套完整的训练方法和自己的艺术风格,因此也是学院派的堡垒。所谓学院派也就是法国古典主义,其代表人物是雅克·路易·大卫(Jacques-Louis David,1748—1825),他的代表作是《马拉之死》,构图单纯、庄严,是一幅纪念碑式的作品,为人们所称道。学院派承袭古罗马的艺术形式,采用古罗马的题材,为现实服务。

大卫曾执掌巴黎美术学院,指导美院方针的艺术思想,就是由大卫在教学中提出来的。西方不少美术史家在研究巴黎美术学院时,都有这样的看法，艺术跟别的事一样，特别是比之于军事这种事业，它是严格地被要求按部就班地前进的规律控制着，只有遵循这些规律，最后才能获得名利、社会地位和势力。它规定学生死板地画模特，教育学生切莫忘记画好素描，教授们也不厌其烦宣称线条高于色彩。因此，所谓好学生们都知道，通过巴黎美术学院枯燥的画室比通过浪漫的阁楼更容易踏上光荣之道。"在那里的学生们要准备听乏味的诵读，上死板的课，以便爬上进升的阶梯，从奖状奖章，从罗马奖到政府收买你的作品，而最后从官方的订货选进美术学院去。"（约翰·雷德华《印象画派史》）美术学院的教授们还控制了"艺术沙龙"，两年一度入选评审委员的成员大多是美术学院的教授们。

学院派的传统到安格尔主持美术学院时并没有改变。林风眠进入美术学院后才知道，他在枫丹白露初识而且有着良好印象的柯罗画派，也被美术学院的教授们讥笑为"市井之徒的画"，这种艺术使他们生气和厌恶。写实主义画派代表人物库尔贝、浪漫派的德拉克洛瓦的作品都无法入选进入沙龙，还有早期印象派画家马奈、方丹-拉图尔、惠斯勒三人的作品送到沙龙参选，引起了评审委员会的愤怒，因为这些画中被描绘的事物形体虽然和谐，但色调阴沉，而形体是用色彩而不是用线条来塑成的。

沿着学院派的教学路子走下去，可以有很好的素描基础，对写实的画也可以学得很好，但林风眠感到这和他的性格有些矛盾。

吸取毕沙罗的经验：各个流派兼收并蓄

从巴黎美术学院的校史中，林风眠发现印象派及现代派的许多画家和这所学院都是无缘的，即使进入巴黎美术学院，也不被认为是好学生，他们的作品问世时都多多少少地受到冷漠或责难。毕沙罗虽然进了巴黎美术学院，虽然没有多大兴趣，但不盯在某一个画室，而是到各个画室去学习，包括安格尔的学生勒曼的画室，他没有在任何一个教室待上很长的时间，由于他和各派大师及他们的学生接触，他不久就熟悉学院艺术生活中的所有成文或不成文的规律，遵循这些规律足他取得成功的重要因素。

老师杨西斯的话和毕沙罗的这些经验启发了林风眠，特别是中国哲学中的中和思想，使林风眠能兼收并蓄。他觉得绘画艺术需要线条，也需要色彩，深厚的素描功夫也是必不可少的。因此，他既不放弃在柯罗蒙画室学习的机会，徐悲鸿老师达仰的画室，林风眠有时也去看看。

林风眠发现柯罗蒙虽是学院派，但他那珠光宝气的绘画，不是通过题材，而是以富于想象的色彩处理，使人产生一种新的幻象。他的教学豁达有方，受到学生们的尊敬和爱戴，为培育下一代最伟大的色彩画家作出了贡献。林风眠很留意他用艺术观来激发学生的教学方法，这种艺术视觉优于自然主义的反映，把精神引向完美的理想世界。他在上课时对林风眠等学生说："有一点得好好注意，如果你要用色彩语言来进行思维的话，就得有想象力。没有想象力，你就永远别想成为色彩画家。带着想象去描绘大自然，这是成为一个画家所必备的条件。色彩应当被你们所思念、梦见和冥想。"马蒂斯虽然被柯罗蒙拒之于画室门外，但柯罗蒙的色彩理论对他产生了影响。1948年，马蒂斯说："我相信通过素描学画是重要的。如果说素描属于精神王国，那么色彩属于感觉王国，你首先得画到把精神培养出来，才能引导色彩走向精神的道路。"英国美术评论家尼古拉斯·瓦特金评论说："把马蒂斯引导到他伟大的装饰性作品成熟期道路上的，正是柯罗蒙的色彩归属于想象这一概念。"柯罗蒙的色彩理论直接影响着林风眠，在他以后的教学中也经常这样教育学生，只不过是变成他的艺术实践的感受了。

林风眠的住处在塞纳河边，跨过这条河就是世界艺术宝库卢浮宫博物馆，那个大得使人迷失的博物馆，常常是林风眠消磨时光的好地方，除了在柯罗蒙画室努力学习，大部分课外时间林风眠就是在这里度过的。在这里,他看到希腊的雕塑、文艺复兴时的精华。达·芬奇的《蒙娜丽莎》不知使世界上多少艺术家为之倾倒,而林风眠每次静立在她的面前,不只是倾倒,而是有着特殊的情感,似乎有一种母爱的温婉在暖着他的心,直到他流着眼泪无法再看下去,才慢慢地离开。直到多年之后,他冷静地回味着这一世界瑰宝时,还说:"那是感情与理智平衡得最好的画,别的画挂在它旁边都会掉下来。""文艺复兴三杰"除了达·芬奇,还有拉斐尔和米开朗琪罗,在"三杰"中他最推崇的还是米开朗琪罗,看了米开朗琪罗的雕塑《奴隶》后,林风眠称赞说具有无比的力量和雄伟的气魄,和看《蒙娜丽莎》有着完全不同的感受。林风眠认为他们的作品所体现的是希腊思想的复活,是人的发现,把活生生的人从神的铁掌下拖出来。

像一个乞食者一样,林风眠不只是在卢浮宫看文艺复兴时的作品,还在其他博物馆、画店及私人收藏者那里,看到印象派、现代派等各种流派的艺术佳作,他已经清楚地知道,从十九世纪末到他进入巴黎美术学院的几十年的时间里,欧洲的绘画发生了根本的变化,库尔贝现实主义和马奈的印象主义绘画在官方沙龙里落选,不但没有遏止这种"恶的力量",相反地推动了这股力量的发展,马奈的身边聚集了一大群厌恶官方沙龙的年轻画家,如毕沙罗、德加、莫奈、雷诺阿及后期印象派,继后期印象派又出现了野兽派、立体派、表现主义,还有表现画家主观意向的抽象艺术,代表画家有塞尚、高更、凡·高、西涅克、修拉、洛特雷克、马蒂斯、毕加索——实现了作家左拉的预言:他们的作品将在卢浮宫占有一席之地。林风眠从他们的作品下一步步走过,画的结构、画的色彩、画的线条,更重要的是画家的激情、对艺术的敏锐,看过一幅画就受一次震动。特别是那些裸女画,对他是一种艺术的诱惑,他觉得自己也应用艺术去表现。林风眠热情赞颂印象派,说他们刷新了绘画艺术。

塞尚(1839—1906)是反印象派的领导者。林风眠认为"他是一个天才而没有小聪明的画家,他的笨拙和他的易激动的感情相矛盾"。塞尚的老老实实作画精神感染着林风眠,虽然画的是静物,但"他能耐心地追求他所追寻的理想的本质"。林风眠说塞尚的画"会使人想到巴黎的大风琴声，朴实而深沉地萦绕在人们的耳畔"。我们从林风眠的静物画中已找到塞尚的踪迹。

莫奈（1840—1926）画也是林风眠最钟情的。他用颜色直接并排地涂在画面上，表现光的颤动，以他敏锐的感觉，运用特殊的色调，画出事物从黎明到黄昏因光的变化所表现的不同情趣，在画中充满光辉的色彩。这一切，林风眠都感受到了，并吸收了。

对林风眠影响更直接的就是马蒂斯（1869—1954）了。这个被林风眠的老师柯罗蒙拒之于画室门外的人，林风眠则以大师奉之。马蒂斯对塞尚也是奉若神明，认为"塞尚从来没有犯过错误"，在探索的道路一旦发生胆怯，想到塞尚就会去掉胆怯，超越困难，继续前进。林风眠从马蒂斯《塞纳河》等一系列的作品中，感受到他艺术中的均衡、纯粹和宁静。如果说柯罗蒙对林风眠的色彩的影响是理论的，那么马蒂斯对他的色彩的影响却是实践的。

莫迪利亚尼也是林风眠崇拜的画家，他的艺术给林风眠的影响不亚于马蒂斯。他是一位肖像画家，在巴黎蒙得巴斯大街有他的工作室，有时也接待参观者，那里也是林风眠经常去浏览的地方。林风眠发现这位画家善于刻画人物的内心世界，色彩阴深，多用灰色，表现一种哀伤、悲怆、沉重的气氛。在莫迪利亚尼的艺术中，林风眠感到他的肖像画在新异奇妙的形式中获得了完美，他把抽象的感觉，协调在他所想表现的主题内，充满了特殊的个性，裸体画又如此坦率地富于性感。这位出身贫穷而又有诗人天才的画家的一生如同闪光一现，不幸早逝了。那时林风眠正在巴黎，在莫迪利亚尼葬礼的那天，无数的朋友和鲜花，人行道上也挤满了人，人们感到失去了一个不可缺少的高贵而可敬的人，林风眠也带着悲哀和敬意低下了头。

林风眠游学巴黎时，莫奈、马蒂斯等艺术大师都在巴黎，他很有条件去拜访他们，但是他没有像别人那样做。他崇敬名人的精神，但不愿向名人身边走近一步，更不愿用名人的光环来掩盖自己的幼稚和浅薄。这是林风眠自幼就养成的品性。他以后回忆说："我认识了他们的艺术就足够了，至于认不认识他们是无关紧要的。"这是因为他不想借助名人光辉来照亮自己。当时的巴黎充满了成就显著的人物，不少是具有才能甚至有天才的人，但他们仍为人们所陌生和疏远，何况一些异国他乡的青年学子。常识告诉人们，那时到欧洲去学画的青年学子，不管你在国内有多大名气，到了那里也不会引起别人的重视，更不会引起轰动。林风眠是这样，徐悲鸿、刘海粟也逃脱不掉这样的命运。1998年春节之后，我到了巴黎，并访问了巴黎美术学院，参观了达仰、柯罗蒙曾经工作过的画室。学院给人一种沧桑之感，没有昔日的辉煌，我问了几位正在作画的男女学生，他们都不知道七十年前的旧事，更不知道中国还有林风眠、徐悲鸿、刘海粟曾在这里学过画，也不知道他们是中国当代著名画家。面对这种情况，我心中有一种难以言说的极为复杂的感觉。

林风眠知道这些大师有不少是死后才成名的，心中不免升起一缕遗憾和伤感，不知推崇这些艺术杰作，对他是幸运还是悲哀。

此外，林风眠也是巴黎东方美术馆、陶瓷博物馆的常客，那里收藏有中国陶瓷，有仰韶文化、马家窑文化的彩陶、唐代的三彩、宋元的白瓷青瓷及瓷器上的各种花纹，还有汉代六朝的雕塑、非洲的绘画及雕塑，这一切都引起林风眠的极大兴趣，沉醉得不忍离去。在卢浮宫看西洋绘画，林风眠对大师的作品虽然倾倒但不搞临摹，其笔法、色彩、线条，只是心领神会，吸取其艺术内在精神。他认为大师们的艺术表现方式是可学的，而大师们蕴涵在作品中的激情只能去感受，无法临摹。他要的正是大师们的艺术精神。而在东方艺术馆及陶瓷馆，他不只是领会体验，而是动笔绘画。巴黎的冬天是很寒冷的，但他这位穷学生依然带着纸和笔，啃着冷硬的面包，对着东方古物描绘。说也奇怪，他总感到这些古物和祖父用凿子刻在石头上的花纹有着许多相通的地方，使他倍感亲切。他也有许多感慨，这些在国内一无所知的更没见到过的国宝，想不到在巴黎看到了。这一点所有留法学美术的人都没有去注意，对他这样一个中国人跑到外国学中国的传统艺术，更感到不可理解。

东方和西方两条艺术河流，源远流长，林风眠在其中徜徉着，观赏着，如醉如痴如癫如狂。然而他绝不是艺术的奴隶，他是大自然的儿子。他的信条是艺术家应该有爱自然的精神，艺术的责任就是从自然中去发现美。他的艺术技巧、修养，一切艺术积累，都是为了企求表现人生和自然。

艺术之神与爱情之神同时降临

1922年，林风眠得到父亲在故乡逝世的消息，心情很悲恸。他从小失去母亲，这时父亲又不在了，年逾弱冠，也有着青春的苦闷，这在他的生活中增添了几分忧郁的色彩。经朋友的介绍，他和一位法兰西女郎做了朋友。这位女郎是第戎美术学院的同学，其时已在邮电局任职。

对初恋的味道，林风眠还没来得及品味其是甜是苦，就受到同学熊君锐的邀请，和林文铮、李金发一起到德国去游学了。第一次世界大战结束后，德国在战败中复苏，人民的生活开始好转，这样就带来了马克的贬值。一元中国大洋可换十八个马克。有二十元大洋，不仅可以付一个月的伙食住宿费，还可以请德语家庭教师，听音乐会。在巴黎的日子过得紧巴巴的林风眠，忽然觉得在柏林的生活是充裕轻松的。这时，徐悲鸿也偕妻子蒋碧薇到德国居住。

熊君锐在1920年留学德国，此时已是中共旅欧支部负责人之一。经熊君锐介绍，林风眠又认识了周恩来。这时正值国内京汉铁路工人大罢工，发生"二七惨案"，消息传到柏林，熊君锐立即请林风眠和林文铮将有关材料译成法文，将其真相公布于世。同时，熊君锐动员林风眠和林文铮参加共产主义运动，虽然有着少年同学之谊，他们还是拒绝了，并表示要为中国艺术运动而献身。

林风眠的生活中经常会有一些艳遇。一天，他在马克兑换市场和对方讨价还价，由于他的德语还不行，价格总是有些吃亏。他不想占他人便宜，也不愿吃亏，他还不是富有者，手中就那么点钱。这时有位德国女郎帮他和那人讨价还价。林风眠蓦然回首，他的心猛烈跳动起来，似曾相识。众里寻她千百度，那人却在灯火阑珊处，他所要追求的不正是这个女郎吗？

这位姑娘名叫罗拉，原是奥地利的贵族后裔，父母已经去世，一个人在柏林大学化学系读书。她对这位文质彬彬、说结结巴巴德语的小个子东方留学生深表同情，且对这位东方青年又有着几分好感。在马克兑换市场，林风眠的德语不能对话，在情场上同样如此，而这位德国姑娘的法语也是结结巴巴地词不达意。情人之间的传情有时是可以抛开语言的，只要心曲相通，就可眉目传情。这对心有灵犀一点通的东方和西方的青春男女，不久就相爱了。此刻的林风眠当然要想到刚刚开始相恋的法国姑娘，他就把两个姑娘放在心的天平上：法国姑娘平平常常，离别之后并无深深的思念，又是媒妁之言；而与德国姑娘一见钟情，如醉如痴，难舍难分，完全是发自内心的自由之爱了。找到这样的理由，林风眠的心理也就平衡了，作出了选择。

罗拉虽是学化学的，但她的生活不都是化合或分解的分子式，而是酷爱艺术，天性活泼，父母遗留给她一架大钢琴，弹琴

林风眠第一位夫人艾丽丝·冯·罗拉

是她生命的一部分,还有一套《世界美术全集》和许多画册,美术对她虽不像音乐那样重要,但也是她生活中不可缺少的调剂品,是父母遗留下来的物质财富和精神财富,林风眠和她分享着这缪斯神的赐予。罗拉为他弹奏的德国古典和现代乐曲,使他永生难忘,并且从此音乐成为他精神生活不可或缺的部分,同时也渗透到他的绘画艺术中。罗拉性格温柔娴雅,感情真挚执着,这一对东西方青年男女的爱情,就像夏天荷叶上的水珠,滚在一起,交融在一起,再也无法分开了。

罗拉家藏的《世界美术全集》使林风眠爱不释手,那里面的许多世界古画名画,在卢浮宫博物馆也没有看到过,他从欣赏中得到借鉴和启迪。其中有一本很特别的画册,是康定斯基和马尔克于1912年春天合编的《青骑士年鉴》。对于青骑士的由来,康定斯基写道:"弗朗兹·马尔克喜欢马,而我喜欢骑士,我们俩都喜欢蓝色,名称的由来就这么简单。"他继续写道:"马以力量和速度载着骑士,但驾驭马的是骑士。天才能使艺术家成为伟人,靠的也是力量和速度,操纵天才的是本人。"康定斯基的话使林风眠的思想有所启发,但他认为更重要的还是《青骑士年鉴》中的作品。画册中选入的作品除了这年春天在慕尼黑举行的"青骑士"画展上野兽派、立体派、未来派、辐射主义、至上主义和表现主义的作品,还包括了俄罗斯的民间艺术、中世纪艺术、中国和日本的绘画和木刻、非洲的面具、古代美洲雕塑、儿童画等。编辑的宗旨是在用心探索了一下过去和现在的艺术,那是些没有受到因袭的束缚的艺术,自生自长,不依赖于习俗的扶持。林风眠极为珍爱这本年鉴,他说:"这是在因袭的表壳中看到一条裂缝,又从裂缝中看到底下有一股力量,有一天会显露出来。"

林风眠在德国浏览。德国慕尼黑1912至1913年的艺术运动的余波不但没平静,而是在向更深入的方向发展,林风眠仍然感受到它那波动的力量。他渐渐地感受到一种不同于古典艺术的、不受巴黎和地中海传统艺术影响的艺术,即自意大利文艺复兴运动以后,欧洲的政治经济中心逐渐北移，北方民族历来有思辨传统，重理性，在强大思潮推动下，北欧的艺术突起，形成了"北方人"的艺术风格，和"古典人"的宁静、欢快的艺术形成鲜明的对比，表现出动荡不安和恐惧的混乱，一种是以怀旧的态度伤感现代工业社会的激烈的进程，另一类是以局外人的冷静剖析当时社会发生的事情，对人生的肯定与否定的情绪交织在一起。精神的苦闷是全人类所共有的，这一民族和另一民族的不同之处，仅仅是民族对于这种苦闷所意识到的程度。以德国为代表的北欧表现画派，就常常以此作为绘画的主题。

当时的表现派在德国虽然已经形成相当的稳定力量，但是在人们的观念中，现代艺术运动还常被理解为艺术本身的堕落。和林风眠同在柏林的徐悲鸿，看了门采尔、塞甘蒂尼的绘画和脱鲁倍斯柯依的雕塑，感到大开眼界，并从德国的艺术中看出法国艺术的局限性，大家都很佩服他的艺术感觉敏锐。但是，徐悲鸿也发现德国当时有一些很有才能的艺术家，却画了一些草率怪诞的画，便去访问柏林美术学院的院长康普，直率地对他说："先生是德国艺术界的前辈，又是美术学院的院长，对此能没有责任吗？"康普先生无可奈何地回答道："他们这样疯狂，我有什么办法呢？"对现代艺术所取得的地位，康普无可奈何，徐悲鸿更是无可奈何，只好每天从晨至暮，去博物馆临摹伦勃朗的画，一口气临摹十个小时，既不吃饭，也不喝水。林风眠仍然不搞临摹，吸取的只是艺术家的精神。

从法兰西到普鲁士，林风眠和徐悲鸿处处都表现出艺术视觉、艺术兴趣及艺术取舍原则的不同。从山区走出来的林风眠，表现出极浓的艺术兴趣，不加取舍，见什么都要吃进去，没有消化不良的状态；而徐悲鸿对艺术"食物"则有着强烈的选择性，不合自己胃口的则拒之于胃门之外。

林风眠从塞尚、莫奈、马蒂斯、莫迪利亚尼的身边走过，德国之行又走近表现主义的绘画，更加明确了自己的绘画走向：用线条和色彩去表现自然界的生命，要把他看到的、想到的东西表现出来，面对自然表现画家自己的感觉，赤裸裸地去表现主题。

在德国短短的一年，林风眠偶尔也涉足社交界，认识了当时留学德国的朱家骅、俞大维、张道藩、宗白华等，但没有更多的应酬和交往，在罗拉陪同下，用更多的时间去海滨的渔村，出入咖啡馆。林风眠的羽毛丰满了，要在艺术的天空飞翔了。他创作了《柏林咖啡馆》，近景是一个女士的背影宽裙摆动，向前景深处走去，中景是彼此招呼、对谈和嬉戏的喝咖啡者，笔触摇动，沉郁的色彩，严密的章法，表现德国人在战后复苏中的观察情绪。使人想起马奈《女神游乐场的酒吧间》那种气氛。他创作了描绘德国沿海渔民及村姑的作品，如《渔村暴风雨后》《白头巾》和《平静》。《平静》描绘一群村姑，傍晚时分，徘徊在平静的海滨，望着浩瀚的大海，等待出海人的归来，心灵的安逸，超乎狂态或悲伤之上，看似抒情，却使人从平静中感到一种莫测的力量。也许是受了莫迪利亚尼的影响，他的画笔也伸向了历史题材：描绘希腊少女之晨舞的《古舞》，描绘埃及女王思慕罗马骁将、抚琴悲歌于海滨的《克里阿巴之春思》，取材于雨果咏史诗、描绘法国中古血战图的《罗朗》，描写黄昏白衣天女挽琴于斯芬克斯的《金字塔》，取材于拜伦叙事诗的《战于恶魔之前》《唐又汉之决斗》，这些作品充满了对古代神话的向往，歌颂的是神奇的爱情和英雄主义，激荡着青年画家的诗情和幻想。他的创作思绪，如沉积在地壳中的岩浆，喷发而出，势不可当。

林风眠尽情吸吮了艺术之神赐予的智慧甘露，爱情之神赐予的人生幸福的琼浆。罗拉大学还没有毕业，就随林风眠返回巴黎，在玫瑰路的一所公寓里筑起他们的爱情和艺术之巢，开始了人生的新旅途。原先，林风眠在家乡时，家里的人就给他订了"娃娃亲"。不过，还没有圆房，他就离开家乡而且不准备回去了。到了巴黎之后，他就写信回家退掉了这门亲事。在法国国立第戎美术学院念书时，他爱上一位法国女同学，可惜这位女同学瞧不起他（林风眠语），所以也只能算是单相思地失恋了。和罗拉结婚之后，他又见到这位女同学，但她因患肺结核病而病入膏肓，不久于人世了。

林风眠在法国国立第戎美术学院时的注册表（1921年）

再现阿波罗精神的霍普斯会

回到巴黎，林风眠就积极参与留欧中国美术展览筹备委员会的工作。这个组织是由"霍普斯会"和"美术工学社"两个团体发起，参加的都是留法学美术的学生。"美术工学社"注重美术工艺制作，"霍普斯会"专重绘画理论研究。

"霍普斯会"（霍普斯是阿波罗音译）是林风眠从柏林回到巴黎后发起组织的，会员有林文铮、李金发、刘既漂、吴大羽、李风白、王代之、曾一鲁、邱代明、李树化等。林文铮到了法国后即进入巴黎大学，攻读法国文学史和艺术史，阿波罗精神就是由他提出来的。由于他的法文比较熟练，便于和法方接洽和社交，大家推他为会长。他们宣称："毅然树起我们艺术观之旗帜，这就是阿波罗精神。"阿波罗精神就是欧洲文艺复兴以来的人文主义精神。他们认为中国文化长期受到封建礼教桎梏，提倡艺术运动之要旨就是解放人性。林风眠开展艺术运动的思想就是从这里萌发诞生的。

林风眠的同乡、中学同学"探骊诗社"的诗友李金发，在林风眠、林文铮的影响下，于1921年到法国勤工俭学，进入巴黎美术学院学雕塑，又和林风眠、林文铮同住在塞纳河边的小旅馆里。

林风眠、林文铮、李金发三人在一起，总是读诗论画。在思想极端苦闷下，林文铮学法国文学，准备翻译象征派的代表作波特莱尔的诗集《恶之花》，李金发对《恶之花》更是爱不释手地吟咏着，并学着写波特莱尔式的诗。林风眠、林文铮和他推敲着诗句：

你淡白之面，
增长我青春之沉湎之梦。
我不再愿了，
为什么总伴着，
莓苔之绿色与落叶之声息来。

记取晨光未散时，
——日光含羞在山后，
我们拉手疾跳着，
践过浅草与溪流，
耳语我不可信之忠告。
和风的七月天，
红叶含泪，
新秋徐步在浅渚之荇藻，
沿岸的矮林——蛮野之女客
长留我们之足音。

啊，漂泊之年岁，

带去我们之嬉笑，痛哭，

独余剩这伤痕。

　　林风眠少年时也欢喜诗，主要是陶渊明、李白和杜甫。此时，他和李金发一样，欢喜上波德莱尔的诗。从这时起，他就确立了一生在绘画中的三个追求：花一样的香，夜一样的深，死一样的静。这三个东西就是受波特莱尔的表现主义、神秘主义的影响，他要用这三个东西打破中国画的框架，把中国画的古代传统打破。李金发的这一首《故乡》，也唱出了林风眠和林文铮的心声。可以说，这首诗是他们三人共同创作而成，象征派诗人与印象派画家，有着心灵上的相通，在巴黎拉丁区，昔日有波特莱尔与浪漫派画家德拉克洛瓦，批判现实主义画家杜米埃，印象派画家马奈，此时有林风眠与李金发，后来莫雷亚斯发表《象征主义者宣言》，直接受其影响的画家有雷东、高更、凡·高，他们都是追求原始风格的画家。从本质上说，正是原始艺术最具有象征的特征。林风眠的绘画和李金发的诗，何尝又不是如此？

　　李金发追随林风眠从巴黎到柏林，写下了《微雨》《温柔》《食客与凶年》等诗篇，酝酿了中国象征诗派的开端。他在《食客与凶年》这本诗集的"自跋"中写道："东西作家随处有同一之思想，气息，眼光和取材，稍为留意，便不敢否认，余于他们的根本处，都不敢有所轻重，惟每欲把两家所有，试为沟通，或即调和之意。"这种思想与林风眠的思想是一致的。林风眠推崇民间美术，李金发认为山歌有时是大诗人所不及．在许多方面，林李二人可以说是志同道合。

　　1924年初，李金发又随林风眠、林文铮从柏林回到巴黎，和刘既漂、吴大羽、王代之等组建起"霍普斯会"，希腊文的原意即是太阳神阿波罗。这个名字林风眠特别喜欢，那是因为他很喜欢这个主光明、青春、艺术之神。直到办国立杭州艺专时，他仍把学报命名为"亚波罗"。"霍普斯会"的宣言标榜艺术的崇高及其独立性。他们既痛恶像中世纪那样，艺术为宗教服务，也反对艺术为任何政治集团服务，艺术只能是艺术的自身。是年2月，"霍普斯会"联合另一个旅法艺术团体美术工学成立了"中国古代和现代艺术展览会筹备会"，并决定在法国东部城市斯特拉斯堡举办第一届中国美术展览会。该会推举林风眠、林文铮、王代之、刘既漂、曾以鲁等十人为委员，特邀当时正旅居斯特拉斯堡的蔡元培为名誉会长。

1923年，旅居斯特拉斯堡的蔡元培

《摸索》：早期的艺术宣言

1924年5月21日，中国美术展览筹备就绪，在法国东部的城市斯特拉斯堡的莱茵河宫隆重揭幕。斯特拉斯堡与德国仅一桥之隔，莱茵河宫曾是德国皇上的旧行宫，第一次世界大战后归还法国，建筑甚为壮丽。宫内正殿作会场，分三大展室，中厅陈列古代美术品，古画最多，两旁大厅展出近代作品，图画、雕刻、刺绣都有。殿内外处处都悬挂着极精美的中式彩灯，那是筹委会组织制作的。这次展览光是布置会场就耗资两万法郎。在展出的新画中，有林风眠、刘既漂、方君璧、王代之、曾一鲁等留法学生的作品，新的雕刻有吴待、李淑良等人的作品。其中尤以林风眠的作品为最多，当时的评价说"最富有创造价值"。

林风眠参展的作品有游历德国时创作的《摸索》。在展出之前，《中国艺术》杂志社的记者杨铮，偕法国名画家西蒙·布朗和雕刻家约翰·亚勃，前往玫瑰路访问林风眠，写了专讯寄回国内，称赞《摸索》："全幅布满古今伟人，个个相貌不特毕肖而且描绘其精神，品性人格皆隐露于笔端。荷马蹲伏地上，耶稣之沉思，托尔斯泰折腰伸手，易卜生、歌德、凡·高、米开朗琪罗、伽利略等皆含有探索奥秘之深意，赞叹人类先导者之精神和努力。这幅巨画，仅花一整天时间，一气呵成，其速度之惊人，可与鲁本斯媲美。"

1923 至 1925 年，是林风眠在欧洲创作最为活跃时期，经过德国一年的实践，他开始进入创作加速期。创作中的加速现象，是每个敏感而专注的艺术家及至作家都会遇到的问题。身处其中的艺术家会感到自己正在一辆不断加速的列车上，驶向遥不可测的未来。从创作《摸索》上所出现的创作加速现象，将会给林风眠带来什么呢？历史已经给我们证明，对他来说，这无疑是一个巨大机遇，给他带来了创作高潮。可惜这幅画的原作已经消失了，我们再也无法目睹它的风采。

美术评论家郑朝在访问当年曾目睹《摸索》原作的艺术家林文铮时，林文铮仍情不自禁地赞美说：巨作，真正的巨作，四五公尺长，二三公尺高，人物众多，希腊的荷马、意大利的但丁、中国的孔子……法国的雨果、俄国的托尔斯泰，出现在同一画面上。而在形式上宏伟概括，线条粗犷奔放，充满着力的旋律，色调以灰黑二色为主，忧郁沉重，读着它真使人沉入严肃的深思。这可能受拉斐尔画在梵蒂冈大厅的《雅典学派》的影响。当时的人文主义者喜欢用追忆过去来寄托对未来的幻想。然而，这是林风眠自己孕育而诞生的作品。《雅典学派》表现古希腊学者探索科学真理的主题，而《摸索》却描绘了历代思想家、文学家探求人生的精神。浩瀚纷纭、奥秘莫测的人生真谛何在？思想家、艺术家又怎样引导芸芸众生去认识人生之真谛？大千世界，悠悠万世，多少人为之呕心沥血。对这命题的摸索追求是无穷无尽的，人类的思考也就这样不断前进。这就是《摸索》打动人的精神力量。

从林文铮的介绍中，我们知道这是一幅群像。从绘画技巧及隐含的思想深度来看，林风眠的《摸索》跟其师柯罗蒙的《该隐》一样，采用的是一种比较写实的手法和表现主义相结合的一个典型个例，而且更富有表现力量。林风眠在整幅作品的构思上并未受到叙事的羁绊，然而却包含着比任何叙事都更为丰富的意蕴。画中每一位先驱都代表着西方文明史中的一次探索和创造，事实上，此画在很大程度上体现了林风眠对人道历史的认识，荷马和耶稣象征西方文明两个源头——希腊与希伯来；列夫·托尔斯泰对宽容与虔敬的道德诉求，易卜生对个人价值的注重，则体现出人道主义的两个侧面，后者是人的光荣，前者意味着人的限制，而这两个侧面又在歌德一个人身上得到了统一；伽利略（Galileo）代表着西方自然科学的无穷探索；而米开朗琪罗（Mickelangelo）与凡·高则是西方艺术的两个神话，前者的激情与英雄主义将之推向崇高的殿堂，后者的激情与天才、孤独与疯狂却像地狱中的火焰，注定要在最灿烂的光华中毁灭自身。

《摸索》像磁石一样吸引着观众，屏息凝神，流连不去。经介绍，当时旅居斯特拉斯堡的蔡元培发现这幅画的作者生就一张娃娃脸，是一个二十岁的青年。这是蔡元培第一次与林风眠相见，当即就对他表现出深深的器重，认为他不仅是一个很有天才的青年，而且是有新思想的艺术家。蔡元培在意大利时，最欣赏拉斐尔的《雅典学派》那幅画，而林风眠的《摸索》正暗含拉斐尔的精神，也就是暗含蔡元培的人文主义精神，堪称"同心相映"。

在中国古代和现代艺术展览会上，林风眠参展的作品多达四十二件，除了《摸索》，还有《哭泣的大海》《渔村暴风雨后》《柏林之醉》《宁静》《金色马车》《转瞬即逝的幻象》《阿多尼斯的节日》《瓦奈斯》《悸动的心》《远离此地》《致泰戈尔的故乡》《春天的早晨，血》。以上都是油画。展出的其他的画还有《生之欲》《月光里》《饮马秋水》《悲叹命运的鸟》《预言家们》《圣海伦娜》《变形》《古代的抒情》《我们的心》《你去向何方》《黄金时代》《人造乐园》《永恒》《超人们》《白孔雀》《颤动的芦苇》《春燕》《四月的雨》《夜》《宇宙的节奏》《风景》《薄暮》《交感》《战栗》《神圣之声》《苍白》《东方的抒情》《异国他乡》等。

展览之前，展品被编印成一本装帧精美的目录册，卷首有蔡元培写的序言，其中一段写道："研究美术之留学生，以留法者为较多，

生之欲（1924年）

是以有霍普斯会与美术工学社之组织。其间杰出人材，非徒摹仿欧人之作而已，亦且能于中国风作品中为参入欧风之试验。夫欧洲美术参入中国风，自文艺中兴以还，日益显著，而以今日为尤甚。足以征中西美术，自有互换所长之必要。采中国之所长，以加入欧风，欧洲美术家既试验之；然则采欧人之所长以加入国风，岂非吾国美术家之责任耶。"

在展览会所举行的招待酒会上，蔡元培就这次展览发表"学术上调和与民族上调和"的感想。这也正是林风眠孕育调和中西绘画宗旨的时期。

林风眠初到法国时，绘画艺术没有明确的宗旨，正如他在《自述》中曾写道："自己是中国人，到法国后想学些中国没有的东西，所以学西洋很用功，素描画得很细致。当时最喜爱细致写实的东西，到博物馆去也最爱看写实的画。"从这一点来说，林风眠和徐悲鸿的起步是一样的，是从同一起跑线上出发。不过，徐悲鸿留法之前，中国画已取得一定的成就，在画坛也颇有名声，初到法国，他是想用西洋画来改造中国画，使中国画吸收西洋的营养起死回生，他比林风眠有着更明确的目的性，因而对西方绘画有着鲜明的选择性。而林风眠不只是欢喜写实的东西，而是对各家各派都有所接受和研究，不只是临摹研究具体技法，而是吸收其艺术精神。一般留学法国学画的人，大多是只注意技巧的临摹，而忽略其艺术精神，特别是别人没有注意的中国艺术，林风眠则花了极大的心血，去研究那些在国内无法看到的珍贵中国文化遗产，从德国再回到巴黎时，形成"中西融合"的艺术思想，从而创研不是中国传统艺术也不是西方艺术的一种全新的绘画艺术。这又远远超越了徐悲鸿以及后来的刘海粟。林风眠"中西融合"的艺术思想，蔡元培的"学术上调和与民族上调和"的思想如一股春风，催动林风眠"调和中西"的艺术思想破土而出。从"中西融合"到"调和中西"，提法上也有了变化，这种变化表现出他有着独立思考的精神。

《摸索》是一位年轻的民族主义爱国画家的巨制，是他早期思想和艺术的结晶。当留法的许多青年画家都还沉湎于摹仿前人作品的时候，他已经画出了思想如此深邃、构图如此宏伟、形式如此独特的油画。

《摸索》是林风眠和他的伙伴们早期的艺术宣言。

10月，林风眠的《摸索》和《生之欲》入选法国秋季沙龙展览。

《生之欲》施展了作者中国画的天才，画的是四只老虎，两大两小，从芦苇丛中呼啸奔夺而出。命题是用叔本华的名句："众生皆有生之欲。"这幅画将西方浪漫派挥洒自如的笔触、鲜艳的色彩与中国画的笔墨技法融为一体，表现了画家对于生命与力量的强烈的渴求。特别是吸收了"岭南派"画虎技法，奔放豪健，淋漓尽致，反映了画家郁郁勃勃、热烈追求的胸怀。

林风眠正在意气风发的时候，一个残酷的打击降到他的头上：他那德国夫人罗拉分娩时，不幸染疾，与婴儿同亡于巴黎一家医院。最残酷的打击，最痛心的失去，使他的理智与感情失去了平衡。在悲恸至极之中，林风眠使用祖父传给他的刻石技艺，没日没夜地凿刻一块石碑，把自撰的碑文刻在上边，安置在爱侣的墓前，作为永久纪念。

夫人罗拉去世及儿子夭折后，林风眠将所有的精神全都奉献给艺术，他更加深入地研究各个绘画流派，如印象主义、后印象主义、野兽派、立体派等现代艺术风格，试图以西方新艺术风格调和中国绘画传统，克服中国画中的高度程式化，进而创造一种新艺术。1925年4至10月，巴黎举行"巴黎国际装饰艺术和现代工艺博览会"，在这次大展上，中国艺术首次由中国政府出面建立了中国专馆，该馆的工作由林文铮、刘既漂主持，组织了规模庞大的展览阵容，其中林风眠的作品最多最佳。

林风眠这次展出的作品有《忧郁的沉迷》《波罗米尼的黄昏》《生之欲》《不可挽回的伊甸园》《追寻逝去的时间》《东方交响曲》《令人赞赏的春天失去了她的香味》《悲叹命运的鸟》《大众的沉思》《一切时代的恺撒们》《诱人的紫藤》，等等。这些作品大部分都已亡佚，我们再也无缘看到了，但从林文铮为该展所撰写的法文前言中，我们可以看到对这些作品的清晰描述：

《忧郁的沉迷》表现了一只老猴坐在枯藤上望井沉思的景象。气氛宁静而忧郁，让人思及远祖们和平自然的生活和往昔的无限。

《波罗米尼的黄昏》画了两位诗人在水边散步，秋风萧瑟，吹起他们的衣衫。作者构思之巧妙在于，他并未直接描绘那位缪斯，却通过隐喻手法暗示出主题——怀着哀愁的诗人的流放与缪斯的沉寂。

《不可挽回的伊甸园》完全是一件想象的作品，它同时赋予了真实与神秘两种内涵，是中国艺术家反复吟咏过、梦想过的。在孤寂的山谷中，桃树开满鲜花，有瀑布从高处落下，这一切组成了一部自然的协奏曲式的神圣的交响曲。亚当和夏娃失却的乐园朦胧地显现于桃花和雾气之后，无法企及又不可抗拒。

《令人赞赏的春天失去了她的香味》取自波特莱尔的一首诗，此画象征着短暂的欢乐。花开满枝的梨树为薄雾所笼罩，一群燕子忧郁地飞过，一切仿佛沉浸在梦中。在描绘春天的美景时，艺术家让我们思及梨花终会凋零，燕子终会离去，欢乐和悲哀混在一起，作品编织着深深柔情和惆怅。

《悲叹命运的鸟》显然受拉·封丹（Lo Fontaine）的著名诗歌《受伤的鸟》的启发，用十分东方化的手法描绘了一队水鸟在芦苇丛上飞翔的情景，气氛忧郁而哀伤，表现出夜的寂静、造物的哀叹和宿命。

林文铮在介绍了林风眠这次参展的作品后，又写道：

> 林风眠是中国最有前途的天才艺术家，他自由地游弋于东西方两种艺术传统之间。他有着敏感和不安的心灵，东方的宁静不再能满足他，西方的枯燥和焦虑侵蚀着他，他无名的不安和生之欲望使之远离了中国古人。

的确是这样。从林文铮对几幅画的描述中，我们也可看到一个内心充满矛盾的林风眠，也是我们既熟悉又陌生的林风眠，他的作品中始终笼罩着朦胧的诗意，透着淡淡的哀愁。然而这种诗意和哀愁与其说是东方式的，不如说是浪漫主义的，而从他的标题，从他频繁使用的隐喻手法中，也可以看出他在很大程度上受到象征主义的影响。他不仅熟悉中国古代和近代的绘画，而且对希腊罗马神话、法国近代诗歌及德国艺术哲学精神，都颇有体会与心得。作为一个东方人，他在西方艺术中寻找到了一种与东方艺术精神相类的传统，并在这一传统的研究中完成了一个微妙的转换。通过这一转换，中国传统绘画的母题，如芦苇中的水鸟、枯藤上的老猴、梨花与春燕，都成为西方象征主义情怀的载体。中西艺术的手法与精神奇特地契合在一起，这是林风眠早期艺术探索中的一条隐秘的小径，这条小径一直延伸到他成熟期的创作之中，甚至到了他的晚年，这种蕴蓄在胸的情怀仍然难释。

在"巴黎国际装饰艺术和现代工艺博览会"上，蔡元培看到了林风眠的《生之欲》，非常赞赏，认为作品的思想性和艺术性都很高，赞叹说："得乎技，进乎道矣！"

蔡元培欣赏林风眠的才华，更看到他品德纯良，一直是念念不忘。中国美术展览会闭幕后，蔡元培回到巴黎，即偕夫人周养浩来玫瑰路访问林风眠。原来蔡元培还以为林风眠和林文铮是同宗兄弟，经了解才知道他们同姓不同宗。对林文铮，蔡元培也是爱护备至，后来还把女儿蔡威廉许配给了林文铮。林风眠迁居第戎郊区，蔡元培和夫人又从德国不远千里来访问，盘桓三天，畅谈而别，还送给林风眠夫妇三千法郎，以作小补。

林风眠从巴黎迁居第戎乡下，是和阿丽丝·华丹结婚之后。前妻罗拉逝世之后，林风眠一直沉浸在痛苦之中，无法解脱出来。过了一段时间，朋友们认为应该给林风眠觅一位新的伴侣，也许可以使他的伤痛渐渐平复。当年在第戎美术学院时，有一位雕塑系女学生名叫阿丽丝·华丹，曾经送给林风眠一朵野蔷薇花，这件事相隔几年，对那朵野蔷薇，林风眠的印象有些模糊了，还是经林文铮提起，他才想起那位身材高大的法国姑娘。林文铮与阿丽丝·华丹取得联系并做月老。1925年秋天，林风眠与阿丽丝结婚了。也许人生真正的爱情只有一次，再婚的林风眠仍然无法解脱对罗拉的缱绻之情，但是，再大的痛苦也要解脱。为此，林风眠偕新夫人阿丽丝从巴黎玫瑰路搬了出来，迁居第戎城外乡下。虽然与阿丽丝有些旧梦重温的意思，但在林风眠的心中，阿丽丝无法代替罗拉的位置。

其时，在中国，北京政府日趋腐败，蔡元培不愿与人格卑污的教育总长彭允彝等政客为伍，于1923年1月17日愤然辞去北京大学校长之职。在辞呈中他痛切地说："数月以来，报章所纪，耳目所及，举凡政治界所有最卑污之罪恶，最无耻之行为，无不呈现于中国……元培目击时艰，痛心于政治清明之无望，不忍同流合污之苟安；尤不忍于此种教育当局之下，支持教育残局，以招国人与天良之谴责。唯有奉身而退，以谢教育界及国人。"1月19日，蔡元培又在各报登载《启事》，宣布"自本日起，不再来校办事"，随即离开北京。1月23日，他发表一篇宣言，控诉当权者"一天一天的堕落：议员的投票，看津贴的有无；阁员的位置，禀军阀的意旨；法律是舞文的工具，选举是金钱的决赛,不计是非,不计利害,不要人格;只要权利"。"而那些胥吏式机械的学者,只要有饭吃,有钱花,即'有奶便是娘',甘心充当别人的工具,助封为虐"。对此,人们称之为"不合作宣言"。

蔡元培离开北京,经天津到上海,随后到浙江上虞、绍兴,在一些中学发表演讲,并准备出国。1923 年 7 月 20 日,蔡元培偕夫人周养浩、女威廉、子柏玲从上海乘轮船赴欧洲。他走后,北大校长由蒋梦麟代理。8 月 28 日蔡元培到巴黎后,即往比利时首都布鲁塞尔居住,后因当地研究条件较差,不久仍赴法国,夫人周养浩进巴黎美术专科学校,女威廉进里昂美术专科学校,子柏玲留在比利时学习工程。

这就是蔡元培来法国的背景。林风眠、林文铮也就是在这样的背景下受蔡元培的指点,更加明确了人生与艺术的道路,并终身为之奋斗。

第三章

北京：点燃艺术运动之火

种子成熟了,播种在哪里?

学西方绘画也不放弃东方艺术的林风眠,经过鉴别比较,对东西方艺术中的长短已经了然于胸。如果说这是一粒艺术种子,现在这粒种子到了该播种的时候了。

播种这粒种子的一片土壤在哪里?

是在塞纳河流经过的地方?是在莱茵河流经过的地方?还是在别的河流经过的地方?林风眠知道只有大河流经过的地方,土壤才是最有营养的,也是最广阔的。

林风眠毅然选择东方的黄河和长江流经的那片土地。正在这时,比林风眠先回国的王代之来信,说北京正在酝酿请蔡元培推荐他到国立北京艺专任校长兼教授,而且气氛比较热烈。但林风眠并没有接到通知。他这时也想回国。1925年过完圣诞节,刘既漂为林风眠筹备好路费,他就打点行装偕同夫人阿丽丝·华丹离开法兰西,搭乘法国邮轮回国。带了六七大箱书籍和一大捆又长又重的油画,这些都是他在巴黎留学六年的心血和成绩。回国的巨轮在无边无际的海洋上航行,林风眠的心情还是茫然的。他不知北京国立艺专是怎样的学校,回国后到底能干成什么事情?林风眠从小就养成随遇而安的性格,他这时又想起中国一句古话"船到桥头自然直"来聊以自慰。

新加坡是往返东西方船只的必经之地。林风眠乘的那艘邮轮在新加坡靠岸,稍作休整,又继续起航。就在船上,林风眠和徐悲鸿不期而遇。林风眠和徐悲鸿虽然同时留学法国,同在一个大学读书,同时赴德,但两人似乎并不相识,可能由于官费留学生和自费留学的境况不同,加上两人的性格迥异,交往的圈子不同,彼此没有交往。

他们寒暄了一阵,没有作深入的交谈,各人回船舱休息去了。

对此可能有些难以理解:他们同时留学法国,又同在一所美术学

院读书,在法国的时间又不短,彼此为什么不认识?考其历史是有原因的:

1920年,徐悲鸿进巴黎艺术学院时,林风眠仍在马赛第戎美术学院学习,待1921年,林风眠转入巴黎艺术学院,徐悲鸿已于暑假前往德国,在德国一住就是二十个月。林风眠于1922年曾往德国游学,也未能与徐谋面,其可谓"有缘千里来相会,无缘对面不相逢"了。但到1924年,徐、林都已回到法国,林结束了巴黎艺术学院四年学习之后,与林文铮共同组织了"霍普斯会"(后改名为"海外艺术运动社"),会员有李金发、刘既漂、吴大羽、王代之等人,未见徐参加。徐悲鸿在法德多年,未见组织或参加任何艺术团体,只参加过近似金兰结义式的"天狗会"团体,由外交官谢寿康组织,徐排行第二,张道藩排行老三,还有其他留学生和一位学雕塑的江小鹣,一位学油画的常玉参加。张道藩那年已从德国转来巴黎艺术学院学习,也未参加"霍普斯会",和该会成员亦未见有何交往。显然是由于思想和艺术观点的不同。当年留学巴黎的学生虽只寥寥十多人,由于"道不同不相与谋",分成两个互不交往的群体。1924年,"霍普斯会"成立不久,便应法国阿尔萨斯省泰斯保大学校长邀请,负责组织了我国第一次在欧洲举办的"中国美术展览会",林风眠唱主角,蔡元培主持开幕典礼,当时留法的张道藩、徐悲鸿等画家都未参加。

此时乘同一条船回国的徐悲鸿、林风眠这次回来都是为了去北京就任北京艺专校长之职。原来,蔡元培推荐徐悲鸿任北京艺

1929年,林风眠(左三)在艺术运动社上海展

艺术运动社部分成员在超山合影，前排右三为林风眠

专校长，徐已答应，并怀揣蔡元培的介绍信回国，途经新加坡时，他滞留数月未能到任，开学在即，蔡元培又推荐林风眠任北京艺专校长，但林风眠却没接到通知，所以也不知道去北京艺专任职的事。

轮船靠近黄浦港，岸上拥挤着迎接亲友的人群。乘客都下船了，迎接的人群渐渐地散去，林风眠和徐悲鸿才下船登岸。码头上有几个人扯起红布横幅，上面写着"欢迎林校长回国"，并向船上喊："哪位是林校长？"上海美专学生张聿光还挤上船来，大声喊着："我们接林风眠校长，哪位是林校长？"

"我是林风眠，但我不是校长。"林风眠说着。

"你已被任命为北京艺专校长，我们还发了祝贺电报呢。"张聿光说。

这时，田汉和一批文艺界人士在码头迎接徐悲鸿。田汉也不知道和徐悲鸿同船归来的还有林风眠。经过一番介绍，田汉和林风眠相识。几天之后，田汉发起"梅花会"活动，林风眠、徐悲鸿都应邀参加。此时，蔡元培正在上海，也应邀参加。会上，蔡元培以梅花为题发表了即兴演讲。

林风眠在上海盘桓数日就北上就职了。

第三章　北京：点燃艺术运动之火　　051

呐喊：且看今日之中国，还有一点 比较过得去的地方吗？

北京国立艺术专科学校是全国最高艺术学府，蔡元培为了实践"以美育代替宗教"的教育思想，专门创办了这所学校。原名北京美术学校，1922年改称北京美术专门学校，1925年改为国立艺术专门学校。1930年秋易名为北平艺术专科学校。蔡元培虽然为学校制定了宗旨，教员中不乏英才和有识之士，但由于军阀政府的摧残与蔑视，加上学校自身的因袭与偏见，学校很不景气，像个恹恹病人。1923年的暑假后，美专校长郑锦不知什么原因，把平常最受学生欢迎的陈师曾、吴法鼎、李毅士等五位教授辞退了。开学后，学生不见这五位教授，便去质问学校当局，要求让他们回来继续任教。但校方不同意，学生提出抗议，并到校长室请愿。校长坚决拒绝学生的要求。学生被激怒了，就决定罢课。在学生罢课后，校方贴出布告，宣布开除领头闹事的十五名学生。由于五四运动的影响，学潮叠起，又有三十名学生被开除。

军阀政府教育部三次任命新的校长，先派余绍宋。余绍宋是画中国画的，后入仕途，曾任司法部次长。任命他当美专校长时，他还不知道学校闹风潮，踌躇满志地走马上任，结果被学生轰了出去。双方坚持，互不让步，拖的时间很长，怕学业荒疏，学生们决定自己复课，前后四十五名被宣布开除的学生仍在学校。大家推举学有专长的同学上课，请受欢迎的老师来讲授。后来教育部又派刘百昭任校长。

刘百昭上任不久就发生了一件事情。刘趁北京闹风潮的学生打砸他的住宅之机，说是艺专校款八千元遗失了。这样引起艺专学生及教育界的不满。当时报纸报道说：据闻艺专校长刘百昭，虽欲恋栈，然各方面以刘为教育界公敌，早欲驱其去位，闻近日教育部所接请求驱刘函件甚多，并有多人直赴易培某基宅要求驱刘者，艺专学生，亦议决对刘去校，决不挽留，反面文章即有欲其出校之意。艺专学生因有上次风潮之经验，故此次对刘之去，欲教部先作原动，于是根据教育部意见行动，这于学生自身不致发生任何危险。

但舆论界对此事有着极大的兴趣，《京报》的报道更加明确："刘百昭藉口群众捣毁住宅，捏报损失校款八千元，哀求匿居六国饭店之章士钊代恳撤销；章以刘之住宅被毁，乃由于刘执行彼之政策解散女师大故。章当时虽已声言鸟官不做，但为不负友人计，只得厚颜仍用教育总长名义替其运动撤销。"

刘百昭损失艺专校款八千元虽经章士钊运动撤销了，但此事并没有平息下来，舆论仍在调查，最后发现刘百昭因贪图重利，将校款一万余元（临时开办费九千余元，学宿费四千余元）做九六公债存于堂善胡同某银号，后该银号亦因做九六公债而倒闭。适群众捣毁刘百昭的住宅，遂捏报损失，藉以填补。这一真相公诸报端，章士钊特别恼火，向人大骂刘百昭卖友，并说自己结怨于教育界之事，皆由刘一个人蛮干惹出来的。

不管怎么样，这事对刘百昭来说都是不光彩的，艺专校长无法再当下去了。由此就引发出谁来当艺专校长的问题。刘百昭只好自动辞职留一个下台的阶梯。刘百昭虽然提出辞职，但还是希望学生能将其挽留，于是艺专学生会开了代表大会，报纸报道这一消息时说学生代表："对刘多持不友善之论，尤以对刘报失校款八千元及其不懂艺术之两事为评评最烈之点，结果议决：（一）刘百昭辞职决不挽留；（二）继任校长须与前美专风潮无干系之人；（三）继任校长须具高深艺术知识，能将校内均衡发展，不偏一系。"《晨报》1926年1月31日以"艺专校长更迭之内幕"为题的报道云："教职员中，颇有主张蔡元培继任校长者，然教部不能容纳，蓄以蔡氏人物太大了，不能指挥如意，对于艺专即失操纵之力，故急提出所谓林风眠者，唯林氏不独在国内不知名，据由欧返国者所言，亦不知有此伟大之艺术家，故均怀疑，且多以林氏如果有艺术深造，则不妨充教授，却不必当校长。"事实上，教育部曾多次电邀蔡元培北上，但蔡元培并没有放弃与政府不合作的主张，拒绝北上，坚持不就艺专校长之职。而艺专学生则反对上面再派校长，主张由学生投票的方法选举校长。几次都因校长问题闹起学潮，北京政府教育部也就答应了学生的要求。

艺专学生会采取全体学生总投票的方式，举行票选校长，《晨报》报道选举的结果并公布了票数：

> 林风眠111票，蔡元培82票，萧俊贤48票，彭沛民46票，李石曾44票。以上五人为得票之最多数，即为正式当选人。其余得票次多数者，尚有凌文渊21票，闻一多20票，冯白18票，张镜生16票，徐悲鸿15票，萧友梅14票。以上为当选人票数。现学生会正预备呈文，请教育部就得票最多之林蔡萧彭李五人择一任命云。

就这样，教育部任命林风眠为国立北京艺专校长。

《国民新报》1926年3月1日报道艺专校长林风眠抵京的消息说：艺专校长林风眠与蔡子民同船归国，林到达沪后，因忙于沪上艺术各界之应酬，又因阴历年关，海道无船，故未能趁早北上，教育当局，以艺专开学在即，曾多番电促，顷闻林氏偕其夫人，已于昨由津抵京，到站欢迎者，有在京留法同学二三十人。下车后直投西安饭店，随造访教长易培某（基）氏私邸，适陈教次（延龄）亦在座中，寒暄毕，易氏首道以艺术家办艺术学校之主张，出自北京学界同人之公议，余（易氏自称）于此点极表同情，且余向主校长民选，此次阁下（对林称）出长艺专，该校学生曾有选票，一致欢迎，希望早抵校视事，力加整顿，为中国艺术前途大放光明云云。

在新校长林风眠到任之前，谁来代理校长呢？1926年1月22日《晨报》报道："昨日教部派员疏通萧俊贤，请暂代林风眠为艺专校长，萧坚持不可，故该项部令，昨未发表，闻易培基已决定以陈延龄兼代林风眠校长职务，今晚即发命令。"

在林风眠到任之前，艺专教授萧俊贤、谢阳、冯白、彭沛民联袂

1926年夏,林风眠(前排左五)与萧友梅(前排左六)、冼星海(后排左六)等人合影

第三章 北京:点燃艺术运动之火

1926年,林风眠与同事们在北京花园西胡同四合院

辞职,声明说:至于刘校长辞职,与俊贤等出处并不相涉,而是"艺专成伏,初愿已偿,方拟脱身而去"。林风眠到校后,热诚挽留,这四位教授才没有离去。而原教务长闻一多此时向林风眠递上辞呈,林风眠挽留不住,离校而去。另聘教授王代之兼任。

林风眠得票最多,这与诗人萧三的弟弟萧自生和先于林风眠回国的王代之的宣传有关,他们极力介绍林风眠的为人和艺术,并把林风眠创作的油画作品的照片展览给学生看。学生们认为林风眠画得很好,也盼着他能来。其实,这时林风眠在国内的影响远不如徐悲鸿,也不如刘海粟,其他还有一些知名画家和教育家,而独独选中林风眠任校长,足见画界求新求变之心切。军阀政府教育总长易培基终于同意聘请林风眠任北京国立美术专门学校校长。

迎接林风眠的就是这样一个学校。不管学校办得现状如何,但它毕竟是一块土地,已经孕育在林风眠心田中的艺术种子,一定要播种在这块土地上。

帝王之都的北京，即使在春天，景色也还是那样萧索，教育界笼罩着一片封建保守的浓雾，泛滥着无生命的艺术，虽然经过五四运动的洗礼，空气仍然是沉闷的。而美术又似被新文化运动忘却了，处在被人瞧不起的地位。

林风眠这时还无暇去想这些问题，他在这块土地上锐意鼎新，首要的是耕耘起来。他请回陈师曾、吴法鼎、李毅士等五位被辞退的教授，取消原来学校当局开除四十五名学生的决定，但这批学生回校后，要进行一次考试。这些学生中有一位年龄最小、还在预科读书的，他就是后来的雕塑家刘开渠。

此时，北京美专改名为北京艺专，设有国画、西画、音乐、图案和戏剧五个系。国画系主任为萧俊贤，图案系主任为黄怀英，音乐系主任是萧友梅，戏剧系主任是赵太侔，林风眠除任校长外，还兼教务长及西画系主任。在北京艺专学画的学生有刘开渠、李苦禅、雷圭元、李有行等；音乐系的学生有冼星海；戏剧系的学生有黄柏生。戏剧系的教授有余上沅、熊佛西等。此外，林风眠还请周作人、谢冰心来校兼课。

那时，刚从日本回来的郁达夫也在这个学校兼课教文学。郁达夫有一段记叙道：

那时候，我初从日本回来，办杂志也办不好，军阀专政，社会黑暗到了百分之百，到处碰壁的结果，自然只好到北平去教书。

在我兼课的学校之中，有一个是京畿道的专门美术学校。这所学校仿佛是刚在换校长闹风潮大难之余，所以上课的时候，学生并不多，而教室里也穷得连煤炉子都生不起。同事中间，有一位法国画家，一位齐老先生，是很负盛名的；此外则已故的陈晓江氏，教美术史的邓叔存以及教日文的钱稻荪氏，比较得和我熟识，来往得也密一点。

可见，这所学校的教师，在当时都是出类拔萃的了。

任职校长之后不久，林风眠就在艺专举行回国后的首次画展，展出他在欧洲多年来创作的作品，包括油画和中国画，共一百多幅，使

1927年，北京艺专时的林风眠（左五）与李苦禅（左一）

学生对欧洲新的绘画艺术大开眼界。不仅如此，林风眠还把裸体模特儿引进这座顽固保守的艺术堡垒，想给它换一换新鲜空气。但是模特的事也频起风波。上海美专刘海粟在此十年前就冒着种种风险和压力，闯开男女模特儿的禁区，可是在北京还将此视为大逆不道之事，林风眠受到的指责和谩骂，秽不可言。

经过林风眠的悉心调理，北京艺专的元气渐渐恢复并富有朝气，学校的学术空气甚为活跃，在一年的时间里，各种绘画团体先后成立十余种，而展览会每周平均在一次以上。林风眠和学生在一起，并自愿加入艺专西洋画、图案画、中国画系学生组织的"形艺社"，为名誉社员，以推进艺术研究风气。形艺社展览会宣言称：

我们要打倒一切传统的艺术，我们要打倒一切为阶级而制作的艺术，我们要打倒非人间所谓为艺术而艺术的艺术，我们要创造新艺术，我们要建设为全人类的艺术，我们要使艺术深入人望，不是与人无关的天上的东西。我们各人有了以上的志向，我们为集中势力，我们为运动扩大，我们为相互督促研究，所以我们有了形艺社联合组织。形艺社与民众接触的地方很多,然而最普遍的方法,莫过于展览会,我们形艺社为接近人间,深入人间,使民众真正知道伟大的艺术并不是鬼世界的艺术,虽然我们组织了不久,没有什么惊人的业绩,也要举行展览会,不断地给社会上最多数看不见艺术的人一种认识的机会。民众!欢迎!欢迎你们来!

形艺社的宗旨正是林风眠"艺术社会化""艺术大众化"理想的体现。林风眠试图找到艺术改造中国社会的独特机能。他认为"依照艺术家的说法,一切社会问题应该都是感情问题",中国社会的一切弊端,均源于"感情的不平衡"阶段,而"艺术是感情的产物",艺术可以使人的"感情得到安慰",艺术是人类最优秀的精神载体,是引导人类向上的一种动力。他主张开展群众性的艺术运动。

当他正准备朝着自己的理想前进时,"三·一八惨案"发生了。3月初,奉系军阀进攻冯玉祥的国民军,日本军国主义公然进行武装助战。3月12日,日本军舰驶进大沽口,向国民军悍然开炮,当即受到国民军还击。第二天,日本军国主义向北洋政府提出抗议。16日,日、美、英、法、意、荷兰、西班牙和比利时八国公使,又联合向北洋政府提出最后通牒,不准中国军队封锁大沽口。3月17日,北京爆发了反帝、反封建的大规模示威游行,要求北洋政府拒绝帝国主义的无理要求。段祺瑞是由日本军国主义扶持起来的,他自恃有奉系军阀的支持,公然命令军队用棍棒和刺刀对付手无寸铁的示威群众。这样,人们的愤怒再也压不住了,3月18日举行更加声势浩大的示威游行,北京的学生、市民、工人十余万人举行示威大会。北京艺专的学生用前一天请愿受伤代表的血衣做成横幅,上写着"段祺瑞铁蹄下之血",挂在天安门前。会上,李大钊发表激昂慷慨的演说。无数青年声泪俱下,愿舍七尺之躯,与帝国主义及其走狗决一死战。会议结束,又组织两千多人的请愿团,再次奔向"执政府"门前请愿。"执政府"的军队用排枪和大刀射击和砍杀示威群众。北京艺专学生会主席姚宗贤、北师大刘和珍等四十七人惨死在血泊中……

鲁迅称这一天为"民国以来最黑暗的一天,血债必须用同物偿还。拖欠得愈久,就要付出更大的利息"。

接着,李大钊又被杀害。

林风眠目睹了这血的洗礼。在这场血的洗礼中,他一方面看到一些人为真理、为正义、为生存而热血沸腾,献出自己的生命在所不惜,他站在正义一边,支持示威游行;同时他也看到另一方面,中国遭受外来帝国主义的侵略,人民的生命财产毫无保障。国民革命虽说是成功了,但军阀横行,战乱四起,大多数中国人还懵然无知,不知国家、社会以及人类为何物。

他在《致全国艺术界书》的《恶劣的影响》一节中愤怒地呼喊:

请看今日之中国社会,还有一点比较过得去的地方吗?

以言民情,则除蒙蒙无知,不知国家社会以及人类为何物者外,便只有贪狠毒辣的惨杀或被惨杀,以及血枯汗竭的断喊凄嘶!情挚意强者,受不过此种饥苦的压迫,流而为盗匪,成群结队以扰于乡里,多少可怜的同胞们,都断送在他们手里。胆小力衰者,一本其忍苦听命的祖传家训,不死于盗则死于兵,不死于病则死于穷。至其极,则死于贪官污吏土豪劣绅之强掠苦索鞭楚刑烙之下!

以言经济,一面是贪官污吏以及军阀走狗们的腰缠十万,厚榨民脂,以供其花天酒地,长大疮,养大疮,医大疮之用。一面是农工商人的汗流浃背,辛苦奔波,以其所有供给官吏兵匪之豪用,家则妻啼儿号,己则茹苦尝辛!

以言政治,在军事则年有战,月有战,日日有战,无时不战,而终无干戈底定之一刻!在政治则贪险者为民上,无所不用其极,阴谋勾结,弄得昏天黑地,一塌糊涂!转视为军阀借口以保其安宁,为贪官借口以苏其积悃之小民,则已如火益热如水益深矣!

"人必自侮,而后人侮之。"中国之政治经济社会情形既如此,自己把自己看得不当人,就无怪帝国主义者那些野兽们的日事侵略,必候食尽中国人之膏骨而后止了!

可怜的中国人！从帝国主义者暗伸巨掌于我国境之后，军阀效其毒恶，日以同胞的膏血，换得帝国主义者的毒炮，复向我们的小民毒攻，逞其惨酷自私的毒志。官僚仿其顽劣，日以一己的奴膝，换得军阀的高官，专向我们小民剥削，逞其自肥媚上的贼志。小民之顽强者，亦日以一己之性命，换得眼前的安乐！从此，凡为中国的小民者，其生命财产命运，更无半丝之保障，随时随地可以死矣！

谁不爱生命？然在中国的人民，生命实在不值半文钱！

他用一个战士的声音，说出了哲理的睿想。中国怎么会变成这个样子呢？在林风眠看来，这是因为"中国自来无所谓宗教，亦无艺术以及宗教而维持其感情的平衡之故"。

林风眠确信艺术是人生一切苦难的调剂品，艺术家的责任亦在于补偏救弊。但是正处于沉沦的中国艺术能承担得起这样的使命吗？正是这样的想法，林风眠从那片血染的土地上走过，去为中国艺术起死回生而奋斗，要创造有生命的新艺术品来拯救国人，要以美育去引导国人恢复正常的人性。

林风眠的结论：传统的中国绘画应该告一段落了

要理解林风眠何以要举创造中国现代绘画艺术的旗帜，我们不能不对中国绘画的发展轨迹作一个回顾。

古代世界的三大艺术高峰，是非洲的埃及、欧洲的希腊和中国的盛唐。虽然地跨三大洲，艺术的表现形式不同，但三者有着共同的精神，都是面向现实生活，从生活中走出来的艺术。自那以后，非洲艺术无太多的发展与变化，一直保持着原始朴实自然的风貌。欧洲艺术跨越希腊时代，受神学精神的桎梏，绘画曾一度走向死亡，但是文艺复兴的人文精神把绘画从死亡中拯救出来，使它从神坛回到人间，人性成为绘画的主题。中国唐代画师蔚起，焕然称盛，林风眠在研究多年而于留学归来成文的《中国画新论》中称赞道："这个时代的画风，因取材自然界的描写，作风纯系自由的，活泼的，含有个性的、人格化的表现。初期中，如顾恺之的风格，细致高雅的意味；吴道玄之吴带当风，尤可想见其当时作风之超逸。"中国绘画走过盛唐，进入一个比较复杂的局面，山水花鸟和人物画的分离，有着峰回路转的迷离风光，但经五代、两宋及元、明，再经过清代的二百多年，虽是画派纷呈，已如水流花谢，春事都休，连一点回光返照的影子都没有了。

如果分头而论，唐代的绘画同文学一样，一切都到了成熟阶段。唐初人物画，以立本、立德阎氏兄弟为代表。到开元之后，吴道玄的画派，风靡了整个画坛，后起画家如张萱、周昉，无不以他为宗师。特别是他们笔下的仕女，不论初唐崇尚削瘦，中唐以后追求肥壮的形态，但都是恢宏博大，显得气度高华，即使是面部、四肢与肌肉及服装这些难以传达的形态，都扼要而生动，有一种亲切的气氛，从他们的独到观察力来讨论，足见这是来自生活。到了宋代，一部分画家再往细微方面走，一部分一反旧习转到了豪放一路。走向细微的，写实的范围及动态表现都不及唐，气格显得小了；走向豪纵阔略的，虽清刚爽利，体态流动富于外向性，可传到明代即往粗鄙的路上狂奔，影响之大虽如洪水狂澜，但很快就结束了。明后期及清代仕女，都是小鼻子小眼，完全脱离人的本性，只是从旧纸堆中寻生活了。

唐代山水有诸多大家，如大小李将军、吴道子、荆浩，但他们的画迹泯灭，无从评论，我们所能见到的古代山水画，在北方以范宽为最早，江南的以董源为最早。范宽笔力苍健，擅于写正面折落的山势，刻骨地表达了山的质的一面，气势雄峻，有一种真实的感觉，好像那群峰壁列，真的如压在面前一般。董源的画派，没有险峻的山峦、奇巧的装点，多平稳的山势，高下连绵，映带无尽，林麓洲沽，是一片真实的江南景色。南宋山水画，转变了方向，对描绘对象，显得简略、空旷而单纯。元代继承了北宋的遗风，虽然黄公望对富春山水和虞山有过真实的体验，王蒙对泰山也作过实地描写，但泥古的心情远远超过了对真实的关怀，他们的笔墨很少从真实的境界中出来，只是一味地从前人的技法中寻找自己的生命。倪瓒表现的已是一种消极的风格，把真实的形象处于配角的地位，只是在表现那百读不厌的笔墨。这一风气，一直影响到明清两代，只是接受前人的技法，绘画的主旨反逐渐地遗落了。他们大多是剥皮主义，所谓新的风貌，也只是从剥皮中产生，并不知道真实。从明"四家"与董其昌到清初"六家"，走的是同一条路，萎靡地拖延了五六百年。可是道济和尚石涛，没有接受这一传染，对山水画的革新作出了巨大的贡献，表现了在当时环境中的独立精神。

花卉之初创，也是作为人物的配角而存在，唐代开始，才逐渐独立发展起来。唐代的殷仲容的花鸟写真、吴道子的墨竹、李隆基及萧悦也都是花鸟专家，但没有作品流传于世。从五代十国的黄筌、黄居寀父子，南唐的徐熙、徐崇嗣祖孙，虽然画风不同，但都是崇尚真实的写生。自此以后，中国的花鸟画一直沿着写实的路子在发展。皇帝老儿中也不乏花鸟画高手，南唐后主李煜，创造了"金错刀"体势，宋代徽宗赵佶的工细双钩花鸟，领导着画院，从事写生的研究，特别是水墨花卉画家历代都有高手，无论工细的或豪放的，所追求的风格都是温静娴婉，笔墨情意，而且是"人格化"了的。这又影响到山水和人物，形成了当时所谓"士大夫画""文人画"。历史的沧桑，朝代的更替，加上宋明理学的兴起，对故国的思念之情及神秘玄学的追求，绘画就渐渐地离开人间烟火，只是以笔情墨趣来表现空灵与超脱了，而遗忘了人类基本的生物情绪。画家只在传统成规中兜圈子，不像古人那样深入自然，虽然有着回归古人高贵神韵的愿望，但却少由自然唤起的基本生命感，画面必然越来越干枯、脆弱、空虚。

自明代以降，绘画中不乏革新之士，如明代的陈道复与徐渭。陈的精力所聚，在于秀媚的风姿与流宕的情趣，笔意清发，墨韵明净、粗中带细的描绘，创造了一种亲切的意境。徐的注意力，集中在情趣的散豁，水墨泛滥，舞秃笔如丈八蛇矛，使酒狂歌，放荡不羁，有令人震惊的气势。清初的朱耷与道济，他们都是明王朝的宗亲。明亡入清,朱耷运用秃笔,凝重圆润,有特殊的含蓄情味,他笔下的鱼鸟,突出夸张的描绘,增强了奇特的灵动性、倔强性与创造性,不是一般寻常想象所能及的。道济从山水到花卉,全面领导着革新运动。朱耷与道济就是一种新生命的诞生,是超绝前代的创格。扬州八怪诸家,也试图在前人的基础上创新,而走的却是一条失败的道路。

从这一简单的历史叙述中可以看出。明代开始,有识之士就已经感到中国绘画在走向衰微。入清以后,这种衰微把中国画送上日暮途穷的绝路,虽有着矢志革新的人,但都无法力挽狂澜。

从宋代到元明清三代六百年,按林风眠的分期展示于过渡性的第三个时代。他在《中国画新论》中写道:"第三个时代有无结果尚未可知,唯在此长夜漫漫的黑暗中,新旧思潮之直接而急迫的澎湃争执,其结果如何,亦正未可说定。"

二十世纪初,中国处在一个忧患重重、动荡不安的时代,也是一个创造机会的时代。在这个时代里,政治革命迈上一个新的里程,文化也遭到空前的冲击,社会在痛苦中起了变化。新旧交替的混乱局面,正宜突出天才的诞生。在文化上以白话文为主体的新文化运动,造就了不少新文学俊杰,中国画的革新运动更激发了第一流的绘画智慧,产生了许多承先启后的画家。赵之谦、虚谷、蒲华、任伯年、吴昌硕相继进入画坛,使得衰落时期的传统绘画爆发出耀眼的火花。但社会演变的缓慢制约了艺术的发展,他们虽有创造,只不过是文人画传统的延续,无法阻止中国画的继续衰微。黄宾虹的"真山真水",齐白石的"民间味",虽然给中国画换了一点血液,使旧有的形式焕发新的光彩,但无法从根本上改变中国画走向衰微的命运。

白话文运动风起云涌,白话文很快地普及而获得广泛的承认,为广大群众所接受。而绘画的革新存在着比文学更大的顾虑与负荷。在长久的历史中,中国绘画已成士大夫阶层所专有,在刻意出尘与脱俗的观念下,绘画创作与社会现实互动的关系削弱了,与基层民众更有着一层距离,因为绘画成为中国文人修养的一种标志,有消遣寄兴的特殊作用,它所建立的超然权威地位,不会因为朝代的变迁与社会的转移而即时动摇。因为它所反映的是一个超脱的理想世界，而不是神气活现百态杂陈的现实天地，因此也就疏于反映时代的敏感性。技巧上已经达到精致的程式化，缺少容纳新兴题材的伸缩性。因此，在迈向新时代的趋势中，绘画的革新也就表现得不够迫切、不够迅速了。

中国画的革新要选择一条全新的道路，已是大势所趋了。

这样，我们就发现在寻求突破传统的道路上，与以上诸家举着不同旗帜的是借鉴西方绘画。以油画水彩作为表现工具，以新颖的技巧与中国绘画相结合，达到中国画的"现代化"。中国画向西方学习，走着一条迂回曲折的道路，最早是高剑父、陈师曾、李叔同等留学日本，从日本的绘画中学习西方绘画技术。因为日本比中国早接触西方，日本绘画也随之传到西方，致使西方人认为日本绘画代表了东方风格，或者说就是中国绘画。这是一种误解。虽然从康熙晚年到雍正乾隆三朝已有几位从欧洲来的画家任宫廷画师，如意大利人郎世宁，法国人王致诚、艾启蒙等，但他们的活动只局限在宫廷，并没深入民间，因此对中国绘画没有发生多大影响。

辛亥革命后，由于共和政府的领导，开始注重吸收西方文化。艺术方面，幸而有蔡元培，他努力提倡新艺术思潮，鼓励并协助国人到欧洲留学。但民国初年，欧洲正处于第一次大战期间，赴欧大多数国家留学极不方便，即赴法留学。最早赴法留学学艺术的有李超士（1911年赴法，1919年回国）和方君璧（幼年即赴法留学），再就是林风眠、徐悲鸿和潘玉良了。再以后就是受林风眠和徐悲鸿影响的艺术家，大多是二十年代晚期到巴黎的，如汪日章（1926年赴法），王临乙、刘开渠（均于1929年赴法）；还有周圭、唐蕴玉、庄子曼、陆传纹（均于1930年赴法），此外还有常书鸿、司徒乔、张荔英、陈士文、黄觉寺、滑田友、庞薰琹，都在这时赴巴黎留学。

历史已经证明，在众多留法学艺术的艺术家中，不少人是天才画家，画出了一些在世界艺术史中占一定地位的作品。但带着明确宗旨，创立中国新的绘画艺术的，只有林风眠与徐悲鸿。他们又各自规定了所肩负的使命，林风眠是要使中西艺术融合，创造全新的艺术；

徐悲鸿则是志在用西洋画的技巧来改造中国画，使之新生。

林风眠在留学期间形成"调和中西"的绘画主张，是因为他把中国传统绘画已经看透了。他认为：元明清三代六百年来绘画创造了什么？比起前代来实是一无所有。在绘画史上决算起来，不特毫无所得，实在是大大地亏了本，所得到的只是因袭前人之传统与摹仿之观念而已。这个从"黑暗时期"走过来而失去生命的绘画，光靠打强心针能把它改造出新的生命吗？

林风眠在《中国画新论》中直截了当地说：传统的中国画应该告一段落！

齐白石和克罗多的任教："调和中西"的初次尝试

为了创造中国新的绘画艺术，林风眠特别注意从美术教育的基础上做起。他首先把齐白石请来艺专任教。当时的齐白石，不是一笔千金的齐白石，而是画民间画的木匠，怎好到全国最高艺术学府来执教鞭？这被一些墨守旧法的耆宿所不容，国画教师群起反对，有的说："齐白石从前门进来，我们就从后门出去。"林风眠并不理会这些，他告诉人们，要从齐白石的"民间味"的绘画中看到创造性与生命力，从他的绘画中看到中国传统绘画新的端倪。不无顾虑的齐白石又怎肯轻易走上那座艺术的讲台。林风眠一次又一次地上门邀请，终于感动了齐白石。每当齐白石上课时，林风眠就特地为他预备一把藤椅放在一边，下课后有时还亲自送他到校门口。

齐白石在《白石老人自述》中回忆这段往事说："民国十六年（丁卯，1927），我六十五岁，北京有所专教作画和雕塑的学堂，是国立的，名称是艺术专门学校，校长林风眠，请我去教中国画。我自问是个乡巴佬出身，到洋学堂去当教习，一定不容易搞好的。起初，我竭力推辞，不敢答允，林校长和许多朋友，再三劝驾，无可奈何，只好答允去了，心里总多少有些别扭。想不到校长和同事们，都很看得起我，有一个法国籍的教师，名叫克利多，还对我说过：他到了东方以后，接触过的画家，不计其数，无论中国、日本、印度、南洋，画得使他满意的，我是头一个。他把我恭维得了不得，我真是受宠若惊了。学生们也都佩服我，逢到我上课，都是很专心地听我讲，看我画，一点没有洋学堂的学生动不动就闹脾气的怪事，我也就很高兴地教下去了。"《一代大师风范——忆三十年前的往事》中，记叙了对林风眠的访问谈话，记述此事说："当初，齐白石对任教'洋学堂'不具信心，曾对林先生坦言：'林校长，我从小是苦人家一个砍柴放牛的孩子，作田的农民，雕花的木匠，只读了一些启蒙的《千字文》《唐诗三百首》一类的书，让我到大学去教中国画，我是不敢答应的。'过了些日子，林先生又去诚恳邀请。这次林先生讲了许多使齐白石老人放心的话，称赞他的诗和他的画如何如何好，在座的朋友听了也很喜欢白石老人任教。白石老人曾说：'林校长这样恳切的心意，着实使我不好意思再推辞了。'也就答应了他。当时齐白石已六十五岁，上课时，风眠先生看他年纪大，还预备了一把藤椅；下课后，还亲自送他到校门口。齐白石很高兴地握着林先生的手说：'林校长，我信得过你了。'白石老人还特地画一张画相赠，还向馆子喊了几个菜，请他在家吃便饭，藉此以表谢意。"

由于宣传上的误导，人们总以为是徐悲鸿发现了齐白石，而实际上林风眠请齐白石出山，要比徐悲鸿请他任教早二十年，但林风眠从来不宣扬，要不是齐白石写了《白石老人自述》，后人几乎没有人知道这件事情。

接着，林风眠的朋友、法国画家克罗多（克利多），也应北京国立艺专之聘，偕夫人抵达北京任教。

林风眠著文介绍克罗多教授："克罗多先生，生于法国之逊昌，幼年习画于逊昌国立美术学校。唯克氏天性浪漫，富于创造，因而厌恶模仿机械式的学校教育。在该校二三年，即脱离学校生活，与雕刻家和画家波彭、鲍得鲁、马蒂斯、达佛伦诸人同在巴黎独立展览会发挥其创造的新艺术运动,一直到现在,始终向艺术方面不断奋斗。……法国当代批评家鲁酋说:'我们从克氏画幅上面可以看出他苍劲活跃的画笔,同时有一种伟大深沉的空气压迫到我们心灵上来,这不愧为新近印象派之巨擘。……克氏很钟情于东方艺术,并极赞扬中国人博爱和平的性格。'"

林风眠的这段介绍文字,很能说明他为什么要请克罗多来校任教的宗旨了,他希望克氏此次到中国来,能予中国艺术界更多的影响。

齐白石执教,克罗多来华,这表明林风眠调和中西艺术的思想,不只是表现在自己的绘画艺术上。他知道个人的力量是微小的,要打破中国绘画沉闷的局面,须培养大批青年学生,这些学生就是实践他的艺术思想的种子,撒下去总会生根发芽开花结果的。

在林风眠的影响和倡导下,艺专的学术空气空前活跃,探索艺术的社团组织,如同雨后春笋破土而出。学生课余团体"形艺社"还推林风眠为社长,其宣言以"接近民众"为唯一职责。"形艺社"成员的作品在北京举行首次展,不售入场券,参观者出入自由。但是中国的观众太不争气了,有的在展出的作品上乱涂乱抹,语言污秽,连报纸的记者看了都感到不成体统,写文报道"随笔乱写之批评,污人耳目,实为世界各国所无"。

古都狮吼:震动北京的艺术大会

1927年的4月12日,蒋介石在上海发动反革命武装政变,逮捕屠杀共产党人。4月15日血洗广州时,林风眠的好友熊君锐在中山大学被歹徒枪杀。

不问政治,也不懂政治的林风眠,表面上对此似乎没有表现出更多的关心。但是这些事实刺伤了他的心,这在他以后的创作中表现出来。不过此时他对艺术运动的热情越来越高,投入的精力也越来越多。5月，林风眠发起并组织的"北京艺术大会"的准备工作在紧张地进行中，大会的章程公开发表。"北京艺术大会"的宗旨是"实行整个的艺术运动，促进社会艺术化"。北京艺术大会的口号是：

打倒模仿的传统艺术！
……
提倡全民的各阶级共享的艺术，提倡民间的表现十字街头的艺术！
全国艺术家联合起来！
东西方艺术家联合起来！
人类文化的倡导者世界思想家艺术家联合起来！

1927年，北京艺术大会的宗旨为"整个的艺术运动"（右二为林风眠）

林风眠还挥动大笔为大会作了一幅宣传画，张贴在北京街头，画中的安琪儿在向北京撒播艺术的种子，很少在画幅题写字句的林风眠，此时却用诗一般的语言题写道："呵啊！这满城迫切的呼声，不仅是肠胃的闹饥吧！人生需要面包，人生还需要比面包更重要的东西——艺术呢？"

林风眠认为，在人生中，政治不如面包，面包不如艺术。一些人玩政治、玩战争、玩权术，这一切罪恶之源都因"感情的不平衡"，而调剂感情的唯一利器是"艺术"。他常向学生引用蔡元培的说法，也可以说是在法国生活多年所得出的独特感受：

1927年北京艺术大会广告画之一

第三章　北京：点燃艺术运动之火　　069

在第一次世界大战时，法国人以从容镇静的态度，随机应变，毫不张皇，绝不以目前之小利而动其心，卒以备战仓促之国，决胜多兵、将勇、机械的德意志。其功劳应归功于该国多年的艺术修养。

5月11日，北京艺术大会在艺专正式开幕。展期为一个月，展出作品三千件以上。展品中有中国绘画、图案、建筑、雕刻，并有音乐演奏及五五剧社、形艺社及青年俱乐部的演剧，有《海灯》《糊涂特刊》《西洋画会特刊》，以及形艺社、五五剧社、漫画社、四川艺术学社等出版的特刊，至6月3日闭幕。艺术大会的布展，采取法国教授克罗多的建议，取混合式，打破中画、西画、图案的界限。这样的布展也是林风眠"调和中西"思想的体现。

林风眠本想取法于法国沙龙的办法，成立作品审查委员会，参展的作品需受该会之审查。但是法兰西的种子撒在中国的土地不开花结果，文人相轻的传统都是盘根错节的，你说我的鼻子我说你的眼，各说各的，怎么能习惯他人对自己的作品评头论足呢？中国画家多闭门索居，连学生都要作入室弟子，平日很少联络，加之门户之见太深，即便你让他拿出真知灼见的评论来，彼此也只是伸一个懒腰，打一个哈哈，说一句今天天气哈哈也就罢了。再加上"艺术的艺术"与"社会的艺术"之争，观点对立，视为无法调和。好心而热情的林风眠为求得减少对立，取得一致，他撰写了《艺术的艺术与社会的艺术》的文章，他认为这本是欧洲的学者争论多年的问题，愈讨论愈复杂，如同讨论美的问题，竟谈到上帝上面去了。他采用折中调和的说法："艺术的艺术"者，是艺术家的言论，"社会的艺术"者，是批评家的言论。两者并不相冲突。如果透彻地研究一下就不会觉得这些问题变成相反的意思。他说："艺术根本系人类情绪冲动一种向外的表现，完全是为创作而创作，绝不会想到社会的功用问题上来。如果把艺术家限定在一个模式里，那不独无真正的情绪上之表现，而艺术流于不可收拾。"艺术家是把自己的情绪所感到的传给社会人类，应负相当的人类情绪上的向上的引导，由此不能不有相当多的修养，不能不有一定的观念。

林风眠的一番苦心，仍然无法弥合北京艺术大会所产生的分歧，使艺术运动的效果也因之减少了。虽然如此，但展览的影响依然使整个北京城为之轰动，弄得北京张作霖政府惶恐不安。其时，教育部长易培基已去职，新任部长刘哲出来干涉，说什么北京艺专学生有左派人士的赤化，北京艺专教学中有人体模特儿之腐化，想把轰轰烈烈的艺术之火扑灭。这就引起了艺专师生极大的不满。于是，林风眠带领一批师生奔赴教育部礼堂，与刘哲展开面对面的大辩论……

"北京艺术大会"是以林风眠为代表的革新派向封建保守派发起的一次大规模战役，事后多年，李朴园阐述得很清楚："要免掉中国艺术的可怜状态，也同免掉政治可怜状态一样，需要一种力量，需要养成一种力量，向旧的、足以束缚这种力量的发展方向，开始总攻击，务将陈腐不堪的艺术渣滓洗尽，而在这个新的田园上，培养出真正的艺术，使艺术根芽到处发展着——这就是艺术革新运动。"

对这样一个艺术革新运动，有许多人还不理解，包括进步的知识分子，也不能接受。当时有一封批评信说："试抬起你的头来看看，躲在城外的有多少可怜的百姓，啼饥呼寒，求生不得，求死不能，你们早该表示一点同情，为他们想一想救济的办法，谁知你们充耳不闻，反而在皇帝陛下的旧都中，大抒得意之情，抒情之不足，居然又开其艺术大会！"

没有足够的力量，没有温暖的土壤，北京艺术大会没有产生预想的效应。

《人间》《人类的痛苦》：血与火的融化

林风眠创作的油画所产生的震撼是无法消失的。在这期间，他一方面以极大的热情组织领导北京的艺术运动，一方面又把大量的艺术作品奉献在人民的面前。他的油画作品有《斗争》《人间》《人类的

人类的痛苦（1929年）

痛苦》（以下简称《痛苦》）等，还有一些水墨画。其中有代表性的是《人间》和《痛苦》。

《斗争》画人们在做拉纤一样的动作，表现人类向生活做斗争，要反抗。

《人间》取材于集市的一角，近景是两个裸露上身的汉子，摆着地摊，显出无可奈何的神情。后面站立着几个做买卖的男女，展示了20世纪20年代中国底层生活的一个侧面，画风朴实自然。林风眠这个多情的南国儿子，回到离开六年的祖国，又是到了封建帝王之都的北京，他看到伟大而又屡弱贫困的祖国，勤劳智慧而又落后愚昧的人民，依然如故，这既使他感到亲切温暖，又使他感到惆怅和痛楚。这幅画表现出画家对祖国和人民深深的爱、不满和希望。这是画家回国之初思想感情的印证。

《痛苦》这幅油画比《摸索》还大，人物众多，许多是女人体，是被夸张和变形的，形体讲究建筑化，线条粗犷有力，从正、背、站、坐、俯、仰、倚、侧各个角度，表现出各种内心强烈痛苦的情景。色彩以灰黑为主调，有的女人体用了绿色，把人类痛苦的内心渲染得无以复加，而且又似乎蕴藏着一种待爆发的愤怒与力量。它的形式感是这样强烈，咄咄逼人，一下子把观众的精神震慑住了。

关于《痛苦》，林风眠在1957年5月10日接受李树声访问时说："这个题材的由来是因为法国一位同学到中山大学后被广东当局杀害了。他是最早的共产党员,和周恩来同时在国外。周恩来回国后到黄埔,那个同学到中山大学。国民党清党,一下就被杀了。我感到很痛苦,因之画成《痛苦》巨画,是一种残杀人类的情景。"

这幅画在创作思想和表现形式上,都留下表现主义艺术痕迹。表现主义对资本主义黑暗面极端仇视,强调主观感受的独特性,用夸张和扭曲的形象、强烈和光怪的色彩,发泄画家的内心痛苦与愤懑,当年为这幅画所打动的艺术家林文铮回忆说:"半个世纪过去了,当我闭上眼睛,它还是那样鲜明地出现在我的眼前,使我的感情翻起滚滚波浪。如果你今天能看到这幅画,我想你的感情会受到冲击的。你会想到那个黑夜沉沉的时代,而且会想到祖国人民和自己的责任。"

林文铮(时任国立杭州艺专教务长)

这幅画毕竟太悲哀了!太沉重了!

林风眠"以'我入地狱'之精神""奋斗不已,无时或忘艺术运动的苦心",深受进步学生的爱戴。特别是北京艺术大会之后,进步学生更把他视为艺术精神领袖。这就更使刘哲认为林风眠是"赤化校长",向张作霖报告要将他逮捕下狱。还是当时的少帅张学良为他说了许多好话:"我看林风眠是个清白的美术家,没有问题的。"这样,林风眠才得以脱险。

林风眠办学主张是多开展览会,让艺术接近大众,面向大众。他曾为《世界日报》编过画报,提倡艺术大众化。林风眠还画了《北京街头》(又名《民间》),是他宣传艺术要大众化的代表作,这说明他走向街头描写劳动人民。与艺术大众化相对立的是现代评论派,他们是反对艺术大众化的。

林风眠回忆这段历史时,他对李树声说:"后来张作霖进北京,

民间（1926年）

他说艺专是共产党的集中地。后叫刘哲（当时的教育部长）找我谈话。这种谈话形成一种审讯的样子，各报记者均在，报纸曾以半页的篇幅报道了这次谈话，时间是在张作霖执政的时候，李大钊同志死后不久。记得刘哲曾问我：'你既是纯粹的学者，为什么学校里有共产党？'自这次谈话之后，我只好悄悄离开北京，到南京投靠蔡元培，然后到杭州创办国立艺专。"

校长是无法再干下去了，他毅然向刘哲递上辞呈。林风眠的心伤透了，他愤怒地感叹着："可怜的中国人，从帝国主义暗伸巨掌于我国境之后，军阀效其毒志，日以同胞的血膏换得帝国主义者的毒炮，复向我们底小民毒攻，逞其惨酷自私的毒志；官僚仿其顽劣，日以一己的奴膝，换得军阀的高官，专向我们底小民的剥削，逞其自己媚上的贼志；小民之顽强者，亦日以一己之性命，换得眼前之安乐！"他认为当时中国之现状，不管形式怎样变幻，骨子里仍充满了残忍、自私、萎靡、昏愚的毒液。

林风眠浩然长叹："不期横逆之来，不先不后，偏于此艺术运动刚有复兴的希望到来时，于是费尽多少心血，刚刚扶持得起的一点艺术运动的曙光，又被灭裂破坏以去，这是艺术运动多么可悲的事啊！"

林风眠毕竟是一头艺术雄狮，只不过初上阵来战斗受挫，是一头暂时受了伤的狮子。他仍要用他的艺术精神去温暖人心，唤醒人性。1927年的7月，林风眠接受蔡元培之聘，带着法国妻子和出生不到半年的女儿蒂娜，离开北京南下了。

第四章

杭州：建设中国新艺术的摇篮

蔡元培一直在注视着林风眠，看到他在北京艺术运动中受挫，又向他伸出热情的手，呼唤他南下，在大学院下设立艺术教育委员会，聘请林风眠任主任委员。蔡元培所以那样关心林风眠，除了林风眠的艺术天才使他有所钟爱，再者就是林风眠的艺术思想和他一致，是他的"以美育代替宗教"理想的实践者。不和官员往来的林风眠，并没有把蔡元培看成是政府官员，而是把他看成一位长者、学者，一位心心相印的忘年知己。

这是蔡元培执掌南京国民党政府大学院后的第一个行动。

呜呼！中国的艺术和艺术家

1926年2月，蔡元培应北京政府教育部的电促回到上海。这时北京政局日非，北洋军阀处于覆灭的前夕，他不愿北上，随即致电北京政府教育部，辞去北京大学校长职务。蔡元培游欧三年，一直还挂着北京大学校长的头衔。

1927年4月，南京国民党政府成立，由蔡元培向蒋介石授印并发表演说。从此，蔡元培参加了南京国民党政府，任大学院和中央研究院院长，主要从事教育和科学工作。

蔡元培之所以要把教育部改为大学院，那是因为他目睹北京教育部处在腐败空气中，受其他各部熏染，时有不知学术教育为何物者，而专务营私植党，应声气求，积渐腐化，教育部变成腐败官僚机构。因此，他想采用大学院这种教育制度使教育独立，避免政潮的影响，使教育学术化，避免教育机关的官僚化。这也就是蔡元培提出的"学术化代官僚化"的纯正理想，他是想保护教育这块神圣的净土。

林风眠应蔡元培的召唤来到六朝故都南京，古朴的石雕和砖画，

晋墓砖画（部分）

自然能唤起他的兴趣。他想，历史上多少兴亡的事，许多朝代王室都是受侵南渡，在这里过着苟安的生活，想到那"商女不知亡国恨，隔江犹唱后庭花"的情景，又总觉得南京是带着淡淡哀愁的，就连那玄武烟柳、秦淮风月，也都是这样的情调。特别是他担任艺术教育委员会主任之职，引起了艺术界的许多议论，有的形诸文字，有的是口头传闻，认为他南下之后，便同其他诸大人先生一样，专意在高位巨俸上做功夫，完全忘记了艺术运动的职责和任务。在北京受的气未出，到南京又引起诸方面的误解，愤懑之情更加郁结于心。

在这种恶势力的包围之中，林风眠感到无路可走了，他在问，艺术运动还有重新建筑的可能吗？他总结了北京艺术运动，其中虽有诸多不足之处，但它毕竟促使北方民众对艺术有了朦胧的感受，只此一点也足以引以自慰的了。对那些仍在诬蔑北京艺术大会的人，林风眠理直气壮地回答："在我个人，始终认为这种方法是对的。现在如果拉住一个在北京住过的人，问他怎么晓得北京国立艺术专门学校的，他会立刻回答你，说他曾看过他们的艺术大会。"

林风眠回答得多干脆！

但是，其中也不无教训。林风眠说，我悔悟过去的错误，何以单纯把致力艺术运动的方法，拘在个人创作一方面呢？真正艺术作品的产生，与其所生的影响自然很大，如果大多数人没有懂得艺术的理论，没有懂得艺术的来历的话，单有真正的艺术作品，又有谁懂得鉴赏呢？

是的，如果我们只管说艺术，如果没有公开的机会，使大家看看艺术的真相，亲一亲艺术的甘吻，艺术品藏在艺术家的画室里有什么用？我们只管说旧艺术如何不好，它本身有什么不好？只是没有进步。如果没有公开的机会，使大家看一看哪种是最进步最适合时代需要的方法时，艺术究竟该向哪一方面进行呢？要为中国艺术界开出一条血路来，将被逼入死路的艺术家救出来，共同创造有生命的艺术品。

前前后后，林风眠思索了许多，他说："我们把艺术运动的信条，于努力'力行'之外，更须加上'宣传'一项。""不但我自己要多添一项艺术运动的工作，所有艺术界的同志们、先生们、女士们，都应该把发表艺术的言论，看作一件要事。"

林风眠又振臂一呼，发表了《致全国艺术界书》，印成单行本，分送给艺术界的同行。他写道：

全国艺术界的同志们，请大家平心静气地想想看，我们艺术界的情形，够多么混乱啊！我相信，凡是诚心学艺术的人，都是人间最深情、最易感、最有清晰头脑的人，艺术家没有利己的私见，只有为人类求平和的责任心，在中国社会这样紊乱的时候，在中国的民情正在互相倾轧的时候，在中国人的同情心已经消失的时候，正是我们艺术家应该竭其全力，以其整副的狂热的心，唤醒同胞们同情的时候。惜乎许多我们艺术界的同志，都走错了道路，把这样有用的精神，不用在拯民救国的工作上，都用在互相嫉妒互相诋毁的阋墙的恶斗上，诚然，艺术家是比任何样人都加倍地嫉恶如仇的，同时在艺术界，真亦难免有被人误会的所在；但无论如何，这到底是小而又小的小事，不值得我们如此战斗的。——我们所应嫉的恶，是人类整个儿大恶，我们所应战的敌人，是致全国或全人类于水火的大敌，不是人间的小疵！

这番发自灵魂深处的话，只有经过北京的艺术大会，只有经过面对真实的中国社会的体验，只有经过人生的一个不大不小的风波之后，才能说得出来，说出了理性和感情相结合的心声。

林风眠接着写道：

全国艺术界的同志们，我们的私斗错误还不够吗？要知道，艺术的地位一日得不到提高，便是私人怎样想表现自我，也只是无聊的妄想而已！……

我国艺术界的同志们，请停止了这种可怜的工作，把我们的精力，用在艺术界的团结努力上吧。我们的敌人，是摧残艺术的各方面的多数人，不团结是不够同他们苦战，不苦战是不够把艺术从困境中救出来的。

……

我们的艺术界呢？起来吧，团结起来吧！艺术在意大利的文艺复兴中占了第一把交椅，我们也应把中国的文艺复兴的主位，拿给艺术坐！

和科学救国精神一样，林风眠认定了要用艺术救国，用艺术来拯救中国人的灵魂，用艺术之火去照亮各个阴暗的角落。他认为九年前由思想家、文学家领导的五四运动，中国文坛出现了鲁迅的《狂人日记》《阿Q正传》，郭沫若的《女神》，震动国人。美术为什么不能出些引起国人震动的作品呢？

对于别人的误解和攻击，林风眠没有采取以牙还牙的方式进行还击，对这种"小而又小的事"，他没有放在心上，只是苦口婆心地阐明自己的态度：

至于我个人，我是始终要以艺术运动为职志的！便是这次到南边来，也完全是为艺术运动而来，绝不是因我个人的如何如何而来的，我以为，担起艺术的重担，自非我一个人所能胜任的，必须大家团结起来，共同努力，即或不幸，不为艺术界的同志们谅解，我同三五同志，也要一样地担负这种工作！即再不幸，连三五同志也不肯谅解，只我一个人，也还要一样地担负这种工作！

1938年，林风眠为学生题词"为艺术战"

话虽这样说，林风眠始终相信，艺术界的同志们绝不会放弃大家的责任的！

还能再说什么呢？在激昂中带着一些悲怆，在热烈中又带着一些凄凉，最后仍是无可奈何地呻吟着："知我罪我，——任同志们的裁制吧！"

艺术界，谁有资格来裁制林风眠！一篇《致全国艺术界书》，虽是对艺术界说的，其实毫不留情地揭示了中国人的"窝里斗"的劣根性。

社会的解剖刀：《人道》

林风眠南下之后的四个月，大学院艺术教育委员会11月在上海马斯南路（今思南路）举行第一次会议，蔡元培主持会议。根据林风眠的建议,"筹办国立艺术大学"被列为会议的提案之一。提案中除了明确办学宗旨"把美术列为近代教育之骨干""以养成高深艺术人才,以谋美育之实施与普及"。其组织预定为五院:(一)国画院;(二)西画院;(三)图案院;(四)雕塑院;(五)建筑院。地点选在杭州西湖。

蔡元培把国立艺术院设在杭州,固然考虑到杭州的山水之美,是培养艺术人才最好的环境,但他内心深处还是为林风眠着想,因为杭州不是中国的政治中心,艺术教育也还是一片处女地,这样可以少受掣肘,林风眠可以重整旗鼓,开展艺术运动。

这年的12月28日,大学院艺术教育委员会在南京成贤街大学院会议室举行第二次会议,会议决定举办全国第一届美术展览会,由蔡元培任会长,林文铮任秘书长,具体筹划美展事情。对筹备国立艺术大学一案,由林风眠负责筹建事宜。

这时,林风眠的好友林文铮、吴大羽、刘既漂已由巴黎经莫斯科回国。几位朋友的归来,使林风眠似乎觉得自己从孤军奋战中解脱出来,斗志又激昂了许多。1928年1月1日至8日,林风眠与王代之、王子云、刘开渠等十余人,在南京大中桥借通俗教育馆艺术部大

1928年,首都第一届美术展览会出品人合影(前排右三为林风眠)

楼,举行第一届美术展览,展出绘画、雕刻、建筑制图等作品四百余件,每天观众有千人之上。

在西湖博览会上,林风眠的油画新作《人道》参加展出。林风眠说:"这幅画创作的动机是因为从北京跑到南京后,老是听到和看到杀人的消息。"宽银幕式的画面上,充塞着锁链、绞架及无数男女殉难者形象。这正是几年来一连串血洗事件的真实写照。他以沉重的心情,沉郁的色调,艺术地、形象地向全社会发出强烈的呼吁,可以说是《致全国艺术界书》的姐妹篇,只不过是用绘画的艺术语言表达罢了。戴季陶看了《人道》之后,在国民党杭州市党部会上说:"艺专的画在人的心灵方面杀人放火,引人到十八层地狱,是非常可怕的。"此次美展还出版发行"美展特刊","特刊"有林文铮的文章,题目是《美展中之六家》,评论林风眠《人道》:"这一幅不是描写被自然摧残的痛苦,而是直接描写人类自相残杀的恶性,作家沉痛的情绪,可于人物之姿态及着色上领略得到,我们举目四顾,何处不是人食人的气象?从横的方面看起来,这幅画可以说是中国现状之背影,亦即是全世界之剖面图!从纵的方面来看,可以说是自有宇宙以来人类本性的象征!"应该说,林文铮是最能理解林风眠的绘画思想和绘画语言的。

在艺术创作中,林风眠总是在寻找人性中最根本的东西,然后像鲁迅一样进行毫不留情的解剖,想通过自己的笔,把人类引导到善的方面来。把范围说得小一些,也就是对我国的民族性格来一番改造,以达到振兴中华民族的目的。真可谓用心良苦。

在筹办国立艺术大学的同时,在南京的中央大学也成立了艺术系,蔡元培聘请徐悲鸿任系主任。同时,蔡元培又把萧友梅从北京请来上海,筹办音乐专科学校。萧友梅是1920年从德国留学回来的音乐博

吴大羽(约二十世纪二十年代)

士，初受蔡元培之聘到北京大学音乐传习所任教，后又到北京艺专任音乐系主任。北京艺专被张作霖封闭后，萧友梅就随林风眠离京南下。

到西湖办学去

1928年2月，林风眠、林文铮、王代之三人去了杭州，为国立艺术院选址。到了杭州，他们游了灵隐寺，观看了飞来峰的石刻，还在石刻弥勒佛像前留了影，登上六和塔，看了钱塘江盛景。最令他们倾心的还是西湖，湖水一碧，与天一色，难怪白乐天"未能抛得杭州去，一半勾留在此湖"了，更难怪苏东坡不知如何来形容西湖，只能写下"欲把西湖比西子，淡妆浓抹总相宜"的诗句了。

林风眠感慨万千，杭州的精髓不在城市，而在西湖。西湖，无论一石之微，一亭之小，都各有其动人的故事。清代把它最得意也是它对中国文化最大贡献的《四库全书》分配一部在西湖边；古往今来许多有名的著作，都是在西湖上写成的；佛教自然利用了西湖的天然美，把它的伽蓝纷纷建筑在西湖附近；就是儒家若干学者都也留恋于西湖……这是为什么呢？不是因为西湖的安静舒适，很宜于读书写作吗？

在孤山脚下，林风眠选下了国立艺术院的校址。

林风眠对校址的选择不无得意：南面隔湖可望南山诸胜，东依西湖胜景之一的平湖秋月，可望第六公园，不远处可以望到湖心亭三潭印月，西去西泠桥，可望北山诸名胜；隔湖可见初阳晓墩及保俶古塔挺秀纤丽的身影，与保俶塔遥遥相对的雷峰塔虽已倒塌，但还遗留下古朴端庄"老衲"的风韵；背后就是内西湖，蒲剑荷风，更是另一番景致；中央白堤马路，为游湖者必经之地。西湖平静满盈的湖水就在校门口，高大的垂柳在岸边屹立着，形成了轻柔、妩媚的风姿。

校园内的主要建筑是一座希腊式六根大柱门面的大礼堂，也就是学校的办公所在地。这里原是罗苑,是哈同夫人罗伽陵的别墅,中国政府以侵占湖面为由,将其收归省有,交第三中山大学(浙江大学前身)保管使用。而第三中山大学离该苑较远,管理联系不便。国立艺术院初创,无力新建校舍。林风眠选定校址之后就与第三中山大学商量租用。虽然如此,校舍仍是不足,又向市府租借胆照台、三贤祠、忠烈祠、苏白二公祠、启贤祠、莲池庵、陆宣公祠等处,作教室或学生宿舍。国立艺术院学制为五年,招收高中毕业生,首届招收学生七十余名。

1928年2月,林风眠到上海为国立艺术院招生。忙中偷闲,在招生地霞飞路萨波赛路尚贤学校举办了一次画展,展出《生之欲》《人类的历史》《松音》等,并印刷批评特刊,参观者踊跃。

1928年3月26日,学生开始报到。但是学生报到不久,还没有正式开学,就闹起风潮,反对校长林风眠。

随林风眠南下的刘开渠,这时在国立艺术院当助教,在他的传记《青公园与白石》中写道:"不知为什么原因,开学不久,还没正式上课,就有一部分学生反对林风眠校长,把标语口号贴到了校内外。"刘开渠在北京国立艺专时虽也带头闹学潮,可这次他想不通学生为什么要闹事。

他认为有西湖这样美的环境学画,条件是很难得的,切莫蹉跎大好时光。他遵从学校的安排,和吴大羽教授带领一部分不愿闹事的学生到绍兴旅行写生。半个多月后回来,学潮还没有平息。

4月8日,林风眠校长决定正式开学,并要开除带头闹事的。"文革"期间,林风眠被捕入狱。笔者从他的《狱中陈述》中看到,有人将此事视作林风眠镇压学生的罪行并对其进行了审讯。林风眠回答:"1928年,学校正式成立上课,因校舍不好,同学们不满意几个教员,把校舍内关帝庙铜像打掉了,引起风潮,我为了保持自己的名利地位,我就镇压学生,要他们停止再闹。但他们继续闹,我开除了一个或两个学生。"

1988年3月,林文铮在《蔡元培器重林风眠》一文中回忆道:"1928年4月10日,蔡先生偕夫人,由南京来校,主持国立艺术学院

风眠先生大鉴：电知手潮已平，学生些常上课为慰。另拟星期五来夜车往上海，星期六三午车来杭州，於藝術院開亨武已畢行远，不必说。荘为拟補行，而要为，参与，到最好於星期日（四月八日）行之，因为星期一仍须回上海，乘夜车赴南京也。今日已五告内子勸女携威廉与睁葵同於星期六来杭州。如果能来，到威廉拟佳女子生寄寓舍，请为单一间空屋，拟附佳贵寓中（內子寄寓不便，到临时改）

1928年4月5日蔡元培致林风眠信一

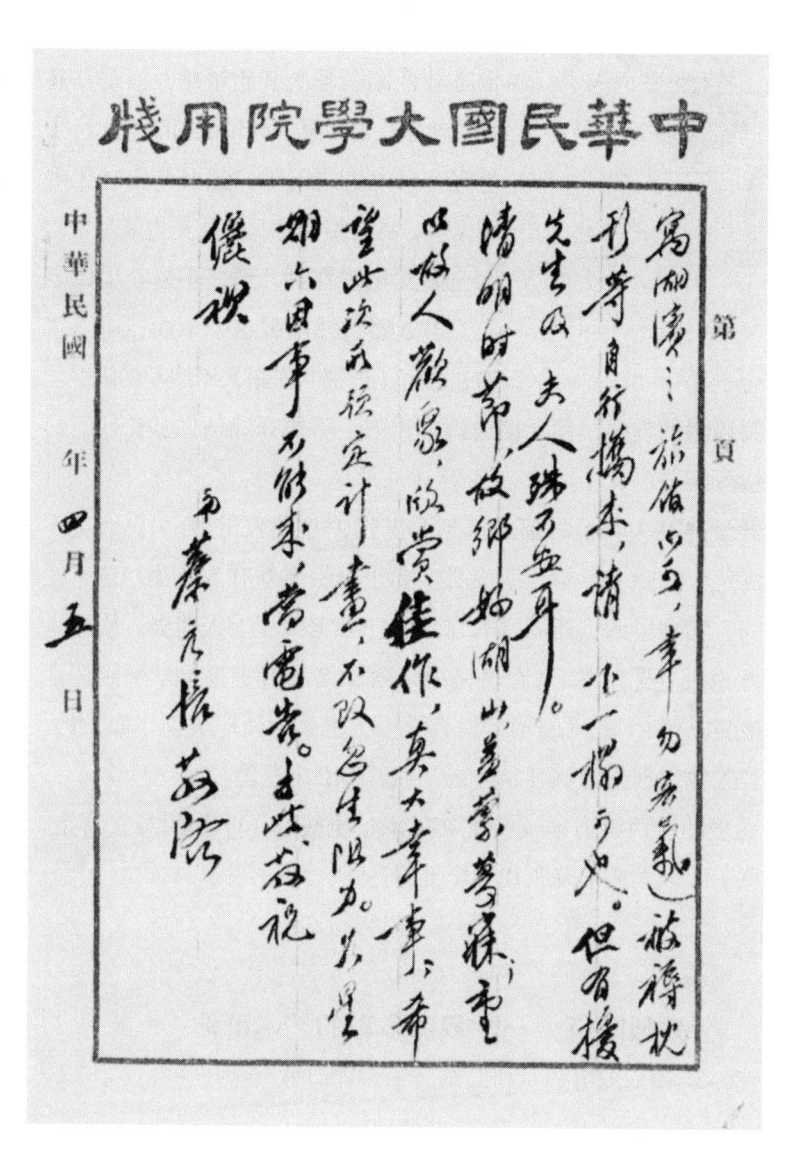

风眠先生：旅倦少苏，辛劳渐纾（疑脱"可"字）。被祷枕形等自行携来，请勿一样为心。但有援先生及夫人珠玉无可，清明时节故乡如湖山盖盖等隆重以欣人欢，欣赏佳作，真大幸事。希望此次民众预定计画，不改名次限为先星期六因事不能来，当电告。专此敬祝

仪祺

弟蔡元培敬启

中华民国　年四月五日

1928年4月5日蔡元培致林风眠信二

蔡威廉（约二十世纪二十年代）

开学典礼，他的长女蔡威廉同时应聘来校任西画教授（她后来成为我的妻子）。值得一提的是：当时蔡先生来杭州，为什么不住在浙江大学校长蒋梦麟家里，也不住西湖豪华的新新饭店，而是高高兴兴地住在葛岭下、林风眠简陋的木房子里呢？蔡先生之所以一定要住在林风眠的家里，具有重大意义。蔡先生就是要昭示全国文化教育界，他，年逾花甲的老人，多么器重林风眠这个不满二十八岁的艺术家，把他当作新艺术运动的旗手。"

对闹风潮的学生，蔡元培告诉林风眠：不要开除他们，让他们自己退学就可以了。

在开学典礼大会上，蔡元培到会祝贺，并发表讲话："自然美不能完全满足人的爱美欲望，所以必定要于自然之外有人造美。艺术是创造美的，实现美的。西湖既有自然美，必定要加上人造美，所以大学院在此地设立艺术院。"在讲话中，蔡元培没有直接提学生闹风潮的事，他只是说："艺术院不但是教学生，也是为教职员创作而设的。学生愿意跟他们创作的就可以进来，不然不必来这里。"

蔡元培的讲话有力地支持了林风眠，也缓和了学生的对立情绪，风潮平息了。国立艺术院顺利开学上课。

教师队伍：一个多姿多彩的艺术群体

林风眠此时的办学思想仍是办北京国立艺专的继续，正是国立艺术学院《组织法》所写的"培养专门艺术人才，倡导艺术运动，促进社会美育"，把办艺术学校和倡导艺术运动结合起来，以此来促进社会美育，达到改造民族性，振兴中华民族的目的。学院有四句标语以示办学宗旨：介绍西洋艺术；整理中国艺术；调和中西艺术；创造时代艺术。

林风眠把自己肩上的担子压得太沉重了。

但是，林风眠接受了执掌北京国立艺专的教训，认识到要办好学校必须要有一支生气勃勃的教师队伍。所幸的是学校新创，没有历史的负荷，他就把在法国时凝聚的海外艺术运动社的力量集中到这座崭新的中国最高的艺术学府来了。林文铮任教务长，吴大羽为西画系主任教授，李金发为雕塑系主任教授，克罗多为研究部导师兼教授，刘既漂为图案系主任教授。王代之为艺术院驻法国代表，负责购集石膏模型以及图书资料。

林文铮既是林风眠的好友，又是他强有力的助手，似乎从梅州中学组织"探骊诗社"起，他就一直甘当林风眠的助手，支持林风眠。这可能是因为他佩服林风眠的才气，更重要的是他的天性美德。所谓林风眠的艺术思想或教育思想，都应该含有林文铮的贡献。他和林风眠一样热衷于艺术运动，对于艺术的作用，他在《首都美展的意义》一文中写道："艺术对于社会，是抱调剂、兴奋、清涤、提高、美化一切情感的责任；士卒闻激昂悲壮的军乐而勇气百倍视死如归，瞻仰巍峨壮丽的建筑而胸襟舒展意志高崇，鉴赏神妙的图画而情致浓厚陶然忘机……艺术运动就是把这种神圣的美感广播给全体民众。"他对国立艺术学院的成立，曾撰写专文《为西湖艺院贡献一点意见》，他认为艺术院应该培养创作和教育两种人才，既栽培高才创作家，也"培养艺术之宣传者"；主张学理与技术并重；采纳启发式教学法；注重图书石膏模型等教具的建设；重视西洋基础画和美学、美术史的教学；提倡图案班亦同时采取西画的基础方法，多多描写社会的状况，在精神方面宜与时代之思潮吻合，呼吁不要忘记了雕塑、建筑、图案教学，等等。

吴大羽，江苏宜兴人，比林风眠小三岁，和林文铮同年。1922年赴法国留学，与林文铮一起回国，在艺术上和林风眠一样是同学院派背道而驰的。林风眠评论他的艺术为"中国色彩派之代表者",说"颜色一摊到他的画板上就好像音乐家的乐谱变化无穷,西方人所谓'使色吟哦',吴先生已臻致神妙之境"。吴大羽在学院极有威望,这来自他的作品中有强烈的个性和绚丽的色彩,还有他讲课的魅力。他和林风眠不同,他善于言辞,言语中富有诗意,导人思路步步入胜。吴大羽到底还是东方人而且又生在太湖边,他的画风含有和蔼明媚之意趣。较之莫奈似尤于情绪而不单持感官,较之雷诺阿虽无灿烂之肤色,而亦有透明之肌肉及深邃之浓郁。他乃介乎二者之间而独辟蹊径。吴大羽的经济条件较好,每月的工资不领,要他的助教领去用。刘开渠赴法国留学,吴大羽在经济上也给予很大的支持。

　　林风眠称赞他"是艺术天才,是用才气在作画"。吴大羽的艺术眼界很高,艺术感觉也好。早在二十世纪三十年代,他认为林风眠的画是技巧的,方干民的画是基础的,真正的艺术还不够。杭州国立艺专的学生都有这样的感觉:林风眠是春雨,总是微笑着对待学生;吴大羽是秋风,他的面孔很少笑容,但重道义,重气节,重操守,虽狷介自守,对人极端真挚。他上课时很少说话,模特脱去衣服,姿势摆定,大家开始动笔画,他总是站在一边看。过了半小时,他说:"停一停。"然后慢慢地说:"大家注意掌握大体,工作先要注意捕捉大体。"然后他解释为什么必须先捕捉大体,怎样才能捉住大体。有的学生暂时画不下去,他往往说:"不必纠缠细节,暂时忘掉细节,只要大体上好,就可画下去。"因此学生都喊他"吴大体"。他也讲课,往往一讲就是几小时,不是讲如何画画,而是讲艺术,讲历史,讲哲学。远古洪荒,希腊盛唐,旁征博引,使人觉得混沌里顿出光明。吴大羽和林风眠一样,不给学生改画,认为老师与学生的关系是道义上的关系;吴大羽也与林风眠一样,对中国壁画特别钟情,有着振兴中国壁画的宏愿;吴大羽和林风眠走着同样的艺术道路:默默地孤独奋进!

　　李金发的雕塑显然不如他的象征派诗歌那样出名,他从诗歌中谈到东西方艺术的关系:"东西作家随处有同一思想、气息、眼光和取材，稍为留意，便不敢否认，余于他们的根本处，都不敢有所轻重，唯每欲把两家所有，试为沟通，或即谓调和之意。"这种思想与林风眠的观点是一致的。李金发对山歌"有时是大诗人也不及的"观点，与林风眠推崇民间美术亦有同趣。在教育上，李金发主张加强基础训练，他的雕塑作品运用写实语言，不像诗歌那样艰涩和浪漫。只是后来李金发当了驻伊拉克大使，林风眠就与他疏远了。李金发二十世纪五十年代移居美国．1976年在纽约逝世。

潘天寿，浙江宁海人，比林风眠大三岁。在办北京艺专时，林风眠聘齐白石任教，即是他从齐画中的"民间味"看到一种革新精神。在杭州办国立艺术院，杭州和上海中国画家名流云集，林风眠为什么单单看重潘天寿？潘天寿原在刘海粟任校长的美专任教。1926年，上海美专掀起风潮，学生要驱逐刘海粟，收回由学生出力募捐兴建的校舍，刘海粟组织力量对峙了一段时间，罢课师生另去组织上海新华艺术专科学校，潘天寿也参加了这个新组织，成为新华艺专教授。林风眠向他发出邀请，遂到杭州国立艺术院任教，并由此在杭州定居下来，有时到上海其他学校兼课而已。1979年，北京艺专老学生、后到杭州国立艺术院任教的李苦禅回忆说："当时林先生对我说：'潘先生为吴老缶的弟子，苦禅是白石门生，可谓南北艺坛之写意集中杭州了。'又云：'有风眠先生及李、潘诸君自可相携，虽远客他乡不至苦寂……'"可见，林风眠、潘天寿代表了少数非现实体系的艺术家的精神追求，所以他们心中有着相通的灵犀。

方干民，也是留法学生，和周碧初、汪日章、颜文樑是同学，入巴黎高等美术学院。初到法国，新生要被老生捉弄，老生要颜文樑以裸体作模特儿，弄得颜文樑非常尴尬，还是方干民出来解围："东方人不习惯在人前裸体。"这才算作罢。方干民的画风崇尚现代派．极力介绍现代画大师塞尚和马蒂斯的作品。

出身名门的蔡威廉和曾落入青楼的潘玉良，是20世纪30年代高等美术学府讲坛上出现的两颗明亮的星。国立杭州艺专成立伊始，林文铮、蔡威廉夫妇即登上讲坛。林文铮任教务长兼美术史教授，蔡威廉任西画教授。在留学法国期间，对她影响最深的画家是现实主义的委拉斯开兹、浪漫主义的德拉克洛瓦和后期印象主义的塞尚。这位风度秀雅、沉默寡言、勤谨教学的青年女教授，深得学生的尊敬与好评。她的艺术主张："作画和翻译一样，可以直译，也可以意译。"她善于"直译"，又长于"意译"。她非常重视素描教学，认为这是培养学生写实能力的基础。

蔡威廉长于肖像，她的自画像被评论者认为是"画家内心片刻之形象凝定于画幅之中"；她给音乐家李树化画像被评论者认为"沉实的笔锋和其深邃的色调混为一体，而音乐家的个性亦霍然整个表现于画中"。丁玲来杭州和他们比邻而居，并一见如故，画家灵感突发，为新朋友画了肖像，生动地表现出这位当时崭露文坛的女性开朗、坚强而富有思想的精神面貌。丁玲非常喜爱这幅画像。去世后，这幅画像仍然挂在她的故居。

1928至1937年的十年时间里，国立艺术院（后改为杭州国立艺专）在林风眠的主持下，艺术家们结成了坚强的艺术群体，且共事时间较长，影响也较大，西画有克罗多、吴大羽、李风白、李超士、王悦之、蔡威廉、方干民、叶云；中国画有潘天寿、李苦禅、张光；雕塑有李金发、王静远、刘开渠及英籍魏达和俄籍薛洛夫斯基；图案有刘既漂、孙福熙、陶元庆、王子云、雷圭元及日籍的斋藤佳藏；建筑艺术有俄籍杜劳；史论方面有林文铮、姜丹书、李朴园；并有钟敬文任文艺导师，张天翼任国文导师。这些都是美术史上卓有成效的大师或各方面的开拓者。当时，他们都还是二三十岁的青年，又都在艺术上有改革精神和开放眼光。

教师们艺术流派纷呈，同时留学法国的教师也不是一个面貌，各有自己的艺术个性和风格，中国画的潘天寿自然也不同于李苦禅。王悦之留学日本，陶元庆没有留过学，他们的艺术个性也很强。学校的学术自由空气很浓厚，人们称林风眠是自由主义艺术家。他主张学生独立思考，自己去选择艺术道路。正如艺术教育大纲中提出的那样："本校艺术教育的方针是不偏不倚的立场，以忠于艺术，促使吾国文化恢复其过去的光荣为目的。"

此时,张道藩留学归来,前来国立艺术院谋一教职,被林风眠婉言拒绝。

艺术家:破茧而出的美丽蝴蝶

开学伊始,林风眠就向学生提出画画与做人的要求。他要求学生一是"要有远功利的态度"。艺术家的责任是自我道德的责任感,如果一个青年,头脑充满野心、虚荣、贪婪,他的艺术也就完了。二是"要有爱自然的态度"。他常用达·芬奇的话:"到自然中去,做自然的儿子。"他对"自然"的解释即除本身之外,一切精神、物质及其现象,均为自然。他说:"一个艺术家应当有从一切自然存在都找得出美的能力,所以他应当对一切自然存在都有爱慕的热忱。因为他是爱艺术的,艺术又是从这些地方产生的。"三是要求学生要有"精密观察的态度"。他说:"艺术家能见人所不能见,闻人所不能闻,感人所不能感的东西,我们可以说艺术家是具有特别敏感的人物……使此种观察永无停止,故艺术家,能得事物之真……"他的艺术见解倾服于托尔斯泰,托氏说艺术就是把自己感觉到的东西,用一定的形式传达给别人。所谓"精观察"是以"善感受"为基础的。四是要学生有"勤工作的态度"。这也就是勤练技巧的态度,他谆厚告诫学生:"这技巧稍一放置是很容易生锈的。"他还要求学生要有广博的知识,要学习中外历史,掌握外国语,阅读文艺名著。

林风眠定居香港后,九十岁时有台湾之行,有着这样一段回顾:

我当时在西湖创办国立艺术院的制度,同巴黎的艺术学院差不多。我主张不要临摹,要写生,要写实。学校里有动物园,你要画鹭鸶,你先去看看鹭鸶再说嘛。要有一个艺术上的基础嘛,先学一点西洋画向自然描写的一种写生基础……对自然能够写生得好,然后到国画去,拿传统,拿古人历史上的经验同现代的写生经验融合……办学校的时候,我是主张把所有有用的东西,能够写生的东西,移到自然中去,能够了解自然,然后再去创造。

对学生的基础训练,林风眠要求是很严格的,特别强调素描基础。学生读预科时,每周有二十四节素描课,有些好学的同学,画素描如醉如痴,星期天还要爬窗子到教室里画一天。画水彩之风也很盛,白堤、苏堤、葛岭,到处都是艺术院的学生,拿个画夹,对景写生,还有的跑到工厂区、街头去画穷苦大众。学生学习热情很高,除正课学习,还成立了速写、水彩、国画、图案等学术性的团体,每周举行观摩学习,夜间灯火通明,勤学苦练,互切互磋。一些当年国立艺术院的学生回忆那时的情景,都还感叹说"真令人神往"!

林风眠的素描法,在当时就在全国产生了影响,人们称之为"林派素描"。1930年在上海美专读二年级的蔡若虹,几十年后回忆说:"由杭州转学过来的同班同学带来了一种新的素描方法,尽管教学的老师不以为然,可是有不少同学马上仿效起来……更为令人瞩目的是,在不违背客观真实的前提下,突出了作者本来就存在的主观认识,这种主观认识往往和描写对象固有特征结合在一起;这样一来,那种大致相同的刻板模拟就不存在了,画面上灰色的调子也不见了,留下来的是虽有些粗犷可是黑白分明的具有个性的鲜明形象。……'林派'

死(约二十世纪三十年代)

少女（约二十世纪三十年代）

素描风格不仅与木刻版画的风格相吻合,而且这一基本练习的转换,直接配合了创作题材的转换;在'瓶花'与'裸女'的领域里徘徊了十年之久的美术创作内容,突然闯进了以反映劳苦大众的生活与斗争为主的新天地,这是我国美术史上一件大事。促使这种新生事物的,我以为除了鲁迅先生领导的轰轰烈烈的木刻运动以外,林风眠先生领导的不声不响的素描教学的改革,也值得美术教育方面作为永久的纪念。"

和"林风眠素描法"相对应的是"徐悲鸿素描法"。在中国美术教育上,徐悲鸿素描法产生了深远影响。由于徐悲鸿与林风眠对中国画衰败的症结认识不一,所以同样是对素描的强调,其具体内容却不一致。徐悲鸿认为中国画之所以衰落,是因为对自然未能进行"惟妙惟肖"的再现,挽救中国画的出路就在于输入西方写实主义方法,他在基础训练中提倡的素描,基本是以写实造型和精确的明暗光影为核心。"林风眠素描法"则如蔡若虹所说,从复杂的自然现象中寻找出最足以代表它的那个特点,以极有趣的手法,归纳到整体的意象中以表现之。可以这样说,徐悲鸿素描观念是画家的,林风眠素描观念则得到了升华,是艺术家。两者有高下之分。林风眠素描法改变了人们的艺术观念,所以蔡若虹称之"这是中国美术史上一件大事"。

沉默寡言的性格,可以用波涛汹涌的文采宣传自己的艺术主张,可以带着感情作画,可以单纯地凭艺术家的良心和正义感对人对事,可是自己的贡献和创作的业绩,却不声不响地放进辽阔的世界,寂然无闻。

讲台上的林风眠,谁还能说得清楚呢?的确,他还有不少学生活动在全国各地,如今也都是世界级名人了,即使谈自己的老师,也只是谈师生之谊,自己如何得到老师的垂青,谈老师是如何教他的。

林风眠的老学生赵无极说过:"当我异想天开,有不同看法的时候,林风眠教授鼓励我,要有勇气向传统绘画宣战""最愉快的就是阅读来自国外的书刊和杂志,如《时代生活》《时髦》,在这些书刊里,我发现了塞尚、马蒂斯和毕加索的作品。"国立艺专学生、木铃社负责人之一曹白回忆，林风眠在学校时，基本上采取放任的态度，"他是一个艺术家，他不像国民党一些不学无术的校长"。还有他的后期学生席德进，写了一段林风眠的教学法，虽然席氏已在台湾逝世了，但是，他记录林风眠的教学法的文字还留着：

毕加索　亚威农少女（1907年）

　　林先生教我们高年级是尊重学生个性而指导，用启发的方式发挥每个人的特色。

　　"你的画应该风格化一点！"当他看到某个学生画得平凡而无特色时说。

　　"你应该放松一点，随便些，乱画嘛！"当他看到某个学生画得太拘谨，老是在做基本功夫，一心只想传达对象的外形与光影的准确时说。"你画得太基础了！"那是指初学时应该往表现对象方面去追求，"变一变嘛！"

　　"用线嘛，用线去表现形体。"

　　"不要画得像学院派，光与影是附属于本体的，不是空有光影，而不见实体与本质。光与影是被动的。"

　　"人体的线条是流动的，把线画活起来！"

　　"不要画得太紧（死板），画松动（放开）一些。"

　　"去了解古典的坚强。"

　　"艺术上最难的是达到感情与理智的平衡。"

　　"在自然中去抓些东西出来。"——不是依样画葫芦，是有选择地提炼自然，画它的精华，画你所要的。

　　"去读一些文艺、哲学、历史方面的书吧——充实你的心灵，启发开你混沌的心智。"

"画不出来，就不要画，出去玩玩。"

他不常改学生的画，假如你要他改，他也会示范一下。

他总是含笑待人，轻松而无拘束，但不失老师的尊严。他富于爱心，又很随和，天真而慈祥，但你感觉得到他是个意志坚强而有魄力的人，眼光远大，有伟大抱负，雄心万丈。

他几乎用他整个人格影响着他的学生。

"你们最好不要改行，都改了行，我的心血全白费（教）了。若一定要改行，毕业离开学校之后，马上改，对你们是有好处的。"

"看些伟人传记。"——看他们是怎样在人生中奋斗的。

我们那时大家都手捧着一本傅雷译的《约翰·克里斯朵夫》，赵无极也劝学生必读——"那是年轻人的圣经。"

赵无极常来林风眠教室，说说笑笑。林先生常请赵先生指点学生画画，讲解一些现代观念。艺术不是学得来的，艺术是靠熏陶出来的。那时在杭州，傅雷来过我们教室，张书旂来学校演讲过，诗人徐迟是赵无极家中常客，还有无名氏，我们所接触的都是中国文化界顶尖人物，他们的光都辐射过我们。

有一次，林风眠检查洪毅然的作业，就对他说："你画得太理智，太冷静了，作画之前无妨少量饮一点酒，这样就会狂热起来，画画需要炽热的情感，要把亚波罗（日神）精神与狄俄尼索斯（酒神）的精神结合起来。"后来成为大诗人的艾青，十八岁考进国立杭州艺专。考进去只念了半个学期，林风眠走到他身边看他画的素描，说："你到外国去吧，你在这里学不到什么。"作为校长，这不是等于拆自己的台嘛，但林风眠还是这样做了。林风眠这种爱学生、爱青年的精神是贯彻始终的，他支持助教刘开渠、雷圭元去法国学习，也是这种精神的体现。艾青到了法国和刘开渠、雷圭元相遇，也是林风眠的安排。艾青到了法国，对后期印象派的画产生了兴趣，对学院派的画不欢喜，爱看雷诺阿的画。艾青回国后就坐牢，不能作画，就写诗了。

后来艾青去看林风眠,林风眠把画摊在地上,让艾青自己挑。足见林风眠爱才之心切。

……

林风眠,多像一个幼儿园的老师,他带着那颗善良的童心,从这一个学生的画板走近另一个学生的画板,似乎在不停地絮语着,不是在说教,而是诱发学生们的艺术感觉,要把隐藏在学生灵魂深处的艺术细胞诱发出来,让它自己去生长。他是在用自己心中的血去浇灌学生的艺术生命。林风眠的一位三十年代的学生说过这样的话:"我以为本校与国内其他艺术学校在教学上顶大的一个本质的区别,在于一个是教人怎样去感觉,而另一个是怎样涂画。如果说艺术不等于技术,如果说手上的技术是要从脑中的感觉强度中生长出来的,无疑地偏重技巧的只能有手上的'熟练',而真正'表现力的充实'只有靠感觉来磨练才可以成功的。这一点,这应该是本校对于将来中国真正艺术之养成上的一切光荣功绩底根源。"

艾青初到巴黎时(1929—1930年间)

林风眠深知自己的循循善诱,能给青年学子的,只是艺术的基本方法及经验,使他们成为"艺术家或大艺术家",那是未来的事。教务长林文铮提出一个很形象的比喻,艺术学校只是一座炼钢厂,任务是炼出好钢,至于这一块钢是造一尊大炮还是造一挺机关枪,是兵工厂的事。兵工厂在哪里?社会。

教育要着眼于未来,这就是林风眠高瞻远瞩之所在。可以说凡是聆听过林风眠教诲的,没有人不记着这样的话:

真正的艺术家犹如美丽的花蝴蝶,初期只是一条蠕动的小毛虫,要飞,必须先为自己编织一只茧,把自己束缚在里面,又必须在蛹体内来一次大变革，以重新组合体内的结构，完成蜕变。最后也是很重要的，它必须有能力破壳而出，这才能成为在空中飞翔、多彩多姿的花蝴蝶。这只茧便是艺术家早年艰辛学得的技法和所受的影响。

在1928年杭州国立艺专纪念周的会上，林风眠作了"徒呼奈何是不行的"演讲，慷慨陈词："中国以往的历史自有它光荣伟大的一页，创造的丝曾织就了古代的艺术斑斓的痕迹。但过去的是过去了，时间不留情地把我们拖到了现代，要希望在已死的蚕里抽出新鲜的丝已是不可能，已经为时代腐坏了的旧锦也不必再去留恋，我们只有鼓起勇气负起责任，培植我们的新桑，养育我们的新蚕，使将来抽出来的新丝，织成时代上更灿烂更有光泽的新篇幅，这是我们应有的希望！"

林风眠用自己的体温温暖着那一条一条小虫，用自己的体温去温暖使小虫变成的蛹，这些蛹到底有多少破壳而出，变成多姿多彩的花蝴蝶呢？今天的历史已作了明证了。

和潘天寿的争论：合并中国画和西洋画为一系

"介绍西洋艺术，整理中国艺术，调和中西艺术，创造时代艺术"，这是林风眠为国立艺术院制定的办院宗旨。林风眠的这一办学思想和艺术思想，可以说是萌发于留学时的法国，清晰于北京办国立艺专及艺术运动，到杭州办国立艺术研究院就更加明确，不但自己要朝着这个方向走，而且要朝着这个方向培养学生。

林风眠在艺术道路上是个很坚定的人，认准目标之后，他是一定要走下去的。为了实践这一思想，国立艺术院开学不久，他就提出西洋画系和中国画系合并。体现林风眠和林文铮共同艺术思想的《艺术教育大纲》中，就写得非常明确：

本校绘画系之异于各地者即包括国画西画于一系之中。我国一般人士多视国画与西画有截然不同的鸿沟，几若风马牛之不相及，各地艺术学校亦公然承认这种见解，硬把绘画分成国画系与西画系，因此，两系的师生多不能互相了解而相轻，此诚为艺术之不幸！我们要把颓废的国画适应社会意识的需要而另辟途径，则研究国画不宜忽视西画的贡献；同时，我们假如又把油画脱离西洋的陈式而成为足以代表民族精神的新艺术，那么研究西画者亦不宜忽视千百年来国画的成绩。

　　即使是西画、国画合并于一系，但教学还是无法混沌起来的，还是需要国画老师教国画，西画老师教西画。为此，林风眠在请潘天寿来校任教的同时，又致书齐白石，请他南下，齐白石以年事已高，不便多动为由，没有答应，遂推荐李苦禅南下。李苦禅原来也是北京国立艺专的，齐白石的入室弟子，林风眠也颇为欣赏他。齐白石

二十世纪三十年代初期的潘天寿（后左一）、林风眠（中右一）

虽未到国立艺术院任教，林风眠还是请他画了一百多幅画，作为示范教材。

林风眠虽提出调和中西画艺术，创造时代艺术，他的艺术初衷所表现出来的，还是以绘画主题来表现时代性的，致使他的艺术形式，执毛笔用宣纸时画出来的是国画，执排笔用油彩画布画出来的是油画。1928年他创作的《金色的颤动》就是油画，画面中心是一位抱头盘膝而坐的裸女，以及振臂高呼的裸男，他们是自由平等博爱的象征，仿佛在回答那些道貌岸然的卫道士们对人体模特儿写生的指责，又宛如他们在向黑暗的封建势力的挑战。而他同时作的《白鹤》《翠鸟紫藤》《渔歌》《猫头鹰》《马》等作品，仍然是道地的中国画，还没有具备林风眠所向往与追求的画派的特点。

西画和国画合于一系，表现了林风眠在艺术上的胆量与气魄，有着良好的艺术初衷。但在实行过程中，就有些重西轻中的味道了。这表现在课时的安排上特别明显，每周西画有二十课时，国画只有四课时；学生上中国画也不认真，有所谓"磨墨派"的，在上课时只是磨墨，墨磨好了，课也"磨"过去了。有时学生干脆不来上课。杭州艺专学生彦涵回忆当时的情景说：当时国画界不甚景气，选修的学生不算很多。可是潘先生对自己的课务异常负责，他上课时每堂必到，记得哪怕教室里只有我一个人，他也从不置弃。每当出现这种情况时，他总是隐约地露出失望的神情，而又亲切地说："就你一个人。"我觉得如果先生来课堂见不到一个人，那是多么对他不起。我在这种精神感动和促进下，也成一个从不缺课的学生。

潘天寿对这种情况是大为不满的。他明确表示中西画教室需分开，不能合并为一个系，又直截了当地提出：中国人从事西画，如一意摹拟西人，无点滴之自己特点为民族增光，是一个洋奴隶。同时他又说：中国人从事中国画，如一意摹拟古人，无丝毫推陈出新，难以光宗耀祖者，是一笨子孙。他认为"两者虽情形不同，而利弊则一"。

中国的传统艺术在走向衰微，日益陷于因袭、陈旧、保守、颓废的境地。美术学校的国画系，占领教席的也多是写意文人画，所画的

白鹭（1930 年）　　　　荷塘白鹭（1935 年）

风景（1938年）

内容与生活相去甚远,一味追求笔情墨趣,对此,潘天寿和林风眠同样不满。只是如何来救中国绘画这一传统艺术,潘天寿和林风眠的想法却是完全不相同的,所要走的革新国画之路也不相同。潘认为:一民族之艺术,即为一民族精神的结晶。要振兴民族艺术,与振兴民族精神有关,但他又不完全反对艺术上的交流。同在1928年,他在《中国绘画史略》中写道:"历史上最活跃的时代,就是混交时代。因其间外来文化的传入,与固有特殊的民族精神互相作微妙的结合,产生异样的光彩。"潘天寿所说"外来文化",当然是指西方文化,或者说印度佛教文化,不管所指的是什么,应该说他看到了这种交流的作用,并加以赞扬。而对林风眠所强调的"调和中西艺术",合并中西画为一系,怎么可以愤然称之为"是一个洋奴隶"呢?这难道只是在对中西艺术的看法上不同所产生的分歧吗?

1939年,杭州艺专经万里跋涉,转移到昆明,在潘天寿积极提议并坚持下,杭州艺专绘画系中、西分科,中国画专业由潘天寿主持,举起国画革新的旗帜,仍然在论述中、西绘画的不同,只不过是语

二十世纪三十年代林风眠一家合影

气要平和多了。他认为：东方和西方的绘画是两个体系的，如两座大山。这两者之间，是可以互相取其所长的，但不能随随便便吸收。否则，不但不能增加两峰的高度与阔度，反而可能减去各自的高度与阔度，将两峰拉平。中国绘画应该有中国独特的民族风格，中国绘画如果画得和西洋画差不多，实无异于中国绘画的自我取消。

应该说，林风眠由于锐意改革，对中国画的看法不无偏颇之处，遭到中国画界的反对。在艺术界的印象中，潘天寿是中国画的正宗，林风眠是西画出身，是异端，甚至被看成是洪水猛兽。因此，潘天寿对林风眠采取针锋相对的态度，也容易得到中国画界的支持。

对潘天寿这样针锋相对的态度，林风眠并没什么不满的态度，反而促使他认真地思索了如何调和中西艺术的问题。1928年的争论，1929年他就写出了《中国绘画新论》的文章，这篇文章不是在回答潘天寿，而是自己探索的结果。他在文章中写道："从历史方面观察，一民族文化之发达，一定是以固有文化为基础，吸收他民族的文化，造成新的时代，如此生生不已的。"他提醒人们，西洋文化的直接输入，在思潮中已经发生了极大的澎湃的这个时代，"中国绘画的环境，已变迁在这个时期中"，这样就不能不考虑："中国绘画固有的基础是什么？和西洋不同的地方又是什么？我们努力的方向怎样？"这都是现在中国的画家们应该追求了解的问题。在这篇文章中，林风眠一改以往的偏颇，以非常客观冷静的态度，研究中国绘画的基础问题，探讨与回答了几个中国绘画的专著没有回答的问题。他的工作分为几步：第一步，把中国绘画史的全部分为几个时期，在分期中引用了潘天寿在绘画中的分期方法；第二步，研究每个时期的发现和创造，并作出重新估定；第三步，研究了中国绘画在时代上的相互关系，探讨了变化的原因。做了这些工作，并以此为根据，定了中国绘画的基础在世界艺术史上的地位，并提出了进行新的创造的前景。

林风眠以最大的诚恳向中国画界提出："在现在西洋艺术直冲进来的环境中，希求中国的新画家，应该尽量吸收他们所贡献于我们的新方法；传统、模仿和抄袭的观念不特在绘画上给予致命的伤害，即中国艺术之衰败致此，亦为这个观念来束缚的缘故。我们应该冲破一切的束缚，使中国绘画有复活的可能。"

  从对中国绘画史的分期，六法论的剖析，书法和绘画的关系及绘画材料等等许多重大的问题，每一个问题在别人那里都是洋洋洒洒的一部大书，有时还说不清楚，可是林风眠把这一切容纳在一万五千个方块字里，说得头头是道，清清楚楚。在漫长的岁月里，林风眠的这篇文字可以说是寂然无闻，没有人提起过它，更很少有人去读它。但这篇文章蕴含着林风眠"创造新艺术"的构想，是他留学多年思考的结晶，他以后的艺术创造，应该是以此为起点的。

第五章

杭州：艺术运动之火的再起与熄灭

艺术运动社的诞生

林风眠念念不忘的还是艺术运动。

1928年的暑假,杭州天气特别炎热。按照杭州人的习惯,都不再工作,寻找阴凉的地方"歇伏"去了。可是热情高涨的林风眠,冒着酷暑,8月16日,在他西湖之滨的平房里,约请二十人,坐了两圆桌,讨论成立"艺术运动社"的事,拟定组织大纲、工作计划,还选举了林风眠、王子云、李朴园为首届负责人。

在"艺术运动社"简章里明确提出:"本社以绝对友谊为基础,团结艺术界新力量,致力于艺术运动,以促成东方新兴艺术为宗旨。"这个以友谊为基础的宗旨注定了"艺术运动社"命运维艰,不会有好的结局。当时中国的社会,已处于山雨欲来风满楼的时刻,各种主义及思潮都在形成一种力量的时刻,林风眠还把艺术运动建筑在感情的基础之上,他还天真地认为"本社同人首重友谊,盖友谊为情感中最纯洁高尚者"。他还说:"古来艺人莫不重此,诗歌之中亦不胜枚举。"林风眠的善良使他内心深处充满诗意,他的理想也带有诗的幻想,他自身除了艺术家的气质,还有着诗人的气质。诗和绘画本来就是难解难分的。

"艺术运动社"的"新力量",和林风眠的确都有着深厚的友谊。它的成员主要来自国立艺术院的老师。这些老师的来源我们都很清楚,一部分是留法的"霍普斯会"的会员;国内有真才实学、富于创新精神的艺术家;还有外籍艺术家。此外,北京、上海、巴黎还有几位社员,如齐白石、陈醉云、李有行等人,这些人也都是与林风眠有着友谊基础的。

"艺术运动社"首先推动了创作活动。章程上规定,社员每年要交五件作品。林风眠明白,没有作品,艺术运动就会是一张空头支票。"艺术运动社"成立初期，社员的创作热情很高，白天作画，时间不足，晚上在老师进修室装大灯泡，继续作画，夏天有大风扇，冬天装个大火炉。"艺术运动社"另一件工作是办展览。1929年，接连举行三次展览：4月，在上海举行首届全国美展；5月，在杭州西湖世界博览会艺术馆展览；8月，在上海举行"艺术运动社"首次展览。社员在这三次展览中提供了大量作品。在该社的展览中，林风眠提供十五件作品，潘天寿提供十九件，以后还举行三次大型展览：南京、东京、上海。南京那次展览，有三百多件展品。

"艺术运动社"社员，是长于命题画的画家群，林风眠的油画《金色颤动》《贡献》《海》《南方》《痛苦》《悲哀》都是在创作热潮中产生的。他们的作品都反映时代精神，经常把重大的事件作为绘画题材。1931年的南京展览，就有反映"五卅惨案"的作品展出。"艺专健儿虽僻居西子湖畔，对于世界思潮及本国形势，亦未尝不息息相关。"这就是"艺术运动社"的创作态度。"艺术运动社"要做的第三件事就是办刊物。他们在经济极为困难的情况下，还办了两种刊物，宣传他们的艺术主张。一本刊物叫《亚波罗》，从艺术思想上来说是法国留学时的继续，另一本刊物叫《亚丹娜》。取名亚丹娜，寓意与亚波罗相似，亚丹娜是希腊女神，她是从宙斯的头脑中全副武装地跳出来的，有着好斗的精神。《亚波罗》每期十万字，《亚丹娜》十六万字，主要由社员提供稿件，不取稿酬。此外，社员还为《中央日报》副刊《艺术运动》（胡也频编）、《民生报》副刊《艺术周刊》等提倡艺术运动的专刊提供稿件。

林风眠是一个不善于公开表达自己的人，从某种程度上来说，还有点腼腆和内向。在演讲或训话时，遇到修辞或语意不接的时候，总要加上几个"这个……这个"，一小时内往往有一百次乃至两三百次之多。但他的内心世界是那样丰富，他的理论思考是如此深入，这些都可以从他的文章中强烈感受到。他为推动艺术运动的发展写了一系列的文章，都表现出他是勤于思考的艺术家。

林风眠校务极为繁忙，还为《亚波罗》写稿，第一期发表了他在杭州国立艺专纪念周讲演的《我们要注意》，第二期发表了他的《徒呼奈何是不行的》，也是在杭州国立艺专纪念周上的讲演。这两篇文章都是别人记录并整理成文的。虽经他们的努力，《亚波罗》的稿件仍然有紧迫之感。这样，林风眠又不得不抓紧时间撰写《原始人类的艺术》两万字的论文并图，作为《亚波罗》第二期的补白文字。对这篇文章，他曾自我介绍说："在开创时代的西湖国立艺专的院务竟是纷如乱丝，简直找不出什么时间来从事从容考虑，因此，我到底既是答应了编者有这篇东西，又被催得很急，就不得不草率完篇。"此外，他还写了《中国绘画新论》较偏重美术史的梳理，《我们要注意》《徒呼奈何是不行的》则侧重艺术现状的批评。其他主要教授潘天寿、刘既漂、李金发、李树化、孙福熙、刘开渠、雷圭元都动手写文章。当时中国的艺术理论是一个薄弱的学科，著述不多，"艺术运动社"的这支理论队伍，异军突起，力量也很雄厚，治学态度很严谨，试图用新的观念、科学的方法，探索艺术的诸问题，这和他们的绘画一样，对中国艺术发展有着推动作用。"艺术运动社"对介绍西方艺术也是不遗余力的。林风眠对当时中国介绍西方艺术的情况不甚满意，他批评介绍文章缺乏历史观念，有一种不求甚解的遗传病；论文艺运动，忘记介绍希腊的神话和荷马史诗；论画家，对塞尚、马蒂斯在皮毛上大吹特吹，而对埃及、希腊的艺术无人介绍。他认为应该完整系统地介绍西方艺术，才能使我们得到有益的借鉴。林风眠写了一本《1935年的世界艺术》，系统地介绍了法国艺术，对立体主义、野兽派及其他现代艺术诸流派作了介绍。他说"是想给1935年的世界艺坛一个详尽的观察"。林文铮更是介绍西洋艺术的主将，他时时为林风眠助威，为林风眠的思想推波助澜，他在杭州艺专讲西洋美术史十年，每讲有专题，十年不重复。对东西方的艺术，他和林风眠持同样观点："凡一种民族学术之革新，必须根据两条传统，一为纵的，一为横的，纵的是向本国历史过去陈迹中索取，横的是向外国吸取新鲜思想。"这是立于不败之地的辩证思想。

1929年，学校要开设图案教育专业，一时找不到合适的授课老师，林文铮提出到日本东京请图案教员。林风眠认为这个建议可取，就托日本驻杭州领事馆领事米内山庸夫，从日本找来图画教授斋滕佳山担任图案教学工作，促进中日图案的艺术交流。从这里也可看出，他们想要干的事情都努力去干。

日本图案教授斋滕来到学校之后，就建议学校教授到东京作暑假旅游。1930年的暑假，以林风眠为团长，率领潘天寿、李树化、王子云、袁惠辰到日本去考察，并在东京开学校老师画展。斋滕担任翻译。他们乘船到了长崎，又坐火车到东京，日本文部省派专人来接待。展览会在东京上野公园开幕的那天，林风眠作了讲话，讲话内容是文化新潮流；接着参观了东京工艺美术学校，与校长日岛英二相识。接待人员陪考察团去东京闹市区银座和东京帝国饭店参观，去日本歌伎处喝茶吃饭。也就是在这个时候，林风眠与后来堕落为汉奸的褚民谊相识。林风眠因身体不适，就提前回国了。

林风眠率领的这个艺术群体，意气风发，雄心勃勃，他们曾有几分自信地说：西湖可能成为中国的佛罗伦萨，中国文艺复兴的发祥地。

赴日考察团第一组人员

1929年10月，奉教育部命令，国立艺术院改名为杭州国立艺术专科学校，改系为组，由五年制缩短为三年制。林风眠和教师们都认为三年为时太短，不易造就专才，因此附设高级艺术职业学校，招初中毕业生，三年制毕业，为入专门部打下基础，以弥补学业的不足。

学校的改制，损伤了他们开创之初的锐气。再一个不利是，1930年，蔡元培离开教育部，林风眠失去一个强有力的支持者。但是，他们并没有因此而不思进取。为了鼓舞士气，国立杭州艺术专科学校的校歌诞生了，由林文铮作词，李树化作曲，歌词写道：

莫道西湖好，雷峰已倒。
莫道国粹高，保傲顷凋！
看，四百兆生灵快变虎豹！
不有新艺宫，情感何以靠？
艺校健儿，齐挥毫横扫！
艺校健儿，齐抡锤痛敲！
要把亚东艺坛重造，
要把艺光遍地耀！

校歌响彻孤山脚下，西湖之滨，唱出宏大愿望，但也如同笼罩着西湖的水汽那样动荡缥缈。

徐悲鸿与徐志摩：一场论战的弦外之音

以林文铮为秘书长的第一届全国美展筹备委员会，经过一阵紧锣密鼓的准备，于1929年4月10日在上海新普育堂开幕。美展的整个筹备过程，实际是由林风眠、林文铮率领国立艺术院的教师们做征集展品、评选展品工作的。美展开幕前夕，林文铮认为已经完成任务，就不再参加展出工作，交给南京教育部派人组织展出。

第一届全国美展期间，出版《美展》特刊，由徐志摩、陈小蝶、杨清磐、李祖韩编辑。特约撰稿者有：叶恭绰、丰子恺、黄宾虹、贺天健、林风眠、倪贻德、张若谷、曾农髯、徐悲鸿、邵洵美、俞寄凡、陈子清、狄楚青、郑午昌、吴湖帆、王济远、郑曼青、俞剑华、张禹九、褚礼堂、唐腴卢。林风眠参加展出的油画作品有《贡献》《海》《南方》。张泽厚在《美展之绘画概评》中，对林风眠的评价是："林君的构图，算是在中国顶放胆的一个画家，如《贡献》《海》《南方》。他底笔致豪放，很有跃动的气概的。他的裸体多怪气。中国的洋画家抽象的表现，人体恐怕要算林君最好。"从这简要的评论，我们大体可以看出参展作品的风貌，受西方影响、探索的作品较多。这在观众中引起了不同的反应。在当时出版的《美展》特刊上，几位颇有影响的艺术家，如徐悲鸿、李毅士和徐志摩展开了针锋相对的争论。

廖静文在《徐悲鸿的一生》里，比较详细地记录了徐悲鸿的心情和观点，不妨辑录如下：

1929年，南京国民党政府举办第一届全国美术作品展览，悲鸿拒绝参加。同时，就全国美展中宣扬形式主义作品，和徐志摩展开了论战。徐志摩是当时著名的鸳鸯蝴蝶派诗人。他不同意悲鸿对形式主义绘画的贬斥。

……

悲鸿在《惑》一文中提出了自己的论点。首先，他列举了法国许多杰出的现实主义和浪漫主义艺术大师的名字，以及他们的辉煌成就。接着他写道："勒奴幻（雷诺阿Renoir）之俗，塞尚（Cezanne）之浮，马梯斯（马蒂斯Matisse）之劣……藉卖画商人之操纵、宣传，亦能震撼一时……美术之尊严蔽蚀，俗尚竞趋时髦。"他还愤愤地写道："若吾国'革命'政府，启其天纵之谋，伟大之计，高瞻远瞩，竟抽烟赌税一千万，成立一大规模之美术馆，而收罗三五千元一幅之塞尚、马梯斯之画十大间（彼等之画一小时可作两幅），为民脂民膏计，未见得就好过买来路货之吗啡、海洛因……

（接下去还有几句话廖静文未引："在我徐悲鸿个人，却将披发入山，不愿再见此类卑鄙昏愦黑暗堕落也"——作者注。）
……

当时，油画家李毅士撰文支持徐悲鸿的主张。他在《我不惑》一文中写道："我想，悲鸿先生的态度是真正艺术家的态度。""塞尚和马梯斯的作品，我研究了二十多年的洋画，实在还有点不懂，假如说，我的儿子要学他们的画风我简直要把他们重重打一顿。"

徐悲鸿这个带着艺术偏见和个人情绪的评论，当然不是真的骂塞尚和马蒂斯的追随者。到了二十世纪八十年代，当人们对五四运动以及文化艺术思想都作重新审视与评判时，廖静文仍然揭徐志摩鸳鸯蝴蝶派的老底，足见成见之深。李毅士早年留学英国，由学理工而改习绘画，亦属写实的一派。他在主观上是赞成徐悲鸿的，但他又感到徐悲鸿的批评是"主观的态度"。他对塞尚、马蒂斯还没有到徐悲鸿因偏见而到深恶痛绝的程度，他在《我不惑》中写道：

即使悲鸿先生的话不确，塞尚和马梯斯的表现，都是十二分诚实的天性流露。但我觉得还是要反对他们在中国流行。那是一种不利于社会的种子。因为我认为在中国现在的状况之下，人心思乱了二十多年，我们正应该用艺术的力量，调剂他们的思想，安慰他们的精神。像塞尚、马梯斯一类的作品，若然盛行在中国，冲动了中国的社会，我知道这祸害不浅哩。

和徐悲鸿相比，李毅士的观点还比较符合当时中国知识界的思想状况。他的这种联系现实而决定取舍的主张，虽然不符合艺术发展的规律，但在中国相当流行过，现在仍然在流行着，这是已超越艺术以外的政治上的事情了。

和徐悲鸿针锋相对的文章，是徐志摩的《我也"惑"》。他在这封致徐悲鸿的信中，首先赞美徐悲鸿的直率性格："你爱，你就热热地爱；你恨，你也热热地恨。崇拜时你纳头，愤慨时你破口。"同时，徐志摩也直言不讳地指出徐悲鸿的批评"过于言重"，就像罗斯金骂惠斯勒，托尔斯泰否认莎士比亚那样有些"意气"用事。他追述了塞尚如何进行艰苦的艺术求索，如何曾被人骂为"野蛮、荒谬、粗暴、胡闹、滑稽、疯癫、妖怪……"后来又怎样成青年艺术家被"扔上了二十世纪艺术的宝座，一个不冕的君王！"然后，徐志摩严肃而又有些痛心地写道：

……塞尚在现代画术上，正如洛坛（罗丹）在塑术上的影响早已是不可磨灭、不可否认的事实……万不料在这年头上，在中国，尤其是你的见解，悲鸿，还发见到1895年以前巴黎市上的回声，我如何能不诧异？如何能不惑？

话再说回来，假如你只说你不喜欢，甚而厌恶塞尚以及他的同流作品，那是你的品味，个人的好恶，我决没有话说。但你指斥他"无耻""卑鄙""商业的"，我为古人辩诬，为艺术批评争身价，不能不告罪饶舌。如其在艺术界里也有殉道的志士，塞尚当然是一个。如其近代有名的画家中有到死卖不到钱，同时金钱的计算从不屑入他纯艺术的努力的人，塞尚当然是一个。如其近代画史上有性格孤高，耿介淡泊，完全遗世独立、终身的志愿但求实现他个人独到的一个"境界"这样的一个人，塞尚当然是一个。换一句话说，如其近代画史上有"无耻""卑鄙"一类字眼最应用不上的一个人，塞尚是那一个人。

徐志摩没有伪造塞尚的历史，对塞尚经历与人格的阐述符合历史真实，因而他批评徐悲鸿重复了"1895年以前巴黎市上的回声"，也应当是确切的。作为画坛领袖人物的徐悲鸿，又是在现代派发祥地巴黎沐浴多年的、走进巴黎最高美术学府深造过的徐悲鸿，在现代派已在世界画坛立稳脚跟，还在重复现代派刚刚诞生时巴黎学院派对它咒骂的语言，不能算徐悲鸿历史上光辉的一页。已往都因为徐志摩是鸳鸯蝴蝶派诗人，就因人废言，但他对艺术也是深知的，当时的中国还没有塞尚，文字的背后不再有隐藏，因此他的意见是中肯的。如果这场辩论再晚发生几十年，人们一定会猜想徐志摩在为林风眠辩诬了。徐志摩为林风眠的这番申辩，在当时的政治环境中还是起了作用的。但是到 1949 年之后，政治环境变了，徐悲鸿任校长的北平艺专升格为中央美术学院，徐悲鸿任院长，林风眠创建的国立杭州艺专被合并为中央美术学院华东分院，归属为徐悲鸿领导了，再加上徐又是全国美协主席，成为全国美术界的主帅。在欢庆建国一周年的国庆日，徐悲鸿发表一篇总结一年来美术事业成绩和感想的文章，这场辩论又从徐悲鸿的记忆中泛起。文章说："以往流行的形式主义及……都已销声匿迹，不打自倒，这是我和一部分搞美术工作的朋友们与之斗争了将近三十年不能得到的效果，尤其使我感兴趣的是，当年推行形式主义大本营的杭州艺专现已改编为中央美院华东分院了。"此文刊登于是年 10 月 1 日《光明日报》。由徐悲鸿给戴上"形式主义"的林风眠已经离开讲坛失去执教权。从历史上看，林风眠没有和徐悲鸿过不去，更没有参加过这场辩论，不知为什么徐悲鸿对林风眠有这样深的恩怨。

　　这场争论还引出了许多题外的话，即人们对林风眠和徐悲鸿这一时期的创作加以比较，分析和论证他们艺术思想和绘画取材趋向的不同。徐悲鸿这一时期绘画题材，多以动物、花鸟的隐喻，或借古代的传说、古人的事迹以寄兴和影射，如《九方皋》（中国画，1931 年作）、《奚我后》（油画，1930 年作）、《田横五百士》（油画，1928—1930 年作）等都是借古喻今的，没有看到他取自战乱、病态、血肉的人生现实。在教育上，他一方面大声疾呼青年人要致力于师法自然，真实地描绘人，而在自己的创作中却讲究"寄托高深""喻意象外"，实际上他是处于自我矛盾的状态中。1935 年的《浙江青年》月刊曾发表一篇署名文章《徐悲鸿绘画印象记》，在盛赞了徐悲鸿绘画艺术技巧之后，接着又写道："然而，所抱憾的是，他的画很少和现时代相接触，他始终憧憬着神和豪侠。"

这里有一个题外话的插曲：徐悲鸿从法国回来之后，在南国艺术学院主持美术系，田汉主持文学系，欧阳予倩主持戏剧系，他们经常合作搞艺术活动。1928年春天，田汉、徐悲鸿带领一批学生到杭州去演出，遭到杭州一些大学生反对。这事使田汉对林风眠产生了误会，认为是林风眠支持学生干的。田汉对林风眠的误解没有文字披露，笔者是从林风眠的《狱中陈述》中发现的，1968年12月25日的一段陈述摘之于后：

问：三十年代黑线人物认识谁？
答：邓拓、阳翰笙、田汉、曹禺、夏衍、一些画家，我都认识。
问：与三十年代人物在一起搞什么？
答：没有搞什么，是普通认识的，田汉1925年我在上海见过一次，1944年在重庆又见过。老舍比较熟悉，在重庆时就认识，我也送过画给老舍。夏衍是1962年认识的。

1928年，田汉带领学生到杭州去演出，杭州学生在戏园外游行，要他们滚回上海去。当时田汉认为是我搞的鬼，产生了误解。实际上这是当时浙江大学校长蒋梦麟遵照当局组织的，他们认为田汉带来的学生中有共产党。抗战期间在重庆与田汉见面，说清楚这件事，才消除误解。

南国艺术学院去杭州演出的情况，吴作人有一段回忆：田汉就南国社的底子办了南国艺术学院，设了三个系，田汉主持文学系，欧阳予倩主持戏剧系，徐悲鸿主持美术系。1928年春，寒假结束，南国艺术学院开学。到春假就去杭州，有的演戏，有的写文章画画。田汉还照《伏尔加船夫曲》的曲调，写了几首西湖划船歌。南国艺术学院在杭州演出《湖上的悲剧》和《古潭的声音》。演出之中，收到从留守在上海院本部的陈明寄来的一封快信告急，说蒋碧薇带了几个人到南国艺术学院，把美术系画室里徐先生的作品和从国外带回的美术品，一齐都拿走了,还扬言,从此以后再不许徐先生跟这班共产党鬼混了。其实那时谁都没有入党。

可见南国在杭州的活动,在当时颇有影响。

杭州演出的风波,田汉对林风眠产生了误解,那徐悲鸿有没有对林风眠产生误解呢?

百幅图画:反映大众与现实

从前面林风眠的社会和艺术经历,以及他的艺术思想和艺术实践中,我们可以看出他赤诚地投入中国社会变革的大潮中,艺术思想和艺术实践是完全一致的。在这一时期,他创作了《民间》《人道》和《痛苦》等巨幅油画。对这些作品,在前面的记述中已有所分析,现在可以重温一下他在1957年5月10日向访问者谈的一段回忆:

我办学校主张多开展览会,让艺术接近大众,面向大众;主张整理中国传统艺术……

艺术大众化的主张是与鲁迅的《语丝》相接近的,并和孙伏园所办的报纸在一起。我曾为《世界日报》编过画报,一向主张艺术大众化,重视民间艺术的还有刘天华。刘半农也是接近《语丝》派的。我的作品《北京街头》(又名《民间》)是当时的代表作,我已经走向街头描写劳动人民。与艺术大众化相对立的是现代评论派,他们是反对艺术大众化的。

……

在这段历史时期中,我创作了反映现实的百幅作品。较早的一件是《人道》。这幅画的创作动机是因为从北京跑到南京,老是听到和看到杀人的消息。作为二十六七岁的青年,当时的思想主要是"中国应该怎么办?"这是接受了《新青年》杂志和《向导》杂志的影响。

后来又画了《痛苦》。这个题材的由来是因为留德同学熊君锐到中山大学后被广东当局杀害了。他是最早的共产党员，和周恩来同时在国外。周恩来回来后到黄埔，那个同学到中山大学。国民党在清党，一下就被杀了。我感到很痛苦，因而画成《痛苦》油画，表现一种残杀人类的情景。

另一幅是《斗争》，画人们在做拉纤一样的动作，表现出人类向生活作斗争，要反抗。

《痛苦》画出来后，西湖艺专差一点关了门。这张画曾陈列在西湖博览会上，戴季陶看了之后说："杭州艺专画的画在人的心灵方面杀人放火，引人到十八层地狱，是十分可怕的。"戴季陶是在国民党市党部讲的，这番话刊登在《东南日报》上。在这之后，政治环境已经十分恶化了，我就又逐渐地转到办学方面。

……

林风眠不一定就那么看重戴季陶的话，但是对蒋介石的话，他就不能不放在心上了。1931年，身为国民党总裁的蒋介石偕夫人回奉化小住，路过杭州时游览西湖，到杭州艺专参观，林风眠陪他看画。这时《痛苦》就悬挂在艺专的陈列室里，当他看到这画时，站立良久，脸色很不好，就问林风眠："这是什么意思？"

林风眠回答说："表现人类的痛苦。"

蒋介石说："青天白日之下，哪有那么多的痛苦的人？"

从此，林风眠在绘画题材的选择上的确有所退却了。

真正对林风眠日后岁月产生一些影响的，还是第一届全国美展时徐悲鸿、徐志摩、李毅士的论战而引起的风波。对这场论战，林风眠没有明确表态，也许他没有给予更多的关心，而是埋头在赶写《中国画新论》的万字论文。只是过了几十年，他在接受别人访问时，谈到现实主义和印象主义，他才说："有艺术风格的作品，有内心情感的东西，不是照相。所谓现实主义并不仅只描写了工农兵的才是现实主义，应该广些，但也没有标尺。关于印象主义，美术史上早已有了定论，何必又拿出来讨论呢？正如电灯泡早就用了，还在讨论着电灯泡。"这段话的比喻非常形象，也非常深刻，可以反映当年那场论战中林风眠的心态了。他那时觉得整理中国绘画比那个争论更为重要。

但是，谁也无法料到，林风眠一生背着形式主义的十字架，就是从徐悲鸿"愈来愈认清了形式主义的本质"开始的。在林风眠之后的留法归来的庞薰琹也被列为形式主义的行列，和林风眠紧紧地拴在一起了。庞薰琹1925年赴法，在巴黎叙利恩绘画研究所学画，后入巴黎格朗歇米欧尔研究所学画。1931年9月留学归来，与倪贻德、周多等人组织"决澜社"，发表宣言："再不能安于这样妥协的环境之中""再不能任其奄奄一息以待毙""用狂风一样的激情，铁一般的理智，来创造我们色线形交错的世界吧！"这群也想叩开中国现代绘画之门的青年艺术家，本来可望由幼稚变成成熟，由模仿变为独创，但中国大地没有适宜他们的土壤，仅仅在集体举办了四次画展之后就夭折了，"决澜社"的成员因形势所迫而各奔西东，一起消融在世俗的审美成见之中。过了半个世纪，才允许人们来重新认识它的价值。这不能不说是政治给艺术带来的悲哀。

"一八艺社"的诞生与分裂

林风眠在杭州办学的时代，应该说是一个思考的时代。在动荡的社会中，各种思潮都登台表演，常常产生激烈的争论。国立杭州艺专的学生们对写实主义和抽象主义的争论也很激烈。林风眠似乎处于超脱的地位，既不支持这一派，也不贬抑那一派，但各派的学生都觉得林校长是爱护、属于自己一派的。学生各种不同派别的展览、刊物都在力图阐明自己的观点。杭州艺专就是一个自由艺术社团。

1929年1月，学生陈卓坤等组织了一个学术团体，参加者十八人，地点在西湖，故命名为"西湖一八艺社"，得到学校的同意和支

市集（约二十世纪三十年代末）

持，林风眠和克罗多被聘为导师，每月举行一次习作观摩会、展出作品有中国画、油画、水彩、速写等。他们自认是艺术运动的一分子，是后备军，甚至是参加者。1930年春天，"西湖一八艺社"在上海首次举行公开展览，在艺术的探索上，引起上海美术界的注意和重视。这时候，"左联"在上海成立，美联领导人许幸之来到杭州，与"西湖一八艺社"座谈，提出"普罗"美术的口号，引起该社社员的思想分歧。部分成员以"为艺术而艺术"来证毁"普罗"美术，导致组织上的分裂。张眺、陈卓坤、陈耀唐（铁耕）、顾洪幹、刘毅亚、陈爱、周佩华、刘志江为一派，除掉"西湖"两字，称"一八艺社"，并扩大季春丹（力扬）、胡以撰（胡一川）、刘梦莹、姚馥（夏明）、沈福文、汪肇民、汪占非、杨澹生、卢鸿基、黄瀛等为新社员；另一派仍称"西湖一八艺社"。夏天，"一八艺社"的代表刘梦莹、姚馥、刘毅亚、胡一撰，去上海参加"左翼美术家联盟"正式成立大会。许幸之发表过一篇文章《新兴美术的任务》，提出"新美术运动"，"决不是文化运动，而是阶级关系和阶级意识问题"，并且"必须立在一定的阶级立场，彻底的支配阶级及支配阶级所御用的美术改革斗争"。这样，林风眠以弘扬人本主义为目的的艺术运动就显得过时，并被放到"阶级立场论"的对立面去。一些热血的青年离开了"艺术运动社"，拥向左翼运动中去了。

　　林风眠可能没觉察到这种变化的气氛，或者是由于他的生性善良，没有放在心上。所以，杭州艺专的空气仍很自由活跃。在这种宽松的环境中，鲁迅和冯雪峰等编译的、进步的青年必读的一套《科学的艺术论丛书》，也成为"一八艺社"成员必读的书了。

　　国民党杭州当局已经觉察到这一动向，杭州市党部派遣张彭年去杭州艺专当训育主任，监督和控制学生的进步行动。

　　学生中有一个叫张眺的，是"一八艺社"社员，是中国共产党党员。1929年6月，他和李可染一起报名投考国立艺术院研究生。研究生入学考试发榜的结果，李可染被录取，张眺未被录取。张眺多次走访林风眠，陈述家境贫寒，千里迢迢来杭州求学不易，并说明自己要献身艺术的志愿，渴求得到深造的机会。林风眠被他的决心和意愿所感动，最后破格录取了他。这位与院长同龄的研究生，对院长特别尊重，推崇院长的作品。林风眠也很欢喜他的画艺好，人品好。一天，张眺突然被捕了。李可染就去找林风眠想办法把张眺救出来。对此事，法籍教授克罗多也发表议论，对国民党当局的做法极为不满。最后，林风眠把张眺保释出来，并在经济上接济他，要他赶快离开学校。张眺到了上海后，担任了"左联"的党团书记，后来又赴闽浙赣苏维埃任教育部长，不幸牺牲了。张眺非常记挂着这位才气横溢、造诣很深的林院长，曾经给他寄过马列主义文艺理论著作，并劝他到苏联去参观、讲学。

1931年2月7日，胡也频在上海被杀，这事对林风眠有所震动。因为，在此之前不久，胡也频和丁玲还到杭州拜访林风眠。胡也频和丁玲是刘开渠的朋友，国立艺术院刚刚成立之际，胡也频、丁玲就来过杭州，和刘开渠住在同一个房子里，经刘的介绍，林风眠就和他们相识了。几天前还高高兴兴地在一起玩，怎么回去不久胡也频就被砍了脑袋？

鲁迅与林风眠

也就在这一年的5月22日，"一八艺社习作展览会"在上海举行第二次展览。林风眠和鲁迅的名字同时出现在《一八艺社习作展览会画册》上。这画册的扉页是林风眠题字："西湖国立艺专一八艺社一九三一年习作展览会画册　林风眠题。"卷首便是鲁迅撰写的那篇被推为"中国现代美术史上具有划时代意义的文献"：《一八艺社习作展览会小引》。鲁迅称他们是"新的、青年的、前进的"艺术，"唯其幼小，所以希望就正在这一方面"。不只如此，鲁迅还为这次展览找场地，在以后他开办的木刻讲习会中也是以"一八艺社"的成员为主的。

也许现在把鲁迅和林风眠放在一起，人们会不大理解。在文化界，长期以来都认为鲁迅和林风眠是两条道上的人。由"一八艺社习作展览"引发出来的，认为林风眠是反对鲁迅的，是敌对营垒中的人。再加上，鲁迅提倡新美术运动，但没有为林风眠写过文章，在鲁迅《日记》和《书信》中提到林风眠的也只不过三次，即使将有关文字都算进去，总共才百余字：

一九二六年三月十五日晴，风。上午往美术学校看林风眠个人绘画展览会。

一九二八年二月二十九日昙。……午晴。……晚……林风眠招饮于美丽川菜馆，与三弟同往。……夜濯足。

矛尘兄：
廿二四信均收到……有麟之捧风眠，确乎肉麻，然而今则已将西湖献之矣了。

迅三，卅一。

这样就更让人对鲁迅和林风眠的关系的研究进入一个误区。

按理说，林风眠不可能主动和鲁迅发生关系，这是由林风眠的性格决定的。好在他们两人之间，尚有一位长者，那就是蔡元培，因此形成了鲁迅——蔡元培——林风眠这样的关系。林风眠归国后首次个人画展是在北京国立艺专举行的。那是他任北京国立艺专校长后开学不久，展出时间为一周，即3月10日至16日。从鲁迅《日记》中，我们知道，3月10日开幕那天，鲁迅到中国大学讲课去了，他是赶在画展闭幕的前一天一个人前去参观的。鲁迅一生只参观过陶元庆、司徒乔、林风眠这三位中国画家的画展，对前两位都应约写了文章，唯独对林风眠没有发表任何感想。参观画展之后的第三天，即3月18

日，爆发了震惊全国的"三·一八惨案"，被鲁迅称之为"民国以来最黑暗的一天"，而这一天，林风眠在北京美专，支持学生参加了各界示威游行。这次画展有没有发请帖？鲁迅是接到请帖去看，还是自己主动去看的？当时蔡元培在上海，有没有给鲁迅写信介绍林风眠呢？这些都无从知道了。1928年4月10日，蔡元培偕夫人由南京到上海，鲁迅在上海景云里接待了蔡元培。在《日记》中留下了"十四日，云。上午蔡先生来访"这几个字。蔡元培这次来访，不能不谈及国立艺术院，不能不谈林风眠，谈的什么，现在也无从知道了。林风眠专程从杭州到上海，在美丽川菜馆招待鲁迅，时间是在杭州国立艺术院开学前的一个月，虽无文字记载，林风眠的这次拜访是至为重要的。裘沙对这段历史作了钩沉之后，在《鲁迅与林风眠》一文中写道："从鲁迅那天回家之后所写的《日记》的语调和想到要濯足这件小事上，我们就可感到他对这位艺术家和这次会面是肯定的，以及事后心情的轻松。"对这次谈话的内容，裘沙分析可能是如何"守住营垒"的问题："林风眠要守住国立艺院这个营垒，并非易事。对于社会的战斗，非但不能'挺身而出'，恰恰相反，更需要的倒是'深入韬晦'才好。"

至于1928年3月31日，鲁迅致章延谦信中提道："将西湖奉献之矣"，那是因为荆有麟发表文章，称林风眠的油画《人类的历史》与达·芬奇的《蒙娜丽莎》是一样的成功，而且还加上孙福熙的文章《以西湖奉献林风眠先生》，这些使鲁迅感到不安。1928年3月，《贡献》杂志在第二卷第三期上发表孙福熙的这篇文章。文章一开头就写道："风眠先生，你两脚分跨南北高峰，在旭日的红光中，身微俯，面向东，接受浙江人奉献的西湖。"

这时是林风眠初到杭州，兴办艺术教育，孙福熙在文章中寄予厚望，希望他能与春一样给西湖以点缀，比春更有力更永久更普遍地给一草一木一石予充分的灵魂。文章说："艺术院虽然在西湖，但仍然是全国的中心，因为他的命脉即在以全国的社会为对象，艺术院的目标是社会的或反社会的，这两者间的取舍，是林风眠先生与诸教授决定的,就是处处设想到社会的。从这一点出发,所以艺术院所培植的人才第一种是艺术家……"

一所传播新艺术精神的艺术学校的诞生,令人兴奋也是情理中的事。综观孙福熙的全文,重点还是谈杭州艺专应该办成什么样的学校,对校长林风眠多有赞美之辞。鲁迅很注意人们对林风眠的评论,他是希望每一个有为青年,既不被捧杀,也不被骂杀,在现实生活中,"被骂杀的人少,被捧杀的多"。

在《贡献》的同一期上,同时刊登了俞剑华的《林风眠个人展览会一瞥》的文章,应该属于对林风眠持批评态度的文章。文章一起笔就写道:"大艺术家国立艺术院长林风眠先生,近日在霞飞路尚贤堂开个人展览会。林先生名闻中外,艺术高妙,久为艺术界所推崇,近又新任国立艺术院院长,握全国艺术教育最高的权威,将来中国艺术之进退,胥唯林先生之马首是瞻。""与其认林先生为画家,毋宁以林先生为思想家较为恰当……为发表思想而作,于发表思想以外,亦无任何之目的……过重思想,易偏于理智,为竭力追求画外的哲理,反使画上应具的情趣,湮没不彰。且有时只顾思想的把握,将形状、色彩、构图等等不免有所忽略。"俞氏分析林风眠的思想变迁:"最初为热烈活泼,继为忧郁怀疑,阴暗烦恼,再次则诅咒人类,卑察文明,最后则又愤世嫉邪,发大慈悲,渡人救世。"对展出的作品,俞氏还给予分析批评,其中对《金色之颤动》批评说:"林先生作品中有数幅,余竟百思不得其解,不但用意不明白,即形状亦几费周折始能认出。最甚者为《金色之颤动》,虽然林文铮、邓以蛰诸先生均以为杰出,余未能领略,即命名亦在不可解之列。"他在文章中又写道:"然在今日中国之艺术界,或受传统之束缚,或受不当之熏染,对于林先生之作品,必不能十分了解,十分同意,甚或至于信口污蔑,大肆攻击,亦意中事。"显然,俞剑华是一位严肃的批评者,不是意气用事,也不是王婆骂街式的游戏,至于他对林风眠的画是欣赏还是不欣赏,认识理解到什么程度,那则是另外的问题了。

林风眠有着特殊的胸怀,捧也捧不杀,骂也骂不杀,对捧与骂常置之度外。

现在，我们的传记文字再回到"一八艺社习作展览会"的事情上来。

印有鲁迅撰文、林风眠题签的《一八艺社习作展览会画册》没有能够在展览会期间散发，据力扬（季春丹）回忆："特刊印出，被院方看到，院长林风眠先生召集我们几个负责人——有胡一川、夏明、刘梦莹在内——去谈话。他要我们把鲁迅的小引撕去后再散发，并说：'我和鲁迅先生是好朋友，对他也很佩服的，但是……'他的声音有些颤抖了。"因为从 1930 年春开始，国民党浙江省党部就以"组织中国自由运动大同盟"的罪名，呈请南京政府通缉"堕落文人鲁迅"。年轻人坚持要有鲁迅的文章。画册没有在展览会上散发，那原因是林风眠的题字。据胡一川回忆："因多了'西湖'两个字，这就不是加入左联的一八艺社，而成为西湖一八艺社了。所以没有在展览场上散发。"国民党反动当局却不管你是哪一块招牌的一八艺社，也不管你散发不散发，迫害在一步一步逼紧。国立杭州艺专训育主任张彭年说学生是"受赤化分子所利用，推波助澜，无补时艰""文艺界易受'普罗'作家之诱惑，实为国家前途之隐忧"（国立杭州艺专《训育情况》），下令解散"一八艺社"，开除或勒令学生退学，学生张锷被捕，王肇民、汪占非、沈福文、杨澹生等六位同学，不能继续在学校待下去。"一八艺社"被解散后，上海出现了"春地画社"，它的主要成员除一部分"一八艺社"成员外，还有野夫、蔡若虹、江丰和艾青等人。国立杭州艺专的学生又成立了"木铃木刻社"，其意是甘当"阿木铃"（沪杭一带称呼"傻"的方言）。结果又被国民党杭州当局破坏，负责人曹白、力群、叶洛被捕。

1931 年"九一八事变"前后，国民党杭州当局酝酿着一次大搜查、大清洗。学生李可染首当其冲。正当火山爆发的当口上，林风眠得知这一消息，就慎重托人转信给李可染，信封里装了六十元钱给他做路费，示意李可染赶快转回家乡。在这样紧急关头，李可染默默告别了这个艺术摇篮，告别了林校长。

艺术运动的寿终正寝

9月19日,"九一八事变"爆发后的第二天,当天的报纸阅览室里,令人注目的头条新闻是:"日军攻占北大营"。艺专的学生们聚在一起,一个个义愤填膺,学生邱玺气得双脚一跺,竟跺穿了地板。杭州各院校同学串联后,成立了"杭州市中等以上学校抗日救国联合会",艺专的一些教师也参加了这个组织。他们上街宣传演讲,查抄日货,募集抗日救国捐献物资,还组织了学生义勇军,每天清晨在白堤出操军训。学生们的爱国救亡运动惹怒了浙江省教育厅长张道藩,公然通令各校宣布"学抗联"为非法团体,学生去参加抗日活动的开除,教职员参加者解聘。这样就更加激怒了学生,向教育厅质问。教育厅早已闻讯戒备,铁门紧闭,院内军警列队警戒。消防水龙头已经装好准备向学生喷射,学生要求张道藩接见,回答是早离开他去。学生就冲向张公馆,找张道藩算账。因杭州艺专教授李树化和张道藩住在同一座院落两幢洋房里,为了避免误认,由杭州艺专的学生带领,把李树化的住宅保护起来,并把学生领到张宅。这时张道藩全家早已逃遁。学生们冲进张家,看到张家的豪华布置,学生们更加气愤,于是大家动手,不到半小时,张家的陈设就变成了垃圾。这样,就更增加了张道藩对林风眠的不满,认为这是林风眠指使学生干的。从此以后,就处处与林风眠为难。

形势变得越来越严峻,林风眠也感到再这样下去,学校能否维持下去是个问题,他就找蔡元培商量。蔡元培为了保护学校,介绍林风眠参加国民党。在十年浩劫中,"四人帮"就是因此以"特务嫌疑"的罪名,把林风眠关进监狱,笔者从林风眠的《狱中自述》中,看到了他对审问者的回答。

1968年12月25日,林风眠陈述:

在 1929 年时，同学中组织过"一八艺社""木刻研究会"，当时学校中有训育处，张彭年当训育主任，张发现学生中组织反对国民党，要解散这些进步组织，我按照张的批示解散了"一八艺社"，也开除了一个学生叫张锷。

1971 年 6 月 18 日，林风眠的又一次陈述：

1932 年参加国民党特别党员，由蔡元培介绍。情况是这样的：我在杭州任艺术院院长，学生闹风潮，杭州当局认为我们学校学生共产党很多，有一次有一个叫张眺的学生被捕，是我把他保出来的。后来浙江省政府要捕他，张眺已经不在了。当局向我要人，我说不知道，浙江反动当局说我包庇共产党。后来学校开展览会，我的两张画比较进步一点，戴季陶看到了，他当时在南京考试院，后来他就在杭州省党部骂我画的画。当时为了保全自己的地位，就找蔡元培。蔡讲，你可在国民党里挂一个名。我就由他介绍参加了国民党。一切手续由秘书侯慕彝办的，他是国民党党员。我们学校在孤山，国民党支部在岳坟，我的秘书去支部交党费，党证就在他那里，我从来没有去支部开过会，没有参加什么活动。

1971 年 12 月 18 日，林风眠写"交代罪状"式的自传时，又写这一段经过：

1932 年，由蔡元培介绍，加入国民党的党员，实质上是为保全自己的地位，得到伪政府的信任。当时浙江省党部介绍张彭年来学校当训育主任，加强国民党的统治。当时学生有进步组织一八艺社及木刻社，张彭年发现这些进步组织之后，认为应该加以取消解散，向我提出解散一八艺社及木刻社等进步组织。经我和教务长林文铮同意后，通告解散这些进步组织。因此引起进步学生的不满。当时进步学生张锷打破了通告牌，张彭年要开除他，我同意了。后来又说，有许多学生要闹风潮，我同意将进步学生如孙公炎、郝丽春、季春丹、葛斯年，要他们自己退学，转到另外学校去……记得木刻社曾到上海开木刻创作展览会，当时鲁迅先生曾为木刻写了一篇文章，此事张彭年来和我说，并说他已经禁止散发，我没有亲眼看到这篇文章。但是，我是校长，是有责任的，对鲁迅文章禁止散发也是我的犯罪行为。

当时被捕入狱的季春丹（力群）在五十多年之后回忆说：

他（林风眠）不会顺势逢迎，巴结权势，完全是一位倾心于艺术不问政治的艺术家。他甚至从来没有在大会上向我们训过话，而讲话较多的是教务长林文铮。因此后来学校把曹白、叶洛和我并因组织革命美术团体"木铃木刻研究会"而送进监狱，我们也没有责备过林校长。深知这是国民党特务训育主任张彭年搞的，与林校长无关。对这种事他实在也作主不得。

1935年出了监狱，我离开学校后，就一直从事左翼的革命艺术工作，要求艺术为革命的政治服务。在那个历史时代，不论刘海粟、也不论林风眠和徐悲鸿，在我们眼里都认为是资产阶级的画家而作为对立面。

"木铃社"负责人之一曹白在回忆时写道：

林风眠在国立杭州艺专时，基本上采取"放任"的态度。他是一个艺术家，他不象国民党一些不学无术的校长，而是一个很有眼光很有想法的人。国立艺专的学生大都来自沿海县镇和江南富庶之地，林先生提出要照顾边远省区，在艺术人才培养上取得全国平衡。为了照顾边远落后地区，求取招生的平衡，国立艺专还专为边远地区设了名额，从晋、陕、甘、宁等省招来部分学生。

历史是永恒的，可是时局的变化又是迅速的。林风眠由北京南下时,挥臂高呼"全国艺术家联合起来",并想以办学校、开展艺术运动来实现这个大联合,但是结果呢?国民党的右派不与他联合,共产党的左派也不与他联合,更令人遗憾的,还是当时号称中国美术界的三巨头:林风眠、徐悲鸿、刘海粟,他们都在提倡艺术运动,都想为中国美术杀出一条血路,各有队伍,都是英雄,但他们是"君向潇湘我向秦",各走各的路。特别是林、徐这两位留法老同学,虽艺术的取向不同,还是相约返国后同肩携手共同担负艺术运动的重任。可是林、徐回国后,并未能携手。1930年,林、徐相会于石头城,发起组织了一个文化团体,不知何种原因,后来未见有所作为。倒是被林风眠引为合作知己的潘天寿,虽然在并系与分系上有不同的见地,但在艺术运动中,是林风眠的支持者,可惜的是1932年他也离开了"艺术运动社",与张书旂、诸闻韵、吴茀之、张振铎在上海组织"白社"国画研究会,"白社者清白之意,又为五划,代表五人,故以此定名"。(张振铎回忆)这样,林风眠就处于进退维谷之中,艺术运动也是强弩之末了。

历史已经昭示:中国艺坛将出现新的英雄集体来代替林风眠们!为人民大众服务的方向将替代阿波罗精神!富有意味的这新的英雄集体,有许多就是林风眠当年提倡艺术运动时受到过启蒙的学生。时过境迁,六十年的岁月消逝,如今当他们再回眸那一段岁月,对林风眠的艺术有所理解,并对林风眠的艺术寄予了更浓的深情。

文化交流:"西湖艺展"

1971年,林风眠还被关押在狱中,他写了所谓"交代"《自传》,内容为1930年,他率队去日本东京举办"中华民国国立西湖艺展"之事。他在《自传》中写道:"1930年斋藤佳藏建议学校教授到东京去作暑假旅行,因此暑假期间,用艺术教育考察团的名义,以我为团长,潘天寿、李朴园、王子云、袁惠辰等人到东京去旅行,并在东京开学校绘画展览会。"这个展览会简称"西湖艺展"。

林风眠在《自传》中提到的斋藤佳藏,是杭州国立艺专的图案系主任。林风眠写道:"1929年,因学校需要图案教育,当时由教务长林文铮提出到日本东京去请图案教员,经我的同意,托驻杭州的日本领事米内山庸夫找来图案教授斋藤佳藏。"

斋藤佳藏(1897—1955),日本秋田县人,毕业于东京美术学校图案科,曾两次赴德国学习考察,追求综合艺术,在舞台美术与美术评论、策划展览等多个领域取得了成果,被日本美术界称之为"设计之父"。在他出任杭州国立艺专后,对现代图案教育也作出了许多贡献。1930年2月他休假回国时,主持了由东京都电台举办的题为"已经觉醒了的中国美术界——别具一格西湖国立艺术院"讲座,还为杭州艺专向日本外务省文化事业部申请到一笔经费,用于购买日本出版图案相关资料。林风眠在《自传》中又写道:"通过斋藤的关系,驻杭日本领事米内山庸夫,以爱好中国艺术、收藏中国名人字画为名请客吃饭,拉拢我和学校的教员潘天寿、林文铮等人。"

"西湖艺展"展出作品一百二十件,出版了展品图录,封面用的是林风眠的《双鸟图》。分三个展厅陈列,除了齐白石、潘天寿与林风眠的部分水墨小品外,展品基本是留法教授的油画。这次展览除精选一部分文房四宝外,还特别增加了民间工艺美术,如农家手工制作的箸笼、麦草扇、芭蕉扇、泥猫等。展出的作品令人瞩目的是那些非卖品,有蔡威廉、吴大羽创作的六幅画、齐白石六件尺寸相同的花卉与风景画。特别是林风眠的《人类的痛苦》曾受到蒋介石、戴季陶的批评,但林风眠并没有因此而退却,仍然把这幅画带到日本在"西湖艺展"展出。

在日本东京举办的"西湖艺展",给林风眠留下深刻印象。1930年9月15日在艺专开学典礼上,林风眠发表讲话,还提到这次赴日本展览的事。他说:在日本展览,成绩很好。此次考察的结果,就是拿日本历史最久、规模最隆的东京美术专门学校为例,同我们学校比一比,也觉得没有多少惭色。我们学校,历史才两年多,在绘画、在雕塑、在工艺美术各方面，已经有了这样很有希望的成绩；如果能够更热诚地、更切实地教学一致努力下去，成绩当然会更好，也就是中国底艺术也将更好，赶得上日本，也不成问题的！

林风眠在《愿艺术在两国交流》一文中说："我所感动最大的一点，那就是，艺术不但在消极方面要竭力消灭国界种族及人与人间的一切界限，在积极方面，更要互相感染、互相提携、互相容纳。"他进一步提出"艺术无国界"。

人们把"西湖艺展"看成艺术运动的继续。

热烈和冷静：林风眠性格中的多重因素

东方文化的根基和西方文化的影响，形成了林风眠性格的多重性，无论是开展艺术运动，抑或是艺术创作，或是课堂教学，都表现出他热情澎湃、横扫一切之势；另一方面，他也能静如处子，潜心于思索，耐得起寂寞和孤独。他的寂寞和孤独只是形式上的，表现在艺术上的仍然是一种热烈的狂想与更高的追求，在平淡中寄寓着高尚。

国立艺术院成立后，林风眠即携眷定居西湖。最初住在里西湖葛岭山下，此处依山傍水，左边有初阳台、抱朴庐、玛瑙寺、智果禅寺、石佛寺、风林寺。离城不远，行人疏落，是一块宜于家居的地方。他租赁的房屋，一列平房，白墙黑瓦，房基是很坚固的。这里离孤山脚下的学院很近，仅一水之隔。后来里外西湖之间架了桥，林风眠过了桥，绕着孤山，经放鹤亭，徒步即可来到学院。一天，他又步行到学院，看到通告牌有一张漫画，画面是一个矮个子男人的背影，爬上梯子同一位女士"kiss"，那背影是大家都熟悉的林风眠，他的法国夫人身材高大。他看了只是微微一笑就走过去了。

住了几年平房，林风眠就择地鸠工建筑私宅。他的那幢花园洋房建筑在玉泉道上，马岭山下。这是林风眠自己设计营造的住房。其他

1936年，林风眠带领杭州国立艺专教师们到超山郊游并凭吊吴昌硕墓（前排左起为林风眠、妻子艾丽丝、女儿蒂娜）

如林文铮、吴大羽、李朴园、雷圭元等，都相继在那里建了住宅。一来离学校较近，二来几幢小楼相距不远，志趣相投的朋友可以经常交向往还，互为酬醉。

玉泉道上虽然清幽，但节假日总是游人如织，而林宅的门是整日关闭的。这里是学生喜欢去的地方，去看老师生活环境，去欣赏老师和法国夫人的生活情调。学生去那里也很方便，只要按响门铃，老师就会在阳台上出现，他看到是他的学生就会来开门。进门就是一片绿色的草地。园的周围有老梅、桂花、梧桐、棕榈等树，还种着鸡爪兰、南天竺、紫藤、凌霄等

林风眠在杭州玉泉寓所（约二十世纪四十年代末）

第五章　杭州：艺术运动之火的再起与熄灭　　137

花木。老师还会告诉学生，他喜欢在园子里种植一些像草莓、玉米之类的蔬果，自己锄草浇水，自己劳动的果实，画起来吃起来特别有兴味。绿色中的小径由南而北，再折向西，约五十米，就是一幢两层的西式建筑。走上由东向西的台阶数级，台阶下就是地下室，台阶上有水泥条梁花架，爬有蔷薇花，可以遮阳。走完台阶就是一个六角形的门廊亭，这个亭的顶部就是三楼阳台。廊亭围以二尺高的石栏杆，坐在栏杆上，前院的花木一览无余。在学生们的眼里，简直是西方小说中的建筑。室内的装饰壁橱、天花板、博古架、壁炉的炉架及墙壁，全是本色的木板，地板也是一尺见方的本色杂木镶铺而成，与壁橱、博古架、窗台、墙壁和谐地成为一个整体。

楼梯也是用本色木材做成，曲折上楼，楼上为一统间，墙壁及天花板也一律以本色木板装饰，室内两壁饰有壁灯，有四窗均向东。这是林风眠作画及藏画的地方。正中置一很大画案，案头置有笔、砚、水盂、颜料、纸张等物。地上铺地毯，壁上挂着女儿林蒂娜的油画肖像、《蒙娜丽莎》复制品、民间刺绣和一鱼盘。这只鱼盘后来从杭州带到上海，又由上海带到香港，挂在香港的客厅里，一般晚上九时以后，林风眠就要一个人来到这里，聚精会神，完全沉浸到他的艺术创作世界中去，直到深夜。他画得很多，往往选择一二幅满意之作，其余废弃一地，第二天一早让用人把它扫走。除极亲近的朋友和学生外，他一般不带人上楼，也不公开作画，因此能见到他作画的人很少。

1997年初冬，笔者来到这里时，围墙已被拆除，喧嚣的马路从旁穿过，幽

林风眠1950年摄于杭州玉泉山寓所

静的小院没有了，那马鞍形的台阶仍然在，长满了青苔，给人留下历史的感觉。拾阶入室，楼内已被隔成鸽子笼式的住屋，居住许多人家，地板尽是尘土，连木纹也看不见了。林风眠的一位老学生还依稀记得当年庭院风物，不时地给我们指点着：庭院中的水泥通道还在，只是原来两旁的草莓不再生长了，那梧桐树还是原来的，一株马尾松已经老了，弯了腰。庭院中尚有一棵鸡爪槭，老棕榈一树，南天竺一层，老梅树已经枯死了。原来水泥花架上的蔷薇已经绝种，西窗下的凌霄也枯死不再攀援了。庭院中的那眼古井并没有湮没，仍荡漾着清波，但井水已不复使用了。真有黄鹤已去之感。听说不久就要恢复，但即使恢复了，还能看到旧时的月色吗？

看了这些，无论如何也想不出林风眠艺术的"风格期"是从这里开始的。

1932年，曾一度停刊的《亚波罗》再次出版，由林风眠授意李朴园执笔的"告读者"，很能表现林风眠这时的心情。"告读者"写道：

再与读者相见，亚波罗还是那样态度，不为私人捧场，不为某派御用，以学者态度与风格，尽可能地为艺术界多介绍并发现真正有益于读者的学识，俾此荒芜至极的中国艺术园地得以渐次充实。

去市未远入山不深的西湖，是宜于读书、宜于写作的场所，我们想不辜负这个适宜之处，镇静地、坚定地、大踏步地，向艺术理论与实际的领域迈进；不与人计一日之短长，不与人争片刻的荣誉与一时风头，但追求无愧于心，无怨于人，而确切有利于学校发展与进步。

我们未尝不知道，在别的地方有所谓怪杰者，纵横捭阖颇极一时之盛地，在企图什么，睥睨什么；我们也知道，在同样的地方，所谓"理论家"者，力竭声嘶地汗流浃背地在宣扬些什么，标榜些什么；我们也知道，暴风疾雨飞沙走石，不是一时的魔法，便是顷刻厉气，你不必着急，等这一时刻为大时间所遇上，依然可以看到亚波罗的神车在空中轰轰烈烈地运行啊！

我们预祝亚波罗万岁！

林风眠奉行的阿波罗精神，在中国这块土地上虽几经碰壁，也发现了行途中的种种障碍，但他还不退却，只是他对改革中国艺术的行程，不像以往那样激进了。

以天然为艺术生命真谛的林风眠，在1932年，认真地关心起杭州西湖来了，这也算是对孙福熙的《以西湖奉献林风眠先生》一文的回应。他在撰文《美的杭州》，以"天然美、人工美，以及创造美的对象为依据""谈杭州之过去、现在，以及未来"了。西湖周围曾集聚众多中国古代雕刻艺术的瑰宝，但是已为大自然力量侵凌到几乎泐破的地步，遍野的杂树荒草，因植物根部的逐渐膨胀，弄得雕像手裂股绽。杭州的繁荣于西湖，而西湖的荒废为人所不注意，此时已水浅泥出，淤渍成屿，鹭凫上栖，时人大有沧海桑田之感；杭州的艺术教育，自西湖国立艺术院成立以来，始见有焕发气象。西湖之美，学校无不尽量吸收；西湖之病，学校无不尽量纠正。林风眠倾情陈述杭州与西湖之后，最后还不忘杭州的旅游文化，他说："我们看，杭州的

杭州玉泉的林风眠故居（摄于1948年）

绸缎、茶叶、雨伞、竹筷、纸扇，以及其他土产，不是在春秋两季销得最多吗？杭州的旅馆、酒菜馆，不是在春秋两季生意最好吗？为什么？不是因为春秋两季是西湖景色最好，游人最多的时候吗？"

他对杭州寄予希望，大声疾呼：在最近的将来，至少要办到下列诸事：

一、划西湖为文化艺术区，建筑大图书馆、美术馆，使中外游人一接触西湖即如触及中国固有之文化与艺术。

林风眠与艾丽丝在寓所内

二、以最大的力量清理孤山一带之荒草杂树，使古迹艺术品不至为自然力所侵渍。

三、恢复一切的古代的建筑，并增加保护古物之建设，使西湖成为更伟大之美术博物院。

四、彻底清除湖底积淤，使湖水不再有污浊之患。

五、鼓励有关西湖之美的文艺描写及艺术表现，使西湖之美藉以彰显。

六、加重西湖工程局之职权，并聘请海外艺术名家，从事"美的杭州"之设计。

林风眠对西湖的关注，其重要意义不在于他对西湖的发展提出什么样的建议，而是他的艺术精神的内涵开始走向多层面的丰富，对中国传统文化不再是痛心疾首，而是表现了冷静的亲和态度。也就是说，他是站在世界艺术发展的制高点上，在深刻了解西方生命精神后，再回到本土文化。他试图找到西方现代文化与中国传统文化之间的联结点——审美精神的共通之处，从而力图超越中西，开拓中西融合的新的审美领域。

这一审美观念变化的形势,在1933年他写的《我们所希望的国画前途》中也表现了出来。他比较客观地提出中国画"最大的毛病,便是忘记了时间,忘记了自然"。他认为艺术是直接表现画家本人思想感情的,画家的思想感情虽是本人的,而画家本人却是时代的,所以,时代的变化就应当直接影响到绘画艺术的内容与技巧,如果画家绘画的内容与技巧不能跟着时代的变化而变化,而仅仅跟着千百年以前的人物跑,那至少可以说是没有表现作家个人的思想与感情。那他为什么又说"忘记了自然"呢?因为,林风眠艺术是要藉外物之形以寄存自我的。所谓外物之形,就是大自然中一切事物的形体。若人类的思想感情不能藉造型艺术以表现,所谓造型艺术者将不成其为造型艺术,中国画家崇尚"写意不写形"的美名,就矫枉过正地超于自然的一隅中去了。试问,一种以造型为名的艺术,既已略去了造型,那是什么东西呢?要矫正上述毛病,我们所希望的中国画的前途是什么呢?

林风眠提出以下三点:一、应以自然现象为基础,先要物象正确;二、国画走进传统的、摹仿的、抄袭的老路,也许因为我们的原料、工具,有使我们不得不然的地方?那我们就不妨像古人从竹板到纸张,从漆刷到毛锥一样,下一个决心,在各种材料和工具上试一试,或设法研究出一种新的工具来,加以代替;三、绘画的单纯化,在现在同过去的欧洲,并不是重要的,所以我们的写意画,也不需如何厚非。不过,所谓写意,所谓单纯,是就很复杂的自然现象,筑出足以代表它的特点、质量、色彩,以及有趣的手法,归纳到整体的意象中以表现之,绝不是违背了物象的总体,而徒然以抽象的观念,适合于书法的趣味的东西。

林风眠非常自信地说:"我觉得只有这三个办法可以解除中国绘画前途的危险,也只有这三个办法给予中国绘画以一个光辉的前途,我愿同中国绘画诸同志共勉之。"

艺术的路如何走,从朦胧到清晰,可以说这是林风眠在此以后的绘画纲领，和四年前的《中国画新论》相比，《我所希望的国画前途》对国画的未来有了更具体的设想，这个绘画纲领支配着他的艺术人生。

　　林风眠毕竟是生活在社会里，不可能离开客观环境去思考和行动。个人依赖社会，社会也对个人以限制和压抑。这种限制和压抑在不同的历史时期表现为不同的方面。个人必须作相应的调整，以保持心理平衡。此时的林风眠也在调整自己，他性格中的独立和不屈从的特点，不再表现在振臂高呼、慷慨陈词的锐气上，而是在冷静的思考和观察中，固守个人人格的尊严，仍然表现出对个人心灵的自信和自尊，对个人精神价值的肯定。1934年，他发表了《什么是我们的坦途》，扼要地阐述了他的美学观点。首先他反对"单以个人的立场为出发点的"追求个人享乐的美学观点，而倾向"以种族的立场为出发点"的全人类全民族的享乐的美学观点。他强调艺术形式和内容的一致性。他认为"不同内容一致的形式，不合乎美的法则的"，当然"也有不表现任何内容的纯形式的艺术品"，但"这种形式主义的做法也可以是'制造美'的一种，但它们并没有在美的事物的总量上增加了什么"。正因为"艺术是生活的反映"和"生活的启发"，因此，"从一切行动的趋向上"，把握"个性""民族性""时代性"的"动向""方法"，并将其"再现出来，或从不分明的场合表现到明显的场合里去，这是艺术家的任务，也是绝佳的艺术内容"，只有将"这样的内容为内容，合乎于这样的内容形式为形式"的艺术品，才能使我们美的事物的数量上有所新的增加。

　　这种对形式与内容、民族性与时代性及个人风格的完整提法，在艺术史上是首创。不管林风眠写这篇文章的主观意图如何，但在客观上算是对徐悲鸿关于对形式主义批判的一种回答，也是对徐悲鸿对艺术内容狭隘理解的一种纠正。对徐悲鸿的批评，林风眠本来可以借古今中外的绘画史的资料和自己的思想，作立马可待的回答，但他没有那种"刮风"的习气，而是经过思考，并加以对自己的检验，才作出非直接的回答，这样就避免了正面碰撞，这也是林风眠的为人之道。

这时艺术界派别蜂起，发展为徐悲鸿和刘海粟在报纸上公开对骂，林风眠能冷静地作这样深入的思考，足见他"为人类而艺术"的思想和胸怀的广阔。

与《什么是我们的坦途》一文发表的同时，林风眠又创作一幅画《悲哀》，是一幅描绘死难者堆积如山的作品，不用分析也可以看出画家创作的主导思想，与其《人道》《痛苦》是一脉相承的。他以人道主义的情怀，表现出对一切"率兽食人"的憎恶。林风眠的这一篇文章和这一幅画，都隐隐地表现出他在对前一阶段的人生作一个小结，似有告别之意。这种情绪在1935年出版的《亚波罗》第十五期上，表现得尤为明显。1934年，"艺术运动社"举行最后一次大规模展览，次年就出版了《中国艺术出路》的专号，讨论中国艺术运动何去何从，开场白中公开承认："中国艺术运动谈了十年多，也干了十年多，成绩如何，虽艺术界人也不能引为满意吧。""为什么老着脸皮来讨论？就是艺术之途穷了啊！"这期专号虽然讨论了如何改进艺术运动问题，但不再高呼"亚波罗万岁"了，整个调子是沮丧的、低沉的。"亚波罗"精神就是林风眠的精神，"亚波罗"专号上的思绪也就代表着林风眠的思绪。1936年《亚波罗》出版到十七期寿终正寝，从此艺术运动的消息杳然无可寻了。此时，林风眠留法归来后写的有关艺术的文章，编纂成册，名为《艺术论丛》，在南京正式出版。这是他回国十年来"为艺术而战"的结晶。也是在1936年，林风眠在上海法国公学举行个人画展，作品有一百多幅，由法国驻沪总领事到展主持，并有法国女画家戴乐讲演，认为他的作品"保有唐宋时代精髓，而兼有欧洲马蒂斯等艺术家之格调"。

第六章

从西湖到沅江：流亡大转移

1937年，林风眠在国立杭州艺术专科学校苦心经营，已经是第十个年头了，真可谓桃李芬芳，硕果累累，当今画坛上许多开创新派的人物，有不少就是在这十年中培养出来的。为组织筹备建校十年大庆，林风眠和林文铮正在忙得不亦乐乎的时刻，日本侵华战争全面爆发了。

从贵溪到沅江的路上

1937年7月7日，北平发生了卢沟桥事变，8月13日，日本侵略军进攻上海，很快就波及杭州。不只是建校十年大庆的筹备工作无法进行，学生也失去那安静的课堂和画板，打破了正常的学习生活，这就更加激怒了林风眠，他号召全校师生掀起绘抗战宣传画的热潮。

早在卢沟桥事变和"八一三事变"之前的1月，林风眠参加《东方杂志》发起的"中日问题"笔谈会，他就写道："中日过去的一切悬案，征诸过去张群与川越之迭次交涉，可知凭外交途径是清算不了的，要清算只有付诸一战。""在中日悬案未清算以前，我民族即使很想同东邻握手，东邻给我们的不是同情友谊的手，而是无情的敌视的剑锋！所以，为实现与东邻互相提携计，我们不能不先用大炮震醒它底耳朵，用刺刀刺亮它底眼睛，然后英雄般的同他们握手——这样场合的提携才是可能的。"

在日本的"亲善""共荣"的侵略下，在中国的上层人士中引起了"战"与"和"的争论。在"主和"言论甚嚣尘上时，作为纯艺术家的林风眠，却有着比某些政治家还清醒的头脑与目光。他显然以强硬的主战派的姿态在告诫和提醒善良的中国人。

在杭州临危之际，他以画笔代枪率领全校师生投入抗日宣传的热潮中。正在这时，当局却命令他率领全校师生撤离。

无可奈何的林风眠通知在法国探亲的夫人与女儿，要她们立即返回中国。林风眠抛下那个温馨的家——花园别墅，抛下最珍贵的生平杰作——《摸索》《人道》《痛苦》《悲哀》等，率领国立杭州艺专师生辞别西湖，登上西去的木船，随着广大人民，汇入了国破家亡的激流，开始了八千里路云和月的流亡生活。艺专师生员工和家属二百余口，图书教具几船，在仓促之中离开了杭州。创业者林风眠的心情不同于同学们的慌乱，当他离开国立艺术学府时，恋情依依地对留下守门的工作人员说："把学校看好！"在兵荒马乱的日子里，要不是林风眠的忍辱负重，任劳任怨，那二百余口的生命和大量的图书教具，难以安全地转移到大后方。

交通混乱中的大撤退，到处是逃难的人群。国立杭州艺专的师生员工也难免带着那种逃难者的心情，经浙江诸暨、金华到江西贵溪。

杭州艺专撤到贵溪，就以教堂为校址、宿舍，贵溪中学的教室为课堂，尽管条件很差，还是恢复了那种学院式的教学秩序，完全脱离现实状况，似乎是世外桃源。随校逃到贵溪的学生，绝大多数家乡沦亡，断绝了经济来源，连吃饭的钱都没有。朱德群、刘彦涵、吴冠中、闵希文等也在流亡之中，他们就联合起来，在教堂封闭的门洞里自己烧饭吃。其他学生也都自己想办法寻找吃饭的门路。

一天夜里，罗工柳把刘彦涵叫到烧饭的那个门洞旁，天色漆黑，这时卢鸿基已立等在那里，他们悄悄商量说，明天林校长和学校几位负责人，要携带公款，乘坐他们自己的汽车去往长沙，丢下学生自己解决交通问题，指定到长沙集合。这几位同学感到非常气愤，当即研究了一下情况，作出了第二天的行动计划。

第二天清晨，由刘彦涵出面集合全体同学，也没有去了解林校长的意见和想法及真实情况到底怎样，就向同学宣布林校长的"不当行为"，学生顿时激动起来，有的学生去把汽车轮胎的气门塞拔掉，有的找到林风眠、林文铮等人的住处，并把他们请到教堂里来。林风眠听了情况之后，明确表示没有丢下学生不管的意思。林文铮也表示正在想办法如何才能快一些到长沙。学生代表不相信,并提出三点要求:一是学校负责人要和学生同舟共济,在迁校长沙的问题上,不得弃学生于不顾,保证解决火车的包乘,全校师生一起行动;二是免去一切学杂费用,并保证吃饭免费供应;三是对这次学潮为首的学生,不得加以迫害。这本来不成问题的事,林风眠当即答应。但训育主任大为恼火,认为这是"不轨行为"。年轻气盛的学生,不分青红皂白,顿时把他们三人关押在教堂小小的房间里,而且把他们反扣起来,要求他们答应学生的全部要求,才能释放,仍以师长相敬。林风眠仍然是不改初衷,答应学生的全部要求。几十年后,林风眠定居香港,当谈到这段往事时,他仍然激动得面红耳赤,表现出他对学生赤诚的爱护,大声说:"我们没有逃跑,我们怎能会丢下学生逃跑呢?"

1938年初,杭州艺专全体同学经过千辛万苦,由贵溪到了长沙,然后又分乘几条大木船由长沙通过那烟波浩渺的洞庭湖,经数日航程,终于抵达湘西沅陵,校舍占用沈从文家的一所傍山院落,学生宿舍包租下几处旅馆。这时,林风眠深得沈从文的大哥沈云麓的关照,朋友之情他总是念念不忘。直到抗战胜利回到杭州后,沈从文的表侄黄永玉去看他时,他仍然问起沈云麓的情况。

地处潇湘深处的沅陵,旧名辰州,即道家丹砂的出产地,也是盛传赶尸奇事的秘密所在。从镇旁流过的沅江,系洞庭九大水系之一,和湘江相连。沅江和湘江自古又合称沅湘,王逸作《楚辞章句》即说:"湘君所在左沅湘,右大江,苞洞庭之波,方数百里。群鸟所集,鱼鳖所聚,土地肥饶,又有险阻。故其神常安,不肯游荡。"

沅江流至沅陵,十分湍急,两岸渡船必须先向上流逆行约一华里,然后被激流冲下来,才能到达对岸靠拢码头。学校所在地鸭溪,没有居民和商店,要采购生活用品必到江对岸沅陵城里去。林风眠选择这样一块连神仙都恋恋不舍的地方,安营扎寨开学上课,自是更有其眼力。这里是生活、教学、作画的好地方。虽在国土渐渐沦丧之中,学生的创作热情依旧高涨,学校师生爱画生活速写,赶集的人群、急流中的舟子、终年背篓的妇女、古老的滨江县城、密密麻麻的木船、桅樯如林、缆索缠绵、帆影起落……挑、抬、扛、呼喊、啼哭……浓郁的生活气息包围着他们。还有那湖南土产的蓝印花布，这一切启示了新的审美观，在杭州校园只能画猴子和山鸡，那淡妆浓抹总相宜的西子湖实在太平淡了，学生对景写生，多有怪异奇妙之笔。这时，有一届学生毕业，想出一本纪念册，纪念册上需要每位毕业生的照片，可当时胶片奇缺，价钱昂贵自不用说，而且不好买也无处买。林风眠知道此事，就很风趣而温和地对学生说："老师教你们三年素描，看来是白教了。"他的一句话提醒了学生，大家都说，对了，我们本来都是练过素描和画像的嘛，何不牛刀小试，一展所长？顿时大家就动起手来，不论老师学生，大家就相互画起像来，有用毛笔画的，也有用钢笔画的，有漫画式的，有现实派和超现实派的，还有把人画成剪影式的，更有人被画成石膏像式的……最后成一集，用石印印成，应有尽有，而且还惟妙惟肖，各得其神情，堪称艺术纪念册中的一项杰作。不是非常之时，非常之人，非常之事，怎能有此非常奇书问世？

同时撤到沅陵的还有许多机关团体。这时，因西安兵谏被蒋介石幽禁的张学良也解押转移到这里，与林风眠同住在沅江之畔。林风眠得知，不畏风险，随即前往拜访，以报当年"一句话"的旧恩。这正是林风眠坦率真诚之所在。在他以后漫长而坎坷的岁月中，凡是帮助过他的人，他都不忘于怀，以恩相报。

洞庭风波：林主任的两次辞职

1938年3月，国立杭州艺术专科学校因战时经费短缺，再加上沿途开销太大，经济上难以维持，奉命与北平艺术专科学校合并，改称国立艺术专科学校。废校长制为委员制。林风眠任主任委员，常书鸿、赵太侔为委员。

刘开渠回忆，这时的艺专是一个复杂的混合体，它是由杭州艺专和北平艺专合并而成。北平艺专经费比较充足，教员不多，也没有学生和教具；杭州艺专教职员多，还有学生和教具，各种石膏像、钢琴等又大又笨重的教具，都是花运费从杭州一路搬运出来的。所以到了长沙，钱就基本上花光了。两个学校合并，本来可以互相补充不足，但合并后却暴露出许多矛盾，教员之间不团结，领导互相倾轧。合并后的艺专要租教室，找校舍，甚至搭一些木板房，都需要用钱。林先生希望赵先生把北平艺专的钱拿出来办校，但赵先生说没钱。于是矛盾越来越尖锐，不但不能办学，连教员的工资也发不出，生活都成问题。当时，赵先生住在沅陵城内一户很阔绰的人家里，与许多绅士们往来，不管艺专的事情，把棘手的事都推给林先生。林先生束手无策，可是他的秘书很厉害，提出向教育部请示。这样，教员自然也分成两派，即林派与赵派。每派内部也有自身的矛盾，常常因为一件事情而有几种不同的意见。加上与教育部张道藩不和，林先生觉得无法工作，就主动提出辞职，索性撤回了武汉……

在寻找林风眠生命轨迹的行程中，笔者看到一些发黄而又变脆的历史档案，这里有常书鸿致张道藩的信两封，李朴园致张道藩的信一封，王曼硕、李朴园、王子云、雷圭元、王临乙、刘开渠、李有行、庞薰琹等八人致林风眠的信两封，全体同学致庞薰琹的信一封，林风眠致国民党教育部陈立夫部长、张道藩次长辞职信两封。这些信是刘开渠回忆的补充和注脚，把我们带到历史的真实中去。

国立杭州艺专迁到沅陵之前，北平艺专已由庐山迁到沅陵。共有学生四十多人，教师六人，职员七人，从庐山到沅陵时，学校教具没有，学生不多，教职员旅费自理，所以还余下一批经费；到沅陵后，在城对岸租下一处私人宅屋，略加修理就做了学舍。本来已经很可怜，杭州艺专一部分学生到沅陵时，因找房子较困难，而且两校已在酝酿合并，故不得不暂住北平艺专的学舍内，彼时又行色匆匆，日常用的零星物件不及自备，如灯油一类，又不得不暂借北平艺专学生原有者一用。不料，这种细小的事情，就引起北平艺专教师和学生的不快，以为杭州艺专事事类似浪子之依赖。合并后的第一次校务会议时，常书鸿就提出两校各拿一些金额为应急之用。

可是，这时的林风眠哪里拿得出钱来呢？教员及家属一百多人，再加上搬运石膏模型、教具、图书，原来的一点积累已经花光。北平艺专的赵太侔、常书鸿、庞薰琹认为林风眠对新校没有诚意，因而产生了隔阂。第二次校务会议时，北平艺专由于教员少而感到势单力薄，赵太侔就提出要保留一位国画教员名额，林风眠、常书鸿一致认为教职员临时聘书已发，赵要聘的那位教员此时又不在沅陵，认为没有保留的必要。这样，赵太侔就立时退席，并声称此后不问校事。第三次校务会议讨论合并之后的新校迁往昆明问题。迁校问题由北平艺专旧人提出，认为在沅陵无法发展。林风眠也认为迁校势在必行，但经费问题如何解决，北平艺专有钱，有关北平艺专师生迁校经费由他们自己解决；而杭州艺专需要的经费呢？杭州艺专教职员中有人提出以两个月的薪水捐献出来作迁校之资，这一提议在杭校内部就产生分歧。林风眠认为教员生活已成问题，再要他们作如此大的牺牲，于心不忍。再加上以陈立夫为部长、张道藩为次长的教育部不同意迁校。第三次校务会议上决定暂缓搬迁。讨论此议时，赵太侔缺席，把会议纪要送给他审理，送件人两次前往，回答是"赵先生在外吃酒未归"。再有一事：杭州艺专部分教职员与林风眠的秘书侯慕彝的矛盾较大，不同意侯再留新校，李朴园在给张道藩告林风眠状的信中写道："风眠先生在杭州当过十年校长，十年中至少有八九年一切校务不是由他做主，而是由一个莫名其妙的侯某做主的，因此学校弄得并不如何有希望。"

在这样的背景下，就发生了王曼硕、李朴园、王子云、雷圭元、王临乙、刘开渠、李有行、庞薰琹八人两次联名给林风眠写信，敦促他同意迁校，并要尽快付诸实施。在此期间，常书鸿又直接致信张道藩，陈述林风眠的不是。林风眠内外交困，无所适从，于是给陈立夫、张道藩写了报告："风眠因办理校务困难，晋部恳辞主任委员职务……"这样，林风眠就离开沅陵回武汉去了。

当林风眠离开学校时，给赵太侔、常书鸿留下一封信：

太侔、书鸿两兄均鉴：

　　凤眠服务艺术界十余年矣，本欲尽其绵力，使艺术教育发扬光大，不图时局影响，两校合并，十年基础毁于一旦，言之痛心。兹幸两校员生均已安全抵达，新校亦已组织就绪，艺术之一线生机尚望。两兄维持勿令完全毁灭。凤眠体力素弱，不胜繁剧，业经呈命辞职，唯校员生随弟多年，不无念念，务希两兄力予维护，勿使流离，是所感盼。

　　尊此奉颂

福安。

弟林风眠

　　林文铮宣读这封信时，流亡中的师生无不痛哭。学生看清了林风眠辞职的内幕，是林风眠及学生们的老对手张道藩导演的"倒林"丑剧，都感到以前错怪了林校长，对八位教师的行为极为不满，称之为"八凶闹沅陵"。在沅水之畔，借洞庭之波，学生们又闹起了风潮，强烈要求请林校长返校。这样，在学潮的压力下，教育部不得不同意请林风眠返校并由常书鸿专程前往武汉，请林风眠回来主持校务。

　　但林风眠坚持不肯回校，在各方的劝说下，林风眠最终同意回沅陵，在常书鸿的陪同下到了长沙。3月24日林风眠在给陈立夫的信中，不得不把事情真相和盘托出：

立夫部长勋鉴：

　　此次凤眠因办理校务困难，赴汉晋谒钧座，敬陈衷曲，并恳请辞主任会（委）员职务，荷蒙慰留，私心感激，腑篆难忘，本应遵命即返沅陵，尽力平息风潮，在路思维，深觉此次风潮系赵太侔先生整个计划，恐非凤眠仓猝回沅就能解决，今为钧座约略陈之。当部中发表凤眠为主任委员，太侔先生闻讯即电部反对，并请取消主任委员名义，及新艺校成立举行开学典礼时，凤眠主张无分北平杭州畛域，纯是一校中人，藉免彼此歧视。而太侔先生则大声疾呼北平教职员学生应不忘北平。艺校新校成立未及三日，太侔先生即组织山东同乡会，并示意伊私人教务长李有行组织北平艺校教职员同学会、中国图案研究会等，表面为联络感情，实则别有企图，此外闻赠北平学生每人衣服一件，迹近收买。最近借迁校昆明为名，胁迫风眠离校，乃其预订计划之发端。待风潮发生。犹复控辞函部妄称风眠内部问题，表面对风眠挽留，实际阻止回校。在此种复杂形势之下，风眠回校，深感孟浪，且对学校风潮前途无济，以其因循致误，仍恳钧座俯谅苦衷，准风眠辞职。倘钧座仍认为风眠回校较为适宜，敢请钧座提高主任委员职权，最低亦希望给主任委员用人进退权，风眠方有办法解决风潮。回忆风眠在北平杭州为艺校校长十有三年，办事顺利，所有教职员学生从无谰言。推言其理，以风眠有权故。今则主任委员形同木偶，格于校务委员会章则连进退一书记亦不可能，遑论其他应办事务？刻风眠在长沙旅次，深感进退维谷，故敢冒渎，再陈钧座。如部中无法提高主任委员职权，则将三委一同去职，另由部委与两校无关之校长，则风潮立可平息，而艺专前途幸甚。不惮烦言，有干严听，乞为原宥，并允电赐训示，俾定行止肃口此致敬请勋安。

职林风眠敬上　三月廿四日
风眠现寓长沙理向公街同昌公寓

在长沙，林风眠不免和常书鸿谈了一些自己的想法，3月24日，也就是林风眠给陈立夫写信的同日，常书鸿把一路交谈情况向张道藩写信作了报告。林风眠得知这一消息，也给张道藩写了一封信，信中说："回校亦苦无法解决风潮，反致艺术前途增加纠纷，唯有请次长体谅苦衷，准风眠辞职在长沙静待。"

辞职不准，最后林风眠答应回沅陵，但有一个条件，李有行不能再担任教务主任。

因为在这次倒林行动中，教务主任李有行最为激烈，引起学生的不满，要求一定要免去李有行教务主任之职方肯罢休。林风眠与校方商议，要李有行自动辞职，为避免引起纠纷，教务主任由林风眠暂时代理。但这一决议，遭到庞薰琹、王曼硕的反对，于是教职员部分人中又掀起第二次"倒林"风潮。学生也闻风而动，并召开全校大会，通过致庞薰琹的信：

> 此次先生等以迁校昆明事威迫林主任委员离校，生等势难忍受，兹经全体大会决议，在林主任未返校以前，请台驾暂缓来校。此致
> 庞薰琹先生
>
> 全体同学启三月二十六号

在学生主持正义的压力下，第二次"倒林"运动虽告平息，但林风眠已感到心力交瘁，好友的发难，从前的学生、此时的同事的倒戈，使林风眠感到心寒，更加上无法应付的复杂局面，他不愿再与这些人周旋为伍，4月12日，又向陈立夫第二次提出辞职的请求："目前风潮似告平息，然蓄谋已深，隐患无穷，而况各有所恃而无恐，风眠既无进步之权，又无处罚之力，将来随时仍有发生事情之可能。"

林风眠终于离开国立艺专。

围绕林风眠辞职的去留问题所产生的纠纷，当时的学生会主席彦涵有着较为详细的回忆，孙志远在《感谢苦难——彦涵传》一书中这样写道：

> 南北两校合并以后，由于在迁校、学校经费等种种问题上，林风眠与赵太侔以及一些教授意见不合，并与教育部产生严重矛盾，使教育部对林风眠大为不满，于是在教育部次长张道藩的导演下，演出了一场"倒林"丑剧，逼迫林风眠下台。
>
> 出面"倒林"的是南北两校的八大教授。这八大教授大都是美术界的知名人士，其中好几个是林风眠培养和提携起来的学生。他们以李教授为首，联名给林风眠写了一封信，要他立刻辞职离校，让位给赵太侔。信中的口气咄咄逼人，林风眠无奈，被迫提出了辞职。
>
> 八大教授逼迫林风眠辞职的事情，开始学生不知道，后来不知是

谁把这封信贴在了竹楼外面的墙壁上。那是早晨，学生们刚起床，有人发现了这封信，大家就都跑出来看，杭州艺专的学生一下子就炸了！林风眠是位艺品和人品都很高的艺术家，当年创建了北平艺专，后来又创建了杭州艺专，在学生中有很高的威信，虽然在贵溪曾被学生关起来过，但他并不计较个人恩怨，依然与全校师生患难与共，深受学生们的爱戴与信赖。八大教授竟然秉承上面旨意，想赶走林校长，这还了得！尤为不能容忍的，是八大教授在信中还肆无忌惮地说："我们现在是有恃无恐！"

杭州的学生们纷纷嚷道："林校长不能走，一定要留住林校长！"当即，一些学生就过了沅江去找林校长。不料赶到林风眠的住处一看，屋里空空荡荡，人不见了，一问，林校长已经辞职走了，不知去向。消息传开，杭州艺专的学生一下子闹起来，纷纷要求学校打电报给教育部，要求教育部恢复林风眠的校长职务，同时要求把赵太侔赶出学校。

北平艺专的学生不干了，要力保赵太侔当校长，反对林风眠再回学校。

于是，在拥护林风眠还是拥护赵太侔的问题上，南北两校的学生展开了一场斗争。由于双方都站在本校的立场上，把斗争的矛头指向另一学校的学生，致使这场斗争实际成了学生之间的宗派斗争。大家年轻气盛，互不示弱，对立情绪很大，一见面就争论不休，闹得很凶。

学校陷入了混乱。

就在这时，卢鸿基找到了彦涵和罗工柳，同他们商量……他决定首先打击八大教授中的为首分子李教授。李教授是搞戏剧的，据说与张道藩有来往，八大教授给林风眠的信，就是他秉承上面的旨意起草的。此人平时对学生态度就不好，现在又出卖了林校长，名声很坏，拿他开刀，必得人心。

彦涵带着几十名杭州同学来到李教授的住处，一声令下，朱德群等同学就把李教授抓到了屋前空地上。接着就是一顿批斗。

李教授吓得脸色惨白，一个劲儿地点头认错，说是对不起林先生。

学生们冲他高喊:"立刻辞职,滚出学校!"

李教授连连点头:"好,我辞职,我辞职。"

"那好,"彦涵把纸和笔递给他,"请你写个辞职保证。"

李教授就趴在屋前门口的台阶上写了个东西,表示愿意辞职,然后交给彦涵。

彦涵说:"限你一个星期内必须离开学校。"

"一定,一定。"

不到一个星期,李教授就卷起铺盖,匆匆逃走。八大教授中的其他人自知理亏,吓得纷纷躲了起来——他们真怕学生急了会采取过激行动。

斗跑了八大教授,杭州的学生算是出了口气,彦涵的威望骤然大增,可以说是一呼百应。

但是南北两校学生间的矛盾并未消除,仍然在为拥护谁当校长的问题上争吵不休。学生喜欢用辩论解决问题,于是双方商定,各派一名代表,进行公开辩论,地点在学校的操场上。

两校的学生全来了,黑压压地围在各自的代表周围,壮阵助威。

北平艺专的代表是位女同学,大学本科的,能言善辩,在学生中颇有威望,人称赵大姐。

杭州方面则是彦涵。

辩论非常激烈。

赵大姐伶牙俐齿,咄咄逼人:林风眠是自动辞职,有辞呈为证;赵太侔原为北平艺专校长,由他主持校务,理所当然。

彦涵指出:林校长的出走,完全是张道藩和教育部策划的阴谋,是被逼而走,这里有八大教授写给林风眠的信为证;赵太侔依仗张道藩的支持,又依仗北平艺专有钱,对林风眠的工作故意不配合,整天逍遥于沅陵城内,来往于当地士绅之间,把棘手的事情都推给林先生,致使林先生无法工作;而八大教授之所以敢如此张狂逼走林校长,就是因为背后有赵太侔、张道藩等人的支持,八大教授给林风眠信中的一些话,证明了这一点,李教授辞职保证书上的一些话,也证

1938年，国立艺专部分师生惜别林风眠校长

明了这一点。

说到这里，彦涵把李教授的辞职保证书拿出来，宣读了一遍。

赵大姐不讲话了。

北平艺专的人也沉默了。

……

学潮持续了两个月。国民党教育部开始慌了，无奈中答应了学生们的要求，请林风眠回校主持校务。

赵太侔辞职离开了学校。

此时林风眠住在长沙的一个旅馆里。彦涵与另一位同学坐着林风眠的那辆老式汽车——就是在贵溪被放了气的那辆，赶到长沙，把林风眠接回学校。按着彦涵事先的布置，学校全体学生出动，在校门口列队鼓掌，燃放鞭炮，欢迎林校长返校。

学校又恢复了上课。

八大教授中的大部分人又回到了学校，其中包括李教授。他向林风眠认了错，林风眠不计前嫌，同意了。

新校长到任：学校大裁员

林风眠一走，国立艺专又立即恢复校长制，陈立夫执政的教育部聘滕固为校长。

滕固，字若渠，江苏宝山县（今上海宝山区）人，留学日本，获得硕士学位。回国后在上海国民大学、上海美专、南京金陵大学任教，同时从事文化运动，参加文学研究会。担任过国民党江苏党部委员。此后又去德国柏林大学留学，获哲学博士学位，回国后任国民党行政院参事，兼故宫博物院党务委员，此时滕固由中央大学教授调任国立艺专校长。

滕固上任之后第一件事就裁减人员，把原来杭州艺专的林文铮、蔡威廉等教授辞退。滕固是按照张道藩的意图行事。张道藩的目标不完全是林风眠，而是蔡元培。控制这所学校后，就进行清除"蔡派"的活动。蔡威廉是蔡元培的女儿，和林文铮结为夫妇，在"倒林清蔡"的斗争中，他们就首当其冲了。林文铮不得不忍痛离开这所他亲自参与创办的学校，离开他钟情的美术教育和西洋美术史的研究，夫妇随着流浪的人群到了昆明。不久，林文铮的妻子蔡威廉又在昆明贫病交加中去世。

到了秋天，日军西攻武汉，威逼长沙，敌机时来轰炸，沅陵为沿江山城，地势狭隘，不便久留，学校经贵阳，迁至云南昆明文林街昆华中学上课。此时教务主任空缺，滕固聘傅雷为教务主任。傅雷不受学生欢迎，加之与滕固的意见不合，到任月余就辞职离校了。绘画又实行国画和西画分科，潘天寿主持中国画专业。

林风眠得知夫人及女儿由法国回到杭州，他也随即由湖南经广州乘船北上，到杭州迎接夫人和女儿，全家团聚。林风眠把杭州的住宅稍作安顿之后，他们全家就移居上海，在法租界的南昌路找了一幢两层小楼居住下来。他的夫人进法国在上海的一家图书馆工作，从事洋装书的装饰与修补。她在法国虽然学雕塑，但同时也学了一门工

林风眠全家合影

林蒂娜与林风眠在杭州

艺美术，是吃饭的手艺。林风眠本来可以留在上海，居住在外国人的租界里，卖画也可以维持生活。但是一个偶然机会，林风眠和褚民谊相遇。林风眠在日本举行画展时，与褚民谊相识。这时褚已经沦为汉奸，与林风眠重叙旧谊，并邀请他到汪精卫政权做事。对此，林风眠马上警觉起来，认为上海不是安居之地，但他又不忍心让夫人和女儿跟着他过颠沛流亡的生活，随即别妻抛女，于1939年初，悄悄离开上海，到了香港，即给朋友写信，说自己仍然想到国立艺专任教，并给学校当局写了一封信，随后即经海防、河内、昆明赴重庆。对林风眠想回校任教的要求，学校当局没有反应，于是，林风眠就在嘉陵江畔，开始隐居生活。

第七章

重庆：从斗士到隐士——「风眠体」的诞生

仓库画师：新风格的诞生

林风眠从校长的宝座上跌下来，何去何从，可以有许多种选择。凭他当时的声望、社会地位及社会影响，只要稍作钻营，也许可以谋一个有职有权的文化高官；或投靠豪门，在他们的保护下做座上宾，住别墅，开画展。但这都是与林风眠的性格志向格格不入的。他的一生都与官场保持距离，就连他在担任国立杭州艺专校长期间，也极少到南京中央政府去，他也很怕卷入艺术界互相嫉妒、互相诋毁的恶斗中。对艺术界的风云人物，也谨慎相处，保持距离。如今，他离开了从事多年的艺术圣殿，又到哪里去找安身立命之地呢？挂个虚衔，领点干薪，躲起来画画，实在是林风眠当时最明智、最愉快的选择。

1971年，林风眠的《狱中陈述》中记载着：

1939年，由上海坐船到海防到昆明到重庆，找到陈布雷，后由他介绍到政治部设计委员会，做设计委员，那时张治中做政治部长。我在这个组织中开过两次会，是1939—1942年内开的，这个组织不办公，我就拿薪水，1943年组织结束。

1943年以后，由陈布雷介绍到国民党宣传部当宣传委员，没有什么事做，拿薪水。

1971年6月15日的《狱中陈述》记载：

1943—1944年，国民党政治设计部撤销后，我就到了宣传部当委员，宣传部有一个艺术处，主要是搞电影戏剧的。有一次，处长要我到处里去，要我画一张宣传画。我领了纸，画了一张内容是描写日本鬼子残暴的宣传画，把原稿送到处长那里，过一段时间就退给我了。

当时宣传部长是王士杰，处长姓罗。

……

林风眠这一段《狱中陈述》，在《老舍年谱》中得到进一步印证。1940年，林风眠、老舍同在重庆，《老舍年谱》中记载："四月二十四日，由国民党中央社会部与国民党中央机关组织的文艺基金管理委员会召开第一次会议，决定将文艺界委员名额增加为十一至十五人，老舍与张道藩、郭沫若、程沧波、王芸生、林风眠、王平陵、华林、胡风、姚蓬子、李抱忱等十一人被聘为委员。"林风眠和老舍等文化人在重庆，都在国民政府的各个部门担任着闲差。

1938年8月14日，老舍离开武汉，逆水抵达重庆，比林风眠早到了几天。老舍欢喜画，在重庆期间，他得到林风眠的《川江图》，仅是斗方。这幅画也反映了林风眠作画的习惯，没有印章，只在画的一角不显眼的地方签下"林风眠"三字。1941年，林风眠为老舍画了《泊舟》，画面是舟横江岸，双鹰盘旋在天空，落款为"舍予先生正画。弟林风眠。渝，卅年。"《老舍年谱》有记：1942年12月27日晚7时，陪都文化界12月份国民月会在都邮街广东大酒家举行，由中华

林风眠《川江图》

林风眠《泊舟》

全国文艺界抗敌协会与中华美术界抗敌协会联合主办,请老舍、林风眠讲演,题为《抗战后之文学与美术》。

1941年,老舍集文艺作家、画家的名字写了一首诗,并书写成条幅赠予太虚法师,诗曰:"大雨洗星海,长虹万籁天。冰莹成舍我,碧野林风眠。"诗后有注:"三十年四月,集当代艺术家笔名成小诗,大雨诗人孙大雨,洗星海音乐家,长虹、冰莹、成舍我、碧野均写家,万籁天剧导家、林风眠画家,写奉太虚法师见正。"老舍有时也到大佛段探望林风眠,可见他们在重庆期间交游不断。

林风眠虽身处在抗战前方的文化中心重庆,但他没有出头露面做社交场上的人物,而是保持着一个纯正艺术家的独立性,不去用非艺术手段达到艺术的目的。从当时的美术思潮来看,经十多年的艺术运动,中国现代美术已经有了一定的基础,与林风眠艺术观相近的就有陈抱一、关良、吴大羽、丁衍庸等具有相当实力影响的画家。而且力主现代艺术的"决澜社"成员倪贻德、庞薰琹等也都在重庆,这时的重庆,画展天天有,各种风格流派互相竞争,学术观点争鸣不息。林风眠生活在重庆期间,没有开过个人画展,仅参加过第四届全国美展,是一幅水墨的《猫头鹰》。以徐悲鸿为领袖的写实派,只能算是一个重要流派,并非一统天下。但徐悲鸿始终不懈地培育与团结着他的学生与同道,成为一支实力雄厚的队伍。他自己则是马不停蹄地东奔西走,办展览,搞募捐,从南亚到东欧,从文化界到政治界,都有他的身影。他也不断作画,但总把作画与社会活动结合起来。朋友刘汝醴去看他,建议他谢绝社交活动,集中精力创作。他反问道:"与世隔绝起来,新艺术运动的担子交给谁?"又说:"如果我和那许多阔人素无往来,我需要培养的青年,如何送出国?"以徐悲鸿的行动来参照林风眠,则可以看出两人完全不同的性格及由此形成的完全不相同的处世为人之道。林风眠既缺乏活动家所需的对变化着的环境的灵活应变能力,也没有要主持画坛、令群众拜服的领袖欲望,而是躲进远离文化中心地带的嘉陵江岸边的茅草屋里,去实现早在巴黎求学时期就已确定了的融合东西方艺术的理想,放弃了他回国之初为"实现社会艺术化""俾能集中艺术界的力量，扶助多数的青年作家，共同奋斗"的雄心抱负，退到他早年曾检讨过的光致力"个人创作一方面"了，每天埋头作画，醉心水墨和油彩的交合和新生。以他为代表的"新画派"成了群龙无首的游兵散勇，显得力单势薄，形成不了应有的气候。

人们一直为这事寻找无法回答的答案：林风眠的"隐退"，是不是可以说是个历史性的失误呢？或者说，如果他不躲进风雨茅屋里，而把自己融合中西的艺术目标，在参与时代的变革中进行积极地转化，那么中国现代美术史又怎样写法？

但是，即使有一千个一万个问号，也无法把林风眠从茅屋中拉出来。

林风眠过的看来是隐居生活，但绘画却更集中精力了，他长期徘徊在嘉陵江沿岸，那雄伟山河的景象给予他难以磨灭的印象。每当从重庆渡江回家，就观察那江边的船只，那山色的变化，他画了许多江边的山水和船舶。

没有任何文字记录他这段生活，林风眠也很少向别人谈起这段生活。只有作家卜乃夫（无名氏）的回忆中透露出一些信息。

1947年，林风眠（后左）、无名氏（前右）和赵无极一家在杭州西湖之畔葛岭

1945年11月7日下午，星期天。作家去重庆南岸大佛段乡间访问林风眠，渡江抵对岸，沿江步行过弹子石，再转龙门浩，仍沿江走，是一段颇遥远的路。直到过乌龟石（本名五桂石），才雇一匹白马，拍马前行，诣玄坛庙，再下马徒步，始至大佛段。前后足费两小时，路也不好走。到大佛段，作家怔住了，门房告诉他，隔壁就是"林公馆"。这里是军政部的一个仓库，低矮的土墙，旧木板门上一片泥垢与熏烟，脚下是高低不平的黄泥地，门外不几步就是黄土路，一边是破烂的农家舍，后面是堆物间，只四坪左右大。作家从门缝向内张望，窥视良久，见陋室收拾得极干净，一切布置得整整齐齐。窗前那张农人用的白木桌上，放了一把菜刀和一块砧板，以及油瓶。假如不是泥墙上挂着几幅水墨画，桌上安放着一只笔筒，筒内插着几十枝画笔，谁也不会把这位主人和那位曾经是全世界最年轻的国立艺专校长联系起来。

　　作家和门房聊天，门房告诉他，林风眠定居在此地已经五六年。全部家务自己料理。上小镇买菜、生炉子、烧饭、洗衣、扫地，都亲自动手，毫不假手他人。从弹子石到大佛段，这样远的好几十里路，他也从来不坐轿子或滑竿或骑马，始终步行。

　　作家当时不禁想起孔子赞颜回的话："贤哉，回也。一箪食，一瓢饮，在陋巷，人不堪其忧，回也不改其乐。"作家感叹，说说容易，能做到的不到百分之一。

　　作家留下名片，踏上归途，边走边想林的窗前那数本芭蕉。

　　正转上大道，迎面来了一位中年人，着黑色西装，戴黑呢帽，风度不凡。手里拿着一包花生米，一面走，一面吃。他把一粒粒花生米投到嘴里时，姿态如儿童。

　　"对，就是他！"作家一阵激动，就向中年人递上名片。

　　这位中年人果真是林风眠，他们又一起到林风眠的住处。

　　作家说："我很欣赏你的画，觉得你是在把东西两种不同的艺术风格结合起来。"

　　林风眠说："我是尝试把西方的东西放到东方里，再把东方的放

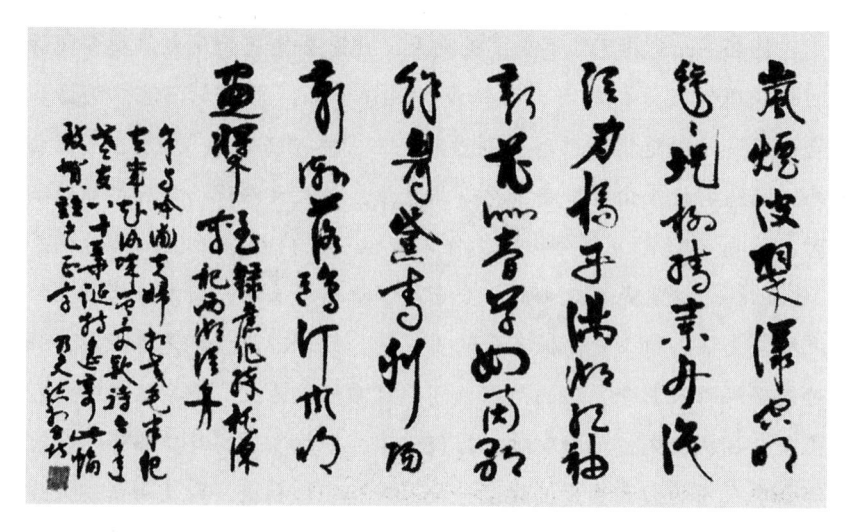

无名氏手迹

一点到西方,有人也想放,正在放,却放不进去。"

作家说:"你的线条非常灵动而自然,我想,它们的速度一定很快,是不是多年技巧训练后,已达炉火纯青境界,随便怎样画,线条都很生动?"

林风眠说:"是的,我已画了二三十年线条,终于成熟了,画得很快,也只有在这种速度下,技巧才能表现思想。"

谈到对未来美术的看法,林风眠说:"将来的画一定会有改变。现在我们建筑中的光线,都比较暗,但目前外国艺术家已在建议,并开始实践,未来的建筑应该大部分用玻璃,好多吸收阳光。建筑影响美术。人的眼睛更明亮时,对绘画的感觉,会更趋向强烈单纯。"

林风眠谈到毕加索:"中国书法只求线条本身的最高美,并不因为线条像什么。因为线条本身原包含一种神秘,如一逗、一撇、一钩……毕加索的理论正是如此。他主张画只求线条本身美感,如方块、圆形、三角形等。马蒂斯较重本能、感性,毕加索较重理性。"

林风眠说,不少中国画家,不大喜欢看书,不注重思想。其实大画家应该接受思想家的影响,马蒂斯就称他的画代表柏格森的哲学,专表现人的本能。柏格森是一个很伟大的人。林风眠曾读其法文原著,并说他花许多时间读书,甚至焦灼地问作家:"朱光潜的《文艺心理学》哪里有得买?"他极想一读。

谈到别人对他的议论,他说:"自从我把西方的东西放进东方里面后,人们都说我的画越来越不像画,也越画越不行了。我自己呢,不管别人怎么说,依然画我的老样子。一个画家若追随群众,实在追不上他们。也有人说我是表现派,其实我哪一派都不是,我只是画自己的画而已。"

一个画家被群众掌声高举入云后,一旦又栽到谷底,要忍受这一恐怖过程,确实需钢铁意志。

作家提到司徒乔的重庆画展,画家说:"他到新疆一趟,只抓到新疆的躯壳,没有抓住新疆的灵魂。他的基本功夫差一点。他这类画有点像美国画报杂志上的一些画,法国人叫作'救火队',意思是'古典之骑士'。这些画学古典派,而把骑士的样子改成为今天'救火队'的样子,千篇一律是假古典。司徒乔先生对大自然还欠虔诚。"

林风眠虽然远离官场和艺坛高层人士,过着在别人看来似苦行僧的生活,但他回到童年时代的泥土中了,回归到人民中间,接近最底层的民众,给他的艺术探索注入了新的精神与动力。就在这次无名氏的来访时,他谈了自己发自内心的感受。

当时大官僚刘健群(后任台湾国民党"立法院长")乘汽车来看他,发现他住在仓库里,不禁愣住了。他说:"住在这种地方,不是白痴就是得道之人。林先生,你是得道了。"接着他又说:"在希腊,有个哲学家德摩第尼斯,坐在木桶里,对亚历山大皇帝吐唾沫,滚开!不要挡着我的太阳。在现代中国,只有你!"林风眠只是笑笑,不对他说真话。对大官是不好说真话的……林风眠倒想说:我不是白痴,也不是得道。我只是一个"人"。正是那间破旧陋室,那张白木旧桌子,那些厨刀、砧板、油瓶、洗衣板,叫我真正变"人"的。在北平、杭州当了十几年校长,住洋房、乘私人汽车,身上一点"人气"几乎耗光了。你必须真正生活着,能体验今天中国几万万人的生活,身上才有真正的"人"味。首先是"人",彻底"人"化了,作品才有真正的生命的活力。

这无疑是林风眠对嘉陵江畔苦行僧那段生活的十分自豪的内心独白。确实,战争给林风眠带来很大的痛苦与损失;但是作为一个艺术家来说,战争给他更多的波折,更多的经历,更多的感受与体验,从象牙塔沉入流亡的生活,这一切不能不说是给予他丰厚的赏赐。这对他来说意味着什么呢?跟随林风眠校长流亡的学生吴冠中,对此有一段深切的描绘:

卢沟桥的炮声惊醒了林风眠为艺术而艺术的美梦,随着全校师生,随着广大人民,他坠入了苦难生活的底层,滚进了国破家亡的激流。……确乎,他从校长的宝座上跌下来了,确乎,他,真正开始体验现实生活了,开始抒写自己的深刻感受了,这是林风眠风格的诞生!他用大笔挥写江西、贵州一带的山川人物,湿漉漉的浓郁的山,茫茫的水,离不开背篓的妇女……国土沦亡大半,残山剩水实可悲,人民凄苦有谁怜。林风眠画面的情调是伤感的,笼罩着淡淡的哀愁。

林风眠风格诞生了。

林风眠风格是在孤独寂寞痛苦贫困中诞生的!

林风眠从负笈游学到魂归香江,他的绘画生涯是八十年,其中油画创作只占十三年时间。他的最初一幅油画作品,是1923年在德国创作的《渔村暴风雨之后》,虽未形成风格,却已昭示了他的审美理想。同年又画了《柏林咖啡店》,这是他亲眼所见的印象,描写第一次世界大战后德国普通人民的生活。也可能是受莫迪利亚尼的影响,他的画笔伸向历史题材,这一年又画了《舞》《克里阿巴之春思》《金字塔》《罗朗》《唐又汉之决斗》和《战栗于恶魔之前》。1924年,他由德国返回巴黎,创作了《摸索》,是以写实的手法,但并未受学院派的影响。1926年作《北京街头》(《人间》),这是回国后第一件油画作品,描写两位劳苦者在街巷中出售自己的劳动产品。1927年,第一次用横的长方形构图,画了《人道》,是用两个方形拼成的长方形,更能把内容突现出来;同年又作了《斗争》,表现一些人在拉纤,象征人类斗争生活和反叛情绪。1928年,创作了《金色的颤动》。1929年创作了《贡献》《海》和《南方》,这些都是林风眠的油画代表作。1934年,林风眠的油画有了一个突变:从为人生而艺术向为艺术而艺术的转变,从灰黑色调转向明朗色调,更是长方形构图变为方形,从写实变成写意,从象征变为表现。这时期的代表作有《静物》《构图》和《鸡冠花》。董希文说:"林风眠的色彩中有一种珍贵感。"杭州艺专的学生、油画家闵希文说:"表面上看是一种突变,实质上是他要改革中国油画的一个起点。当年他从油画,也从水墨画方面进行改革,把油画画成东方人的油画,使水墨具有现代意味的水墨画。"毕加索在1907年突然画了他的《亚威农少女》,使大家大吃一惊。马蒂斯也在1904年从他的《豪奢·宁静和愉悦》开始,来了个突变。所以,林风眠在三十年代的油画突变,同样是很正常的,一点也不奇怪。林风眠告诉学生:"要用色响亮,因为色彩是画家的生命。"林风眠的色彩既不是印象派的光色,也不是野兽派的纯色,更不是表现派强烈的对比色,而是色和线一起并存的。

1938年,林风眠几乎放弃油画创作,专攻水墨画的实践研究。

对林风眠有着知遇之恩的蔡元培,1937年抗战全面爆发,上海尚未沦陷,即移居香港养病,中间曾几次想由香港去重庆,终因疾病缠身,未能成行,并更名周子余,在香港过着隐居生活,通常在家很少

鸡冠花(1961年)

接见客人,更少赴公共场所。1940年4月9日(农历三月初二)清晨,蔡元培突然晕倒,经医生诊断,病情危险,遂送养和医院抢救。终因他久病体衰,加之大出血,抢救无效,于4月12日(农历三月初五)去世。一代宗师的去世,不只是在香港,在重庆和延安的各界人士都举行了悼念活动,重庆《新华日报》发表中共中央的唁电,重庆《中国日报》也发表了陈独秀、马寅初、顾孟余、王士杰、罗家伦、蒋梦麟、黄炎培等人的悼念文章。荷戟独彷徨的林风眠,此时似乎被人忘却,没有人告诉他这一消息,也无从寄托自己的悼念与哀思。直到1980年他移居香港后,才在友人的陪同下,悄悄地到蔡元培墓前献上一束鲜花和迟到的悼念,并说:"蔡先生的逝世,是我一生中最悲伤的事情。"

朋友问他:"如果蔡元培也去了重庆,你的情况是否会好些?"林风眠说:"我不知道。"

二十世纪中国画家的形式语言的探索,都不免困惑,充满疑虑、步履维艰。林风眠更是如此。他长期背负着"形式主义"的巨石,加上国画界的正统保守派指责他的画"不像国画,不是传统",使他匍匐而行,在各种风势面前也不免疑惧和小心,但他从不改初衷,始终如一地坚持自己的目标。当他刚从欧洲游学归来,就很清醒地意识到,在纷乱的中国进行艺术探索必须"拿出医者圣者的情感"和"勇敢奋斗的毅力"。林风眠从事的艺术探索,可以说始终是在压抑下进行的,有些压抑并非是学术性的,老实说,在学术上谁也压不倒林风眠的,经过七十年的检验,他的艺术理论及艺术实践,无疑是正确的,是代表着中国绘画艺术的新生之路;人们常常把学术扯入政治,夹缠着人事纠纷,或借助其他非艺术力量达到遏制的目的。有些革新者虽功未成而名就,也加入压抑者的行列,有些革新者因承受不了这种压力,也就半途而废了。

对艺术家来说,形式语言的修炼是最基本的功夫。但是回顾近百年来的中国绘画史,画坛上以政治功利为目的的弄潮儿的确不少,但能在政治革新的大潮中兼及绘画形式语言探索,而且能取得成功的,可以说是微乎其微。许多人献身文艺宣传，精神是可敬的，但他们不得不淡化乃至放弃对形式语言的深入探索，最后又殃及艺术的自身规律，使它总处在粗糙状态，并影响到精神内容的传达。最典型的就是岭南派。高剑父、高奇峰、陈树人，都追随孙中山先生，身兼民主革命战士与画家二任，政治革命启动了他们艺术革新之思想。早在辛亥革命前，他们就号召"折衷中西"，并尝试改造传统绘画。辛亥革命后不久，高氏兄弟相继辞官卸职，专事绘画革新。但他们在绘画形式语言上的创造始终有限，且很不成熟。高剑父晚年倡"新文人画"，实际上是一种倒退。在他那里，形式语言的革新创造，始终不能脱离以画救国的重负。沉重的使命感和急功近利的要求，总是引导他们把注意力集中于题材内容的选择和思想观念的表达，而没有下大力气去进行视觉语言的反复实验。因此，尽管岭南派画家最早吹起了革新的号角，但最终的成就——艺术上，都不免涂上悲剧色彩。

而林风眠走的另一条路，是一条被人误解的路。如果他不走这条路，还有今天的林风眠吗？

拒绝文人画

调和中西艺术，首先遇到的是绘画语言形式的问题。形式语言与欣赏习惯又总是连在一起，又与相适应的文化结构不可分。对于西画有精深造诣的林风眠，对中国画又有着深入的解剖与分析。如何使两者融合而不是拼合，如何选择与扬弃，如何与内在的统一性相符，都是极为困难的事。要突出色彩，就得淡化笔墨；固守笔墨，就很难发挥色彩的功能。强调质感和材料的特性，势必改变程式化的描法、皴法，引进光的照射，就需要减弱线和传统结构阴阳法……死的规则必定束缚创造力，但如果抛弃一切规范，就不可能臻于精致和完善。放弃掉的东西未必无价值，而融合初创的东西总难免幼稚。林风眠从白天画到黑夜，有时又从黑夜画到日出，画案上流淌着淋漓的水墨与颜料，泥地上铺着厚厚的废弃画稿，陷入进退维谷之中。但林风眠懂得，许多人正是在这左右为难的境况中退却了，或者虽不曾退却，但画出来的东西却不伦不类，或者挂着中西结合的牌子，而他们笔下画出来的，中国画仍是中国画，西画仍是西画，根本没有在中西结合上用过功夫。像徐悲鸿用西画改造中国画，结果是扼杀了各自的长处；刘海粟的中西结合，结果在他的笔下中国画还是中国画，西画也只是西画，始终没有形成自己的风格，没有使东西方艺术携起手来，更不用说融为一体了。

　　林风眠懂得，要获得一些什么，总得放弃另一些什么。对西方，他放弃的是学院派的僵化法则，选择的是从浪漫派到立体派这一过渡性历史阶段的传统；对中国，他放弃的是文人画的笔墨形式，选择的是以汉唐艺术为主的早期传统和民间美术。林风眠的这种选择有没有道理？稍加分析便可知道，他选择的西方传统是充满生命力和现代性的，而吸收的是东方艺术中原始艺术的某些特质，相对来说易于被东方所接受。以汉唐艺术和民间美术为主的中国传统，具有早期人类艺术的可塑性、单纯活泼和有力诸特色，比高度规范、精致的文人画传统更易于和西方联姻。这一选择极其大胆和别具识见。因为偏离正统的宋元明清绘画传统，抛弃笔墨形式，是一般革新者所不敢想象的。而舍去西方古典的写实传统，则又为一般留洋艺术家所不忍。这一抛弃和选择，显示了林风眠的大胆和独特。

　　林风眠的绘画艺术虽然吸收东西画在一定历史阶段的某些特质，但他真正动手改革时，并未在油画和国画两个门类中同时进行变革，而是看准了方向，在水墨画的天地里施展才能。这不仅是因为中国历代绘画大师均系水墨高手，而是水墨在具备了中国绘画一切特质的同时，又具备了许多变革的可能性和承受力。正因为水墨画在中国的根基是如此坚固，那么楔入水墨画的改造，才有可能从根基上动摇中国传统绘画千年不变的程式。也许正是出于同样的原因，历代丹青高手和当代中国画大师，无不是由水墨画起家发展的。可以毫不夸张地说，水墨画到了林风眠这一代人手中开始了历史性的转折。林风眠开创了一个新的时代——以林风眠为分水岭，为传统中国画和现代中国画作出界定基础的——就是从嘉陵江畔这间茅屋中开始的。林风眠的艺术成就及其艺术价值，从这时就展现出是他的众多同辈画家所不能企及的。

林风眠在嘉陵江畔的探索早已成为美术理论家研究的重点，归纳诸家之说，可以概括为以下特点：

第一，方纸布阵。"方纸布阵"的出现，是林风眠彻底告别中国传统文人画的第一个举动。他曾说过，他采用方纸构图是出自宋画。南宋"小品"和后来发展起来的册页，确实不乏方形图面。但中国传统的纸绢画，最普遍而典型的形式还是立轴和横卷。林风眠抛弃立轴和横卷，驰骋在方形的画面里，目的就是要与传统规范和习惯拉开距离。立轴和横卷是特定的文化产物，它们和中国建筑、文人把玩习惯有关，其深层根源是出自文化传统的整体与自然观。立轴长于表现高远、平远、深邃境界，横卷便于刻画移步换景、时空转换的诸种图案。卷轴成为规范形式并被千万次重复之后，带来了创作与欣赏的惰性。随着现代生活方式、现代环境的出现，古老的悬挂、展现形式和相应的构图方式发生变异，势在必然，林风眠舍卷轴而专注于方纸布阵，从一个侧面反映了这种历史转折性。

方形布阵代表了林风眠的艺术转折，也体现了他的心态变化。隐居嘉陵江畔，他渐渐不画油画，主要画水墨画和彩墨画了。直接表现社会矛盾和人生痛苦的主题消失了，代之以风景、花鸟、仕女和静物等，多为轻松、平和的题材，这些题材用卷轴形式也未尝不可，但方形框架最能体现他此时追求的心理宁静和平衡。方形有清晰的垂直线与水平线，因其长宽比例一样，垂直轴与水平轴上的力与对角线的力都是平衡的，具有静态特征，而不像立轴和横卷那样富于张力而弱于平衡。方图与林风眠艺术的追求也是一致的：强调绘画性而淡于文学性；用焦点透视而不大用散点透视；喜欢特写或近景描绘而不特别着重多层次的虚实重叠……那种古典山水画中涵天括地的峰峦山谷和山

雏鹭（约二十世纪五十年代末）

秋天（约二十世纪六十年代初）

重水复、柳暗花明的繁密景色，在他的画里完全消失了，取而代之的是单纯、明朗、果断而中心突出，从不缓慢的叙述和陈列。从这里开始，林风眠的一生都是坚持在方形中布阵，谁都知道这是难以取巧的构图，好比在方形房间居室中陈设家具，虽然可容性大，但很难借助平面空间本身出奇制胜。但林风眠能方形上构图，且能奥妙无穷，这在中国绘画史上还找不到第二个人。

第二，东方水墨与西方色彩的接吻。"对于绘画的原料、技巧、方法应有绝对的改进，俾不再因束缚或限制自由描写的倾向。"林风眠研究了中国画家所以不由自主地走进了传统的、摹仿的同抄袭的死路，"也许我们的原料工具，有使我人不得不然的地方吧"？他认为中国画目前所用的纸质、颜料同毛笔，或者因为太同于书法之故，所以就不自然地应用着书法的技法，而无以自拔，这不但不能推动绘画发展，反而是一种制约。他提出："那么我们就不妨像古人从竹板到纸张，从漆刷到毛锥一样，下一个决心，在各种材料和工具上试一试，或设法研究出一种新的工具来，加以代替，那时中国的绘画就一定可以有新的出路。"物质手段和绘画风格的关系，具有一种潜在的必然性，因为工具必然影响到方法。林风眠对绘画工具作了多种尝试，软笔、硬笔、刷子、生纸、熟纸、洋纸、土纸，最后还是回归到中国传统的媒介上，即用生宣纸、毛笔、水墨、国画颜料，以及水彩和水粉颜料。但他为东方特殊的绘画材料开辟了更为广阔的多种可能性，试验了多种多样的画法，不再停留在"枯笔皴擦"，或者"数十百层"的设色的旧套上，移植了油画的"直接画法"，以色感浓重的多层次互相覆盖的技法，强调层次感、笔法，重新唤起中国画久已淡去的色彩感，从"墨分五色"的传统语言中走了出来，墨只是当作一种黑色的颜料了，这样就不同于文人画的笔墨程式和韵味，感觉是画出来的，而不是写出来的。

中国的水墨传统与西方的光色传统，各成体系，都具有很强的封闭性，两者结合极为困难。许多画家进行了旷日持久的实验，但成功者寥寥。探索者往往抛弃了水墨的奥妙，又不曾获得光色的精微。机械的拼接者不伦不类，一味求实便降格入俗；太偏于光色则近洋，过求水墨则似古。猴子穿西装总有些让人发笑，四不像也难免有些滑稽，倒不如非驴非马的骡子，而多半混血儿倒是优良品种。他在法国留学时，就注意到了西方近代两条色路：以米勒为代表的重视触觉实在的路，以莫奈为代表的重视光色感觉的路。前者善于捕捉建筑物的实体，后者善于刻画空气般的迷离印象。他力图兼取两者，而不极端于一方，以弥补中国画既贫于实体又乏于光色变化的双重不足。但他又不是生搬硬套，对实体真实的追求，他弱化了"建筑性"；对光色变化的追求，他淡化了虚幻性。前者的弱化与后者的淡化，都是为了靠近中国画。对中国传统画，他也是采取既分离又继承的战略，如水墨中的墨法，他突出的是其作为色调组织的因素，即只视为黑颜色，而不像古人那样视作为涵括万物的象征媒介。这样，他就使东西方两大体系都松动，都趋向开放，奠定了他进行融合的基础。

在流亡中考取了国立艺专的学生吴冠中回忆，1940年前后，重庆一家报纸登了一条消息：林风眠的棺材没有人要。他们当时吃了一惊，细读，才知香港举办林风眠画展，作品售完，唯一幅《棺材》卖不掉。他没有看到林风眠画的棺材，但立即意识到黑棺材和白色哭丧女强烈对照。黑落在白宣纸上所激发出来的强烈对比，当属各种绘画材料所能产生的最美妙的效果。印象派认为黑与白不是色，中国人认为黑与白是色彩的根本、绘画的基石。正如黑在西方是丧事的象征，白在中国是丧事的标志。因此，黑与白极使人联想到哀伤，但黑与白均很美，林风眠竭力发挥黑的效果，偏爱黑乌鸦、黑渔舟、黑礁石、黑松林、黑衣女，紧邻着黑的是白墙、白莲、白马、白衣修女、白茫茫的水面。黑白对照，衬以浅淡的灰色层次，表现了孤独荒寥的意境，画面透露着淡淡的哀愁与悲凉。

晚唐以降，"水墨为上"成为千古不变的宗旨，及后来的"运墨而五色俱""洗尽铅华，卓尔名贵"的信条，到了林风眠这里统统给破除了。自嘲是"好色之徒"的林风眠是"弄颜色玩玩"。对林风眠的"好色之徒",了解他的人对这句话作了注解:一是指的艺术,一是指的生活。在艺术上林风眠这时已不用油画的调色板,像一些老画家那样,他也用许多小碟了。一只碟子只放一种颜色,把许多碟子摆在桌面上,在碟子里调色,调好再画。即使用画板,那也是很小的画板,很干净。我们看到他的画多是花青,然后再压上点颜色。所以他的画色彩明亮而单纯,一点都不混杂。运用浓重的色彩来表现艳丽的题材。彩色落在生宣纸上立即溶化、淡化,故一般传统水墨设色多为浅绛,如今他追求浓郁。他在茅屋里对设色过程进行反复试验,不知画了多少宣纸与水墨颜料,最后形成了:用水粉厚抹,色中掺墨,墨底上压墨或同时在纸背面加重托色,这样就使鲜艳华丽的色彩渗透流动性极强的生宣纸,而保持厚实感。林风眠的这一变化是符合人的天性和文化发展变化的。社会急剧的变化,人们生活在风雨飘摇之中,士大夫式的淡泊、虚静的文化态度渐渐隐退,即使像林风眠这样的隐居,他也没有不食人间烟火,而和基层人群的接近,感受到市民式的亲切,贴近人生物质的欲求的文化渐渐凸现;富于超世乃至禁欲主义气息的审美情趣也在渐渐隐退,富于人性和人本色泽的审美情趣浓烈而活跃,林风眠把握住了这一发展趋势,开始了自觉的探索。他用色既吸取印象派之后色彩的冷暖转折规律,同时也结合中国民间大红大绿的直观效果,丰富多彩于天真烂漫,严格推敲于信手涂抹。这一时期,华丽的色彩中依然流露出淡淡的哀愁,紧紧拥抱相互依偎的满盆红花、遍野秋树、丁香、紫藤,或垂或仰,也令人有身世飘零之感。

第三,新线条的诞生:书法救不了中国画。"石如飞白木如籀,写竹还应八法通。若还有人能会此,须知书画本来同。"赵孟頫这首自题《竹石图》的诗被中国画家们视为金科玉律,说的是书画同源,书法在绘画中的地位和作用。书法既是绘画的笔法,又是线条,书法很注重执笔的方法和指、腕、肘的运用,还注重运笔方法,有中锋、藏锋、回锋、侧笔、运笔等。绘画的用笔虽不像书法那样讲究,但基本原则无法离开,凡是可以画成线条的,不管它是弯是直,是粗是

竹石（1943年）

细，是长是短，甚至是点，不管描绘的是山水、花鸟或人物，笔笔都应该"圆"而"中"，挺健而不羸弱，有节奏而不呆板，含蓄而不浅露。把书法用在绘画里，每个时期都有所发展创造。郭熙、康棣之树，文与可之竹，温日观之葡萄皆自草法中得来。清赵㧑叔用笔多兼隶意，近代吴昌硕的用笔则得力于石鼓文，写意的画好比张旭的狂草，而工笔画则如楷书。说法虽不同，但都是把线条作为绘画生命的起点。

中国画的另一倾向，自宋经元，"笔墨"观念抬头，特别是经历了元代，至明而清，"笔墨"成为水墨画造型艺术符号体系的代称，笔与墨如同骨与肉不可分离，并引申出画家的人品学问，而以笔墨的高下来论画的优劣了。对笔与墨的关系，历代都有论述，至现代潘天寿则成为一个完整的体系，他总结用笔和用墨的经验时说："笔不能离墨，离墨则无笔；墨不能离笔，离笔则无墨；故笔在才能墨在，墨在才能笔在。墨笔是两者，相依则为用，相离则俱毁。"在这里，"笔墨"的含义已经不再是早期中国画的线描，而是指皴、擦、点、染，包括点、线、面、体及其综合表现，这也就是黄宾虹所总结的"平、留、圆、垂、变"的笔法论。

林风眠也认为线是绘画的生命，但他用线来塑造形象和造型表现，不是传统的文人画，而是来源于另一传统——魏晋六朝和唐代绘画。当时在重庆沙坪坝对面的磐溪，就发现几座汉墓，有些汉砖画被艺专教授和同学拓片回来欣赏，林风眠则表现出更大的热情。显然，他被四川汉画那种单纯的造型、拙朴的古趣、强劲的线条、动态的表现深深打动,形成了他日后追求的目标。还有敦煌唐代壁画,也使他同样感动。他认为这两个时代是中国绘画史上最富有创造性的时代,绘画的方法,多倾向于线条的描写,而综合在两点,一是作家与时代背景之个性的表现,一是物象内在动向的表现。讲到中国绘画对气韵的讲究,是指画幅线条形状谐和之意。林风眠谈到线有两种,一是曲线,曲线含有一种变化的元素,表现劲健与柔软的和谐,优美雅致的趣味,可谓是"美与生之线";与曲线相对应的是直线,直线是静的,平和的,均衡永续的表现。汉魏六朝以至唐代,在绘画中的线,多系曲线表现。曲线两端向上弯者,多表现喜悦、逸乐、愉快及变化无定诸意义;曲线两端向下弯者,多表现悲哀、沉思、冷峻与讥笑诸意义……

林风眠对中国绘画线的观察和判断,是准确而敏锐的,他充分肯定早期的线描而不大看重厚厚的笔墨,这是从传统艺术史和绘画本质的高度来看待线与笔墨,因此,他只把"以书入画""力透线背"的笔墨视作一个特定历史阶段现象。宋元以降的笔墨发展到林风眠似乎要告一个段落,在茅草屋中,他开始了线的实验,与僵化了的、不再活的线条肉搏、恶战。这是生命与死亡的斗争。生命必须叫死亡变成新的生命。

对汉唐线条,林风眠不是简单的摹仿与重复。他所取的首先是晋唐画家以自然为师的态度,其次是那种线条造型的表现力,既能塑造形象,又能传达生命情感的那种能力。以这种选择为基础,又参照瓷器上绘画和汉代画像石刻的线条特质,再加上油画的精华,结合自己的心得再体验加以综合、创造。开始时,他是白天黑夜找线条、抓线条,现在是线条找画家、抓画家了。线条在以各种姿态拥抱画家,拥抱画家的笔。林风眠的线描风格产生了。渐渐地,突然线条放光了,线条运动了。他的线描基本特色是:单刀直入,绝不迟疑,以闪电般的速度,在纸上留下摄人心魄的动力。他那富于力度和冲击性的线描,能方能圆,可曲可折,有时与形体、色彩融为一体,是油味与水墨味相结合,有时独立于形体与色彩之外,单纯、明快、自由、活泼。

马（1988年）

李可染回忆林风眠这时作画的情景时写道："他天天画画，平摆在屋内，一摞一摞，从早画到晚。因为他是广东人，很会烧菜，看守仓库的人每天送他两碗米饭，他自己烧点菜。有一天他用很流利的线条画马，马画得很快，一天从早到晚画了九十张。"

从线的角度来看，林风眠的线描造型表现有许多特质。他的仕女画，以优雅、匀细、圆润还有点飘逸的曲线为主，十足体现女性的妩媚体态和温馨情调。禽鸟则多强调曲线的速度与造型的肯定性，柔中有刚，能表现运动的生命形态。他画鹭与鹤，只用几条光洁的曲线，便勾出它们展翅欲飞的英姿，真如唐人张彦远形容用笔时说的"弯弧挺刃""风趋电疾"之势。在静物画中，他的线有时以粗壮的方笔头勾画轮廓，呈现出一种强悍风格；有时只作塑型或色彩的辅助因素，粗细、曲直、动静兼而施之，都服从于画面的总体要求。林风眠以一切感知为原则，往往在纤细和柔和的线条上表现他的爱恋，寄托他自家的情意，所以在他的画上所展开的线条，已不是吴昌硕的以大篆笔法入画，也不是潘天寿以非常理性的钢筋铁骨式的线条支撑画面。

林风眠作画用的笔不是普通的笔，而是他亲手制的特殊的画笔。他用长锋狼毫，把一支狼毫打开来，变成三支，然后用胶水胶粘上，再用油画笔的那个贴包起来，拉出来的线条跟铅笔是一样挺拔，又有着特别的含蓄而丰富。林风眠绘画中线条之美，真是动人魂魄。

人们还不会忘记林风眠的《致全国艺术界书》，他说绘画艺术的美，"像人间一个最深情的淑女，当来人无论怀着何种悲哀的情绪时，她第一会使人得到他所愿得到的那种温情和安慰"。在那时，这只是他对艺术的一种想象，而现在，他的这个想象已在艺术中变成现实了。激越的呐喊和沉重的悲哀转化为宁静的遐想或丰富多彩的世界。他的色调变得明朗，情绪转为平和，对现实人事的实感演化为对自然和虚幻人物情境的印象；水墨和彩墨成为主体形式，油画渐少见或不见了。

你看他笔下的小鸟，无论它们是独立枝头，还是疾飞而去，是在月下栖息，或是在晨曦里歌唱，都那么自如平和。抚琴的仕女，灿烂的秋色，窗前的鲜花，泊留的渔舟，江畔的孤松，起舞的仙鹤，也都奏着同样的音韵，没有冲突、倾轧、黑暗、丑恶和肮脏。它们独自存在着，自足自立着；它们沉静而自信，把力量隐在内里；它们远离血与火、是非纷争和喧嚣的是非纠葛。它们不张扬跋扈、狂妄奇异和歇斯底里，也不孤傲冷涩或顾影自怜。这里没有徐悲鸿的义骨侠肠，也无刘海粟的高狂放达；不似凡·高的生命燃烧，亦不近于鲁本斯或雷诺阿的肉体世界。你寻不见丰子恺式的童心与悲悯，也找不到高剑父式的观念式的图解。这种和谐而美妙、绚丽而宁静的世界，不是为了躲避什么，也不是为了寄托什么和指向什么。疲惫受伤的灵魂可以在这里歇息，情感的倾斜能够借此加以平衡；花卉禽鸟并不喻比抽象的人格伦理，也不是市井铺面上炫耀媚人装点高雅的摆设，无月份牌般的娇俗，也无陈老莲式的古雅。

这里不只有超逸神妙、优美典雅，这里也有痛苦、有斗争、有挣扎，也有呼吁，但它们升华了，改造了的画家不再向我们重复那些一睁眼就能看见的画面，一张耳就能听到的故事，他只选择那最珍贵最精华的给我们。那个世界给了他许多痛苦与毁灭，但是他拒绝了，他所要描绘的，是那个世界难给我们的也是大多数人忽略了的——真正的永恒、美丽、光明与爱。

不容否认，绘画材料的改变，对画风的改变有着很大的影响，这种影响常常起着决定性的作用。西方油画在中世纪时，还谈不上光色阴阳及凹凸，在十五世纪时，凡·艾克发明了油彩，推动了文艺复兴时期的油画革新，以及后来的印象派、现代派绘画色彩之丰富，都应该归功于油彩的发明。林风眠在国外学的是油画，回国之后的前几年，也画了许多令人震撼的油画。但在重庆期间，他放弃了油画，用中国的毛笔把水粉、广告色及水墨画在宣纸上。据当年在重庆国立艺专学画的陈佩秋回忆，在抗战期间，买不到好的油画原料，连好的宣纸也买不到，无论是老师或是学生都是用四川宣纸，价钱便宜。林风眠画风的形成就是在这样的物质基础上实现的。

林风眠的学生苏天赐，当时在林风眠画室学习西画，他回忆当时的情景说：

战时物资缺乏，那时要画油画，实在太不容易，有大部分同学直到毕业时，也只能画素描，即便能画点油画，也只有少数几种颜色。就是画素描，条件也不够好，木炭可以自己烧制，用柳枝，如果找到梨木和樱桃木则更好，纸却较麻烦，开头我们用嘉乐纸——一种深黄色的纸，其反面粗糙，可以容留木炭尘的微粒，但层次有限，只能练习画轮廓和大体明暗，要深入研究，只有找进口的木炭纸，这种纸，通过老同学的渠道，是可以买到的，有法国产的"鸡牌"、"安格尔"和"康颂"几种，但很贵，所以都在使用方法上尽量巧用，如果使用得当，一张纸正反两面算起来可以画十次，第一次不要画得太重太黑，画完了不保留时可用竹签轻轻打掉炭粉，再用馒头轻轻地擦掉残痕，第二次还可照样处理，但有些地方用馒头再也无法擦掉了，就用橡皮，第三次用橡皮还可以奏效，第四次再用橡皮也不行了，就用水洗，用刷子蘸肥皂细细地刷，这样之后还可以画最后一次。不过能经受得住洗刷的只有"康颂"，而"鸡牌"是不成的。我当时买不起这些昂贵的纸，好在我从广东带来一个双座油壶，法国产的，非常精巧，这是我在中学时，一位从南洋归国任教的美术老师送给我的，我用它向同学调换了两张"康颂牌"和三张"安格尔"，就用它们对付了我两年的学习。

上课期间，每天都由教务处发给每人一小块馒头，这是画木炭作业必不可少的,星期天和节假日就当然没有,但假日的安静却正是我们几个对素描着了迷的同学们所求之不得的,我们总是到厨房去求大师傅给点面粉,用水一和,草纸包裹着在油灯上烤熟.这就够一天用的了。

黑院墙:重返艺术摇篮

　　林风眠惨淡经营过的国立杭州艺术专科学校,也同林风眠一样处在风雨飘摇中。1940年,因安南局势紧张,艺专由云南迁到四川的璧山。1941年5月20日,校长滕固在重庆中央医院病故,国民党政府教育部聘请吕凤子任校长。1941年,国立艺术专科学校又迁至青木关外的松林岗。1942年的暑期后,吕凤子辞职,教育部聘陈之佛继任校长,学校也随之迁至重庆沙坪坝盘脊山的果家园。这时,林风眠仍然独居在重庆市郊嘉陵江南岸的茅屋里,因学校与他的住地相隔数十里,师生们能常来看望他。这时在国立艺专任助教的赵无极,是林风眠茅屋中的常客,常常在一起磋商艺术的创造。赵无极受现代派的影响,正钟情于马蒂斯、鲁尔的模式,绘画艺术已从西方回到东方的林风眠告诉他:摆脱马蒂斯、鲁尔,寻找自己的画风。于是,赵无极开始了把中国水墨情趣融入油画中去的探索,为后来的成功,奠定了扎实的基础。林风眠与赵无极的关系极为密切。赵无极的父亲赵汉生是银行家,在杭州葛岭也有房子,林风眠在杭州时就常去赵家。

　　在重庆期间,林风眠除了参加一些绘画展览活动,平时很少与人交往。据这时仍在国立艺专读书的吴冠中回忆,他在重庆时见过林先生一次。那是在重庆中央图书馆,当时正举办徐悲鸿的画展,各界人士都来参观,车水马龙的。他当时是快要毕业的学生,也去看展览。偶然发现林先生也在看这个展览,记得林先生的衣服袖子都破了。从艺术上讲吴冠中如同看见父母一样,他就一直跟着林先生,希望听到先生的评价。但林先生只是看，不加评论。正好碰见徐悲鸿进来，身穿白色西装，打着黑蝴蝶领结，还有蒋碧薇，前呼后拥地进来了。林先生看见徐悲鸿就跟他握手，徐悲鸿很忙，打了个招呼就照顾别人去了，看到这里，吴冠中心里很难受，他觉得徐悲鸿对林先生太冷淡了。许多年以后，有次吴冠中到上海看林先生，聊天时提到这件事，林先生说记不得了。

林风眠没有把这件事放在心里，但吴冠中把这件事记住了。林风眠和他的学生吴冠中是有所不同的，他怎能把这件事记在心上呢？

林风眠与徐悲鸿之间的关系，一直是研究者们关注的问题。李可染在《一位真正的艺术家》中回忆道："有一天我要到徐悲鸿家去玩，我跟林先生讲，我们一道去好不好。林先生说：'我跟你一道去。'林先生与徐悲鸿见面在过去是没有的。林先生到了徐悲鸿家里，徐悲鸿一开门，我说林先生来看你。徐悲鸿非常震惊，样子都变了，马上请林先生进到房间里。话没说几句，徐先生就说，我三天以后摆一桌盛大的宴会请林先生。三天以后徐悲鸿宴请林风眠。吃饭时，我与李瑞年等几位学生作陪，这是很不容易的。"

美术人物传记作家包立民在《徐悲鸿、林风眠首次会面考异》中谈到，李可染的这段回忆是在1989年11月2日在北京召开的一次林风眠艺术研讨会上说的，包立民写道："会后，刘开渠先生就李可染先生提出的林、徐首次会面的时间和地点提出异议。"

包氏引用了《徐悲鸿自述》中有这样一段记载："1925年秋间，忽偕张君梅游巴黎画肆，见达何先生之opbelid，爱其毕妙，因思致之。会闽中黄孟圭先生倦游欲返，素与友善，因劝吾同赴新加坡。时又得蔡孑民（元培）介绍函两封，因决行。"值得注意的是"时又得蔡孑民（元培）介绍函两封"，从中可以找出林风眠、徐悲鸿不相往来的原因。

笔者在巴黎期间，曾访问过赵无极和朱德群，他们都曾在国立杭州艺专读书，毕业后又都留校任教，谈到林风眠和徐悲鸿的关系时，他们都说：林先生和徐先生是当时画坛上两位领袖人物，又同时留学法国，但互不往来，当时就引起艺术界的关注，已成一个敏感话题。1940年任国立艺专校长的吕凤子，是徐悲鸿的朋友，和林风眠也相识。吕凤子曾在同事中谈过林风眠、徐悲鸿之间的几个误会：一是蔡元培虽坚持与北京政府不合作，但仍很关心北京艺专的命运，几任校长不能称职，蔡元培向北京政府教育部长易培基推荐的校长是徐悲鸿，而不是林风眠，并为徐悲鸿写了推荐信。徐悲鸿所持蔡元培的介绍函两封，其中有一封就是推荐他当校长的介绍信。由于徐悲鸿有新加坡之行，迟迟没有到任，蔡元培才又推荐林风眠。而林风眠得到蔡元培的推荐，很快即动身回国。船过新加坡时，他们又不期而遇。林风眠、徐悲鸿同船的情景如何，谈了些什么？各人的心境又如何？我们就无从知道了。二是，1927年，林风眠辞去北京国立艺专校长之职南下，1928年，蔡元培主持的大学院，在任命林风眠为国立杭州艺专校长的同时，又任命徐悲鸿为北京艺术学院院长。1927年，林风眠辞职后，北京艺专编入国立北平大学，称艺术院。但学生仍然要求林风眠北上任院长，闹起了风潮，徐悲鸿到任不久即辞去院长之职。此事引起徐悲鸿的不满，认为是林风眠在背后作祟。还有就是1928年春，田汉和徐悲鸿带领南国艺术院学生去杭州演出，遭到学生的反对，此事也产生了误解。

  人世间的思想，常常是由误解而缺乏沟通造成的。赵无极和朱德群从吕凤子那里听到的故事，有一定的可靠性，可能是林、徐之间不相交往的原因。但误解是不难消除的。田汉对林风眠的误解不就消除了嘛。笔者以为林、徐之间不相交往的障碍主要还是由于两位画家的人生取向及艺术追求的不同造成，这就是古语所说"道不同不相与谋"吧。

  林风眠与徐悲鸿的关系一直是人们关心的话题，直到1989年，林风眠长眠香江，戴天在《敬悼林风眠先生》的文章里，仍然议论这一话题："众所周知，林风眠先生于当代中国艺术改革与艺术教育方面，与徐悲鸿可以并称双璧。如林先生侧重于表现主义，徐悲鸿倾向于写实主义，各擅胜场，影响及于好几代。假如徐悲鸿所代表的为中国传统'疾虚妄'、'求实诚'的'实录'精神，或以苏格拉底及亚里士多德'艺术模仿自然'说为滥觞，其后孕育发展的是写实主义，那么林先生老庄思想，或毕达哥拉斯一派鼓吹的美与和谐理论，则欲求多样统一的形形色色审美观。这当然并不是绝对的，也许那句'尽善尽美'的成语，最足以统纳林风眠先生的艺术精神。许慎《说文解字》说，'美与善同义'，林先生的作品及人品，即证明了此一点。"

林风眠先生的"尽善尽美"，亦可看成亦儒亦道的中国人文化心理反应。

在对美的认识上，尽管儒道各善其善、各美其美，欲图美善相兼则并无二致，都具"执两其中"的表现。倘若以为《老子》书中大谈"信言不美，美言不信；善者不辩，辩者不善"，似乎美善对立，"大音希声，大象无形"，好像无美可言，事实上其所指，仅为虚假、矫饰的美与善。返璞归真、自然无为，才是美与善的真谛。林先生以儒入世，以道入艺术，走出写实主义的峡谷，打开"美与善同"的世界，就当代的艺术走向及审美心理而言，恰如楚戈所称，"其影响较徐悲鸿更著"。

看来，林风眠和徐悲鸿相比较的研究，后人还会继续进行下去。

1944年，教育部聘请潘天寿任国立艺专校长。此时，潘天寿讲学于浙江国立英士大学，未能立即到任。校务暂由西画系主任李骡代理。至暑假潘天寿才到重庆就职。潘天寿到任后，和教务长谢海燕决定请林风眠回校任教，两人坐着滑竿到林风眠的住处延请。经过三天的连续劝说，林风眠终为他们的诚挚所感动，回校任教，学校派赵无极担任林风眠的助教。

这时的国立艺专和在杭州时一样，集全国绘画界的精英，教西画的有关良、林风眠、倪贻德、丁衍庸、李仲生、赵无极、朱德群。学校实行画室制，当时西画系设有林风眠、李超士、方干民、吕霞光四个画室。林风眠画室里的学生有苏天赐、席德进、李霖灿、徐坚白、谭雪生等二十多人。

当时的学生席德进回忆：林风眠每周去磐溪黑院墙的艺专上课一次。从南岸弹子石到艺专是颇长的路，先要渡过长江到重庆市区，然

林风眠与学生席德进

后搭一段公共车到化龙桥，下坡坐渡船过嘉陵江，再走约十华里的山路才到。黑院墙是坐落在山下一幢中国式三进四合院民房，左右都有大小庭院，学校办公室、国画教室、图书馆都设在前后左右厅房之中，西画及雕塑教室则修筑在后面山坡上，一幢幢茅草竹屋倒也蛮风凉的。对远道而来的教授们，学校也为他们修了一排简陋的茅屋，每人一间，一床，一桌，可以过夜，免得天天受跋涉之苦。林风眠每周来宿上一夜，与国画教师吴茀之做了邻屋，同关良、丁衍庸、李可染、赵无极等在课余常在一起闲聊、赏画，相互观摩品评。生活虽然清苦，但大学创作艺术热忱却得到鼓舞，不断地研究创新。何况又有一群年轻的学生成为他们的拥护者和信徒。教授常常轮流举行个人画展，同学们也组织画会，展出他们的习作，来表现自我的才华。

但是潘天寿任校长之职不久，学生就反对他，并提出恢复林风眠的职务。

对这个时期的生活，林风眠很少有过表露，只是在1971年6月18日的《狱中陈述》中有这样一段记载：

1944年从宣传部出来，潘天寿来找我，请我到艺专教书。当时这个学校在磐溪（在沙坪坝对面），我教的那一班有些进步学生是反对潘天寿的，因为潘天寿和陈立夫有关系。1945年，陈立夫倒台了，不做教育部长了，朱家骅做教育部长，他是喜欢洋派的，朱对潘不大满意，学生对我比较有好感，希望我能当校长。后来潘天寿干不下去了，就到陈立夫那里去告状，说我叫学生闹风潮。当时进步学生谭雪生等（现在广东艺专学院教书）闹得很厉害。1945年，学校迁至杭州，我跟着到了杭州，学生还是闹风潮，潘认为还是我闹的。潘天寿辞职了。教育部派来了汪日章当校长。他来后，不要我再当教师，说南京对我不满意。1947年，我就不教书了，学生还是闹风潮，要我回校教书。1948年，他们又把我请回去。这一年中，我住在岳坟，画画，修理自己的房子，后来回到学校教书，不久就解放了。

据谭雪生回忆，1946年旧政协开会期间，他参加学生运动经常缺课，为此感到对不起林先生。林先生不但不加责怪，而且安慰说："我明白你们是为了爱国，我在巴黎时也参加过周恩来领导的留学生爱国活动，周劝我参加他们的组织，我很为难，对他说：你们为救国投身于政治，有崇高理想，我是很敬佩的，但我早已决心献身于艺术，认为学好了回国也是为了救国，为怕分心还是让我不参加为好。以后你们需要我做什么，我还是会一样愿意效劳的。"林风眠虽然不参加政治斗争，但他对国家大事还是很关心的。他和周恩来等留学生中的政治人物一样，都有着爱国热情和政治理想。他们的不同之处，一个是通过政治手段，运用组织形式来改造社会；一个是通过艺术手段，以个人的创造来感染社会。

林风眠和潘天寿的关系，曾经历了不寻常的过程。林风眠任国立杭州艺专校长时，曾聘请潘天寿为国画系教授；潘天寿任国立艺专校长时，又聘请林风眠为西画系教授，两人的友谊及彼此的尊重非同一般。故时代风云的变幻在他们之间造成的隔阂隐隐可见，关于这一点，林风眠说了，在其他人回忆潘天寿的文章中也说了。

冯藕然回忆潘天寿辞职前后的情况：时值国事动荡，人心涣散，在先生竭力维护下的师生，有些人竟闹起风潮，肆意攻击先生。先生犯而不校，那些自命不凡者跳梁气势泄尽，终于为保持地位显出不堪言状的可怜相。……暑假将到（1947年暑假），南京掌握教育的巨头陈立夫，以私人名义荐其友某某来校任行政工作，这明显是嘱咐先生按自己意愿斥走一方，由来人接手，以平息风潮。潘天寿复信说，如暑假以后，校长一职仍须蝉联，自当竭诚相请，以资相助。信发出五日，教育部来电说明：潘天寿准辞校长之职，留待移交……继任校长是汪日章。他声明教师、工友尽量留续用，职员应该让位。但鉴于教授队伍里已经有林风眠，与汪同是留学生，可以合得来。对先生另眼看待，先聘任吴茀之为国画系主任。

谢海燕回忆：1946年以后，国立艺专随着时局变化，内部人事纠纷十分激烈，复员到杭州后，潘先生不得不坚辞校长职务。当时国民党教育部对什么人接任国立艺专校长大伤脑筋。一度请陈树人担任校长，要我担任教务长，但我在大病之后，元气未复，只好婉辞谢绝。但陈也表示自己老了，官也做够了，何必再做校长，而决然辞职了。后来教育部又找张书旂担任校长，张也邀我出任教务长，我推荐孙福熙，不知道什么缘故，张书旂接任没有成功。最后是汪日章接任校长。

汪日章也著文回忆与潘天寿辞职有关的情况：1946年学校复员回到杭州，学生又闹风潮，潘天寿校长辞职照准，教育部拟请张书旂为校长，但遭师生反对，张于是去美国定居。复曾征求过陈树人来担任校长。陈因无意任此烦务，不就。潘因无人可移交，想起了和我昔日的交谊。我于1929年从巴黎美术学院毕业回国，在上海新华艺专任西画系主任时，潘是国画系教授；1931年，潘与王一亭、吴东迈、王个簃、诸闻韵、诸乐三、吴茀之创办昌明艺专于上海时，曾约我为西画系主任；抗战期间由倪贻德、吴恒勤、吴作人等发起组织中国美术界抗敌协会时，潘天寿、吴茀之、吴作人、傅抱石、黄君璧、陈之佛、吕斯百、陈树人、徐悲鸿、王临乙、常书鸿等均为理事，我被推为理事长。那时国立艺专迁在重庆郊区青木关，我住在重庆市内曾家岩，潘进城必宿我处。长期以来，我们的友谊可以说是十分亲密的。1947年上半年，潘天寿和倪贻德约我在杭州大华饭店吃晚饭。席间，潘坚邀请我返美术岗位。又同至南京教育部反映，云国立艺专师生均表欢迎……黄宾虹、谢投八教授都是我聘请。还竭力挽请郑午昌、吴大羽继续任教；1948年度又聘请林风眠教授来校任教。

在这诸回忆的文字中，都说明潘天寿辞职是曾经有过一段风波的。这些风波和林风眠有什么关系呢？从冯藹然的回忆中可以看出对林风眠还是有些成见的，似乎是汪、林的合作赶走了潘天寿。而从汪日章的回忆中却是另一回事。林风眠走出茅屋受聘于国立艺专之后，1947年，汪日章任校长时，林风眠确实被辞退过，否则汪日章不会说"1948年度又聘林风眠教授来校任教"的话了。

《浙江美术学院校史》记载，教育部部署复员事宜，决定恢复杭州艺专、北平艺专建制，各返原地，学生可自愿选择一校就读。最后教育部又指示："该校永久地址，经决定迁设杭州。即保留国立艺专校名，全部师生员工复员杭州。同时又派徐悲鸿去北平重建国立北平艺专。自此，杭州一校名为国立艺专，而北平一校则称国立北平艺专。"国立艺专复员方案既定，潘天寿校长命姜丹书为接收代表。劫后杭州校园，景物荒凉，校舍残破，留校教具、师生作品荡然无存。一切整理修葺、新建校舍和购置校具事宜准备就绪，1946年暑假，国立艺专师生员工从四川磐溪分路：北路经西安，南路经桂林，水路沿长江，陆续返回杭州，至深秋复员完毕。

木秀于林，风必摧之。在人事关系极为复杂的环境中，只要是权力争夺上的风吹草动，林风眠都会因被误会而卷入其中。这一切只能说明他的影响太大，是一个时代性的人物，别人对他总是有一种戒备之心。所幸的是，林风眠的心态总是在平衡之中，对去留与误解也就不放在心上了。

又到西湖：黑衣女和红衣女的出现

抗日战争胜利了，"即从巴峡穿巫峡，便下襄阳向洛阳"是所有寓居蜀中的人们的心境。林风眠抛弃了所有行李，只带几十公斤未托裱的画回到杭州,"雕栏玉砌应犹在,只是朱颜改",改变的何止是朱颜,旧居花园别墅已经变成日本人的兵营,院子中的花园变成了日本人的马厩,他那曾经震动世界的几幅巨幅油画,被日本人用来做养马的帐篷,此时只能看到一些碎布屑,其他都荡然无存了。他把妻子、女儿从上海接到杭州,无处栖身,只好住在岳王庙里。林风眠回上海接夫人和女儿去杭州时,见到一位中文名字叫马国维的男子住在他的家中。马国维是犹太人,当时纳粹分子迫害他们家,就逃到上海,以牙科医生的职业谋生,和阿丽丝有亲戚关系。因为他们两家有亲戚关系,几年之后,马国维就和林蒂娜结婚。但是,林风眠很不欢喜马国维,并不赞成女儿和他结婚。待房子修好之后,他们全家又搬入花园别墅旧居。花园别墅又恢复了昔日的幽雅,但别墅的主人已不是昔日风华正茂的最高美术学府的校长,而是一位孤独寂寞的画家,但仍超然尘外,埋头在他的创造中。

林风眠的绘画道路,正是但丁的道路。他的个人画史,就是一部《神曲》。二十年前,他画了一幅轰动世界的油画,那就是《痛苦》,那时他不只画痛苦,也画地狱,画耶稣上十字架。画家必须尝遍黑夜与创伤,才能把黑夜和痛苦搬到画面上。二十年后,痛苦没有了,地狱十字架没有了,成千上万个黑夜变成一片光明洁净。画家已通过但丁的地狱,到达净土,再升往天堂。画家终于找到他最后也最灿烂的风格,这是他牺牲了过去二十年的光荣和地位,在寂寞与孤独中获得的。这个时候,他刚好走完从东方到西方的路,返身由西方回到东方。

经过初期的翎毛、走兽、虫鱼,中期的山水风景,1944年前开始进入人物画的林风眠,东归杭州后,更是勤奋不已,经过以往千百次的尝试,终于第一张带希腊风格的女像出现了。但是,他并不满意。希腊味有了,但不够深。于是他再画,画,画。他白天画,黑夜画,十张,一百张,一千张。在几千张以后,他的"蓝衣女""黑衣女""绿衣女"以及"红衣女"相继出现了。这是一个现代奇迹,我们又看到一个希腊,一个盛唐。这时,作家无名氏也从重庆东归杭州,并和林风眠做了邻居,经常出入林风眠的画室,他曾描述他走近林风眠画室——花园别墅的心情：

我几乎不相信我的眼睛。当这个乖谬世界笼罩着如此普遍的黑暗与骚乱时，这个画室却洋溢着巨大的光彩、宁静。一种极度灿烂的美拥抱我的视觉，我发现了一个我从未认识的世界。但我错了。这个世界应该是我认识的；这正是明天的世界。这并不是画，是生命本体的象征，明日信仰感觉源泉。画家的先知预言了下一个世界，下一个世纪：人类不再像今天这样自相残杀的世纪。

稍后，又有几次，作家默默走进画室。奇迹同样出现了。作家发现两个黑衣女从画里走出来。她们再忍不住画纸的关闭，要向他飞过来，扑过来。另一张睡着的黑衣女，也在挣扎、张臂，要坐起来，踱到画外。那张杰作"红衣女"，简直以雷霆万钧的巨响恐骇着看者，一蓬红彤彤的大火，又热烈，又空灵。火是西方的，空灵是东方的。这是东西美术最伟大的结合。画者第一次真正摆脱了水墨的束缚和压

林风眠摄于画室

力，绝对自由地把心头最高灵感放射在画面上。

　　林风眠的风格形成了，他艺术中的鲜明个性，把他推向中国绘画发展史上一个分水岭的地位——即林风眠前的中国画和林风眠后的中国画。林风眠的水墨与色彩相融合的绘画形式，虽然不能说是中国画，它对中国画发展所产生的影响一时还难断定，但它使中国画再也不会回到文人画的老路上去，可以说今后的中国不可能再有传统的文人画了。

　　林风眠给我们创造了一种特殊的艺术情调，在孤寂中有着热情，在壮美中有着沉静，在萧瑟中透露出生的气息，在怀旧与向往的交织中，又似乎在思索着什么。这正是生活在历史的峡谷中的人们的极为复杂的情绪。有的人可以学他的色彩，有的人可以学他的线条，但无法把握他那微妙的艺术情调。

第八章

上海：风风雨雨廿七年

再见了，西子湖：辞职离校

1949年5月3日，杭州解放了。当晚，解放军就到校访问。6月7日，杭州军事管制委员会任命倪贻德、刘苇为军代表，接管国立杭州艺术专科学校。参加接管的还有魏猛克、刘汝醴。7月2日，第一次中华全国文学艺术工作者代表大会在北平举行。倪贻德作为华东代表团副团长参加会议。在会议期间，周恩来很关心国立杭州艺专领导班子人选。9月，浙江省军管会任命刘开渠为国立杭州艺专校长，倪贻德为第一副校长，江丰为第二副校长兼党委书记。庞薰琹任教务长，郑野夫任总务长，刘苇任人事科长。

还是在文代会期间，周恩来就提议刘开渠担任国立杭州艺专校长。会议休息时，周恩来请文艺界的知名人士梅兰芳、郑君里、陈鲤庭、孙维世、刘开渠等到家中吃饭。周恩来对刘开渠说："你要去国立杭州艺专当校长了，林风眠先生在那里，有事你们可商量商量。"刘开渠到了杭州，见到老师林风眠就高兴地说："是周总理要我到这里来的。"并向林风眠转达了周恩来的意思。

这时的林风眠也很自信，虽然不企望周恩来能对他有什么关照，但对叶剑英还是寄予希望的。叶剑英是他梅州中学校友，留学法国时又常有交往，所以在中国人民解放军渡江的前夕，他就兴奋地对学生说："共产党来了，叶剑英肯定会支持我，说不定这个学校就能按我们的理想来办。"他相信有周恩来、叶剑英参加建立的新政权能够打破旧社会艺术教育界派系林立、互相倾轧、一盘散沙的局面。因而，林风眠选择留了下来，并对江丰、刘开渠等新的领导采取支持的态度，何况刘开渠又是自己的学生。但后来的事实证明，林风眠想得太天真了。

这时，谭震林任浙江省省长，江华任杭州市市长。林风眠参加杭州市政治协商会议，被选为政协委员，以后又被选为杭州市政协常委。

第一次全国文学艺术工作者代表大会确定了毛泽东提出的为人民服务的文艺方针，林风眠感到自己的艺术主张和这一文艺方针并不矛盾，而且有相通的地方。因此，他很乐意接受这一方针。用他自己的话来说："自己认为共产党来了，艺术可以有很大的发展。"这时的林风眠心情是愉快的，觉得自己的艺术可以有用武之地。

1950年，国立杭州艺专改名为中央美术学院华东分院。江丰在《中央美术学院华东分院暂行规章》提出了学校新的教育方针：以马列主义和毛泽东思想进行政治教育，肃清封建的、买办的、法西斯主义的反革命思想，发扬爱国主义和为人民服务的思想；以现实主义的、中国民族的和中国革命的美术，进行美术理论和实际教育；以各种美术形式和当前的实际斗争及群众美术工作相结合，达到学用一致，培养联系实际、联系群众的工作作风和能力。

对这个教育方针，林风眠也是乐于接受的，他认为艺术大众化、联系实际，反映人民群众的喜闻乐见的生活，和他的为人生而艺术的基调是一致的，没有什么矛盾。他积极地随学校深入农村写生，即使不能下乡，也托助教苏天赐代为勾速写，以便进行农村题材的创作。林风眠这一时期的作品就采用线描的手法，年画的人物造型，画得一丝不苟，非常认真。这对他来说，或者对这所学校的传统教学风格来说，已经是很不容易了。

时代风气变了，但林风眠自己设计建筑的别墅，仍然不寂寞，经常还是有一群青年学子踏着满地的黄叶，穿过白堤，绕过孤山，走进他那有着灰色围墙的法式建筑。客厅很大，四壁立满图书唱片，坐具是几个茶褐色丝绒蒲团，空旷而有些余温。林风眠穿褐色皮鞋，爱因斯坦也爱穿的那种圆头厚底的、隐格花呢宽裤，灰米黄粗绒线高领套衫，十分疏松，头戴法兰西小帽，手托着烟斗放在嘴边，那一缕缕青烟，仿佛映现着巴黎、佛罗伦萨、波恩。长方形的画室，壁面全贴上三夹板，取木质本色，近顶处有几块斜竖的磨砂玻璃，内安乳白灯泡。书桌巨大，两侧置落地长杆罩灯，纸是宣纸，颜料是水粉，以绘广告用的水粉色和着墨汁画在宣纸上，兼水墨水彩之精灵，油彩粉彩之浓郁,乃是首创,乃是新径。书桌下一块方毡,图案是孔雀开屏。夜晚,四野很静,但闻风吹树枝,踏在孔雀上,常常画到天明。而且他很风趣,善于应着青年学生的傻气,不时纵声大笑,添几句即景点题的正经俏皮话,语调轻,笑声响。和外面的标语满墙,锣鼓喧天,灰蓝色人民相比,这里完全是另一个世界。一位叫木心的作家,是一位当年曾在这里盘桓的艺专学画的学生,他觉得自己一直处于昏瞀的状态中,又要看画,又要看画家,又要说话,又要品味环境,平时过的是单调枯索的日子,突然羼入颜色音响形象旋涡中,流动太快,应接不暇……

但是,这样的艺术气氛很快就消失了。

要知道,自林风眠创办国立杭州艺专到新中国诞生的二十多年的时间里,国立杭州艺专虽数易校长,油画系与中国画系虽几次有分有合,但教学上一直延续着林风眠创立的教学体系。国立杭州艺专更名为中央美术学院华东分院后,就以解放区延安鲁迅文艺学院美术系和华北联合大学文艺学院美术系的美术教育经验为基础,对艺专的原有的教学进行改造,推行新的艺术教育方针,简单化为把"线描形式,宣传画题材"当作唯一正确方面,把林风眠的"实现社会艺术化""促进社会美育"的主张无形中被放在对立面的位置上去了。特别是他以"调和中西"为指导思想创造的艺术形式,和"艺术为政治服务""表现工农兵的形象",更是格格不入了。

在艺术上,本来想大有作为的林风眠一下子被推到一个非常尴尬的地位。

虽然如此,林风眠尚称安好,一边吃着花生糖、胡桃,一边画,画到早晨是常有的。他在给学生们的信中说:"我像斯芬克斯,坐在沙漠里,伟大的时代一个一个过去了,我依然不动。"但他没有想到,他现在所遇到的新时代,是与以往任何时代都是有所不同的时代。

学校组织师生下乡下厂下部队,在深入体验生活的基础上进行创作时,表现了更为严重的宗派主义。如把老解放区来的教师和原来艺专教师区别开来,分组进行教学活动,目的很明确,利用这一对比的方法，对留用教师进行改造。而在国立艺专时就进校的学生，仍然受旧的艺术教学的影响，对解放区来的教师的教学方法不能接受，仍然留恋老的教学方法，上课时，有的学生说新来的老师画的不对，并动手修改，这样无形中又增加了解放区来的教师和留用教师的矛盾。在新旧斗争中，林风眠又是首当其冲，他担心会不会像以往那样，又说他幕后指挥学生与新来的老师为难。

　　林风眠的顾虑不是多余的，不久他和几位西画教授就被认为是脱离群众的，还有以黄宾虹、潘天寿为代表的中国画教授也有脱离群众之嫌。中国画教师由此被排挤到民族绘画研究所，坐起了冷板凳，或到教务处干文书工作。后来，由于毛泽东强调中医等中国民族文化传统的重要性，中国画也被列入传统文化受到重视了。而林风眠却进了"炼狱"，他实践蔡元培美育思想而创立的学术自由、兼容并包的开明校风被批判了，林风眠的教学法被指不实用，甚至要林风眠当场画石膏写生作考试。当年，徐悲鸿批判的"形式主义"不但用来直接批评林风眠，徐悲鸿还以其政治强势批判"杭州国立艺专"是"形式主义的大本营"，延续国立艺专基本教学方法的林风眠画室也因此被批判为"新派画小集团"。林风眠的好友、油画系主任吴大羽没有得到续聘而失业，离开了杭州，加上林风眠的得意弟子、助教苏天赐也被调走到别的地方去任教，林风眠成了没有助教的教授了。林风眠画室的徐永祥、翁祖亮、朱颖人、钱景长、周昌谷五位学生不但艺术受批评，而且被跟踪，林风眠感到无法再留下去。在这种情况下，林风眠感到不久就会搞到自己头上，于是1951年辞去教授职务，举家由杭州又迁往上海南昌路的旧居。

　　对这次批判，校方认为是一大胜利，赞之为新中国成立以来学校取得的主要成绩。但是，他们没有想到林风眠的离去，是把一种重个性化的教育方针赶出了中国美术教育舞台，破坏了艺术教育规律，造成以后的出不了美术大师的冷落的局面。

　　对林风眠为什么辞职，各种说法不一。1971年6月25日，林风眠在《狱中陈述》中说：

1951年,我离开杭州到上海,因为身体不好,要求到上海去休养,学校同意我去。当时学校问我要不要补助、津贴,我没有要。因为我是去休养的。没有工作,我想画些画来维持生活,我画了画给我爱人,由我爱人卖给外国人。

这个自述被视为不够深刻,林风眠于1971年8月13日又一次"陈述"说,

刚解放,学校组织大家去农村体验生活,回来创造工农兵的作品,由于当时思想不通,画是画的是歪曲农民形象,不像农民,而像资产阶级,受到领导的批判,但自己不满意。因为过去画画讲形式主义,只讲形式,不讲内容,解放后一部分学生还受它的影响。当时有一部分学生不满意新的教员,因为新来的教员政治思想是好的,艺术方面不大好,故学校形成两派,一派是过去的,艺术好政治不好,一派是政治好艺术不大行的。我是属于旧的一派。新的教员说老的艺术没有用,如莫朴、王流秋、金浪等,我属于老的,搞水墨画,国画和洋画合在一起,所谓新派画是形式主义,杭州艺专过去一直是这样的。

现代派是抽象主义,乱画乱涂的。我们中国没人搞过。我是搞形式主义,是印象派,搞印象派的有我、苏天赐、关良、胡善余。我们不满当时这样搞,我们认为画得很好嘛。自己认为共产党来了,艺术可以有很大发展。结果领导这样搞,感到前途失望就熟悉水墨画,为了逃避,就离开杭州到上海来了。

1988年11月,浙江美术学院院长萧峰在香港拜访林风眠时,仍然有着这样的话题:

我就借着这个话题问林老:"是否还记得解放初期我从部队调到国立艺专学习,苏天赐先生教我们素描,苏先生是林先生的助教,有时请你到我班上来指导,由此而认识老师,由于对艺术前辈的敬仰,我

曾两次拜访老师。"林老说:"当然记得,那个班好像还有方增先、裘伯浒(裘沙)、俞雨汀同学。解放初期我还跟同学们一起下过乡,一些农村题材就是我那时候画的。我们这些旧社会过来的人,画不来苏俄式的那种创作,当时为了改造自己,还拼命努力过。但艺术毕竟是艺术,要大家都搞成一个样子,恐怕也不行。说实话,当时我担心批判我,因为我的画那时叫'新派画',属于该批判的资产阶级之列。我想与其挨批判,还不如早离开。所以外边传是'杭州艺专赶我走的',这话不确实,应该讲是我主动离开的,因为我怕挨批判而采取的'走为上策'罢了。我离开了艺专,但我对学校还是很怀念的,因为在这所学校里差不多度过了我整个青春年华。以后,在别的地方也说过:'当时学习苏联,批新派画,我是新派画的头头,还留在艺专干什么?'"

林风眠是识相知趣地离开了。

平静的叙述——无论是在监狱里,或是在香港豪华的公寓里,都显示林风眠朴实无华的本色,这也正是林风眠的高尚之处,不因为做了囚犯就无原则地自我践踏,也不因为被人崇敬便文饰自己,更没有把昔日的落魄看成是英雄的壮举与光环。这一点不是说值得他人学习,而是值得他人羞愧。新中国成立之初,所谓革命画派,无非就是从苏联那里搬过来的,特别是苏联美术教育的那套素描方法,在中国美术教育中所起的作用如何,虽然别人有所议论,但林风眠没有和这种方法论优劣。因为从国立杭州艺专培养出来的学生及他们在当今画坛上所取得的成就与艺术地位,已经显示出林风眠艺术教育的成功了。

挂职美协的专业画家:卖画为生

林风眠离开学校回到上海,赋闲在家。在中国这个社会,没有单位,似乎就没有归属,渐渐地也就从社会上消失了。这时他才五十二岁，从绘画这一行当来看，正是壮年有为的时候。这时中国美术家协会华东分会成立，吸收林风眠为挂职在美协的专业画家。入会时填了一张表，表上有政治态度这样的栏目，是供组织上审查时填写的。在这栏目中填写着"中右"的字样。在中国传统社会中，人一向被分为三六九等，按品位来分又有上、中、下三品之别。进入一个新的时代，又按政治上左、中、右三派来划分。林风眠属于"中间偏右"。其实，对艺术家的林风眠来说，无论怎样划分，对他都是没有意义的，他仍画他的画。

政治上评定他是"中右"还是"中左"，对林风眠来说无关紧要，重要的是他面临着生计问题。这时的画家是社会上的自由职业者，他们大多以画檀香扇的收入来维持生活。虽有一些新的绘画研究组织成立，也都是民间的，属于以画会友性质的。林风眠以局外人的态度，不参加这些活动。只是小门紧闭，和外界的交往就更少了。林风眠的家在南昌路51号，是一座法式两层小楼，前临法文协会，后接法国公园，这一带的行道树种的都是枫科，人们习惯称之为法国梧桐。虽说是两层小楼，实际居住面积是不大的。下面是客厅和厨房，上面只有一大一小两个房间。太太和女儿住在大房间，他住小房间，中间隔开，里面几平方睡觉，外面几平方作画室，也是客厅。他平时就躲在小阁楼里，画案上有一只台灯，画累了就躺在小床上休息。站在马路上可以看见二楼客厅的窗，帷幔长垂，灯光暗淡，来访者按门铃，他会从幔缝俯察来者是谁，不欲接见，就阒无动静；有约，或愿见，亲自下楼，到小天井时已说笑称呼，说这是从前法国侨民住宅。楼梯暗暗，扶栏木质坚硬，上下交接的折角处，立着一双马靴，皮质精良，款式优雅，显然不是中国货。一到客厅坐定，他总是习惯这样问："茶？还是酒？"喝酒，就是一杯莱姆式白兰地，喝茶，就是上等龙井。酒、茶、言、笑，有时还去附近的川菜馆"洁而精"共餐。他平时不下楼，一日三餐都是女儿送上来。女儿蒂娜高中还没有读完就辍学了，因为是混血儿，在学校学生老是围观她，她不愿再到学校去，也没有学画，跟着妈妈做家务。

无论是来访者或是林风眠自己，最快乐的事就是看画，看他的新作。一位画家，必定是一位批评家，创作过程原本就是批评的过程，尤其画到中途，这位批评家岸然登场，直到最后画完。至此，画家退开，画装框，上墙，画家成为观众之一。除了这种态度，还可有另一态度：当别人看他的画时，他在旁看别人的表情、听别人说的话。那时，他等于借别人的眼光来看自己的画，凭借别人的心来掂量自己的精神产物。林风眠喜欢别人看他的画，说他的画。他叼着烟斗，双臂交叠在胸前，微微笑，时而大笑。画平摊在客厅地毯上，观者弯腰俯视，他立于对面，他看到自己的画是倒向的。他在看观画的人，是在借用观者的眼睛，甚至心，来评估自己的作品。他给人看画是分类的，亦可谓分等的，猜度观者的倾向性，拿出你特别喜好的，此为分类，他不愿将自己钟爱的作品给鉴赏力不够的人看。

生存还是第一位的。为了弥补家用，林风眠将许多从法国带回来的画册卖给鲁迅美术学院，把自己心爱的西方古典音乐唱片一套套地卖给上海旧货商店，他的夫人还长期帮他裱画，帮助别人装订书籍画刊，生活得很清苦。一家四口，除了太太、女儿，还有女婿，太太又养了猫和狗，每月的开支也要两三百元。林风眠辞去教职，没有分文收入，全家只有靠卖画维持生活。这时的中国人，谁还买林风眠的画呢？即使想买也买不起。所以，他画了画，就由夫人到外国人的圈子里去卖。当时，外国在上海的领事馆、临时代办处及金融、商业机构还有不少，他们欢喜林风眠的画，都认为与其带钱回去，还不如买林风眠的画。

开始的时候，林风眠的画很便宜，一张四尺的画只卖几十元人民币。为了省钱，都是林风眠自己托裱。后来，傅聪在英国结婚，傅雷向林风眠买了一张画作为结婚礼物，送给新婚夫妇。后来，傅聪把这张画在伦敦作了估价，大概可以卖三四百元人民币，说是伦敦很欢喜林风眠的画。以后，傅雷又从林风眠这里买了几张画带到英国去。林风眠得知这一消息后，外国人再买他的画就提高价位，一张四尺的画可卖两百元人民币。但是，林风眠毕竟是个有影响的人物，加上他的老朋友周恩来及学生艾青的关注，上海市人民政府特地对他作了安排，1954年，他进了上海市政协，享受每月一百元的政府补贴；之后，林风眠又在上海市美协担任副主席兼油画组组长。这样的安排，社会地位并不低，即使上海的名画家也不是都能享受到的。

1955年，在中国定居的外国人，如果想离开中国回国，中国政府不但批准，而且发给路费。在这种情况下，林风眠的夫人阿丽丝要带着女儿和女婿回法国。他们的申请得到中国政府的批准。林风眠虽然不欢喜女婿，但对女儿蒂娜还是很喜欢的。女儿和马国维结婚几年，还没有生孩子。1956年，犹太基金会资助逗留在上海的犹太人移民巴西的机会，有着中国名字的马国维是奥地利籍犹太人，当时联合国对犹太人有特殊政策，只要有去处，可以提供移民的方便。他们改变了去法国的计划，改去巴西里约热内卢。女婿除了能鉴定古董，别的也没有赚钱的本领，夫人年纪也大了，将来回去后如何生活呢？林风眠给她们母女准备了两箱子画，还有整套红木家具，还有他收藏的古董也送给女儿了。夫人没有回法国，他们从上海到香港，然后途经印度、毛里求斯、南非，最后到了巴西。二十世纪五十年代，在巴西定居生活都比较方便。他们到了巴西定居之后，寄来一些照片，虽然是租来的房子，可以看到房子的装饰具有中国风味，除了那套很有气派

林风眠夫人艾丽丝·华丹（约二十世纪五十年代初）

林风眠女儿林蒂娜（约二十世纪五十年代初）

第八章　上海：风风雨雨廿七年

的红木家具，还有中国的屏风。来信说，女婿开了一个小古董店，买卖中国古董。夫人当家庭教师，教富家子弟学法语。

　　夫人和女儿走了以后，林风眠把房子退掉一半，把画室移到二楼南房，厨房也移到浴室内，自己一个人做饭。本来每月要付一百六十元的房租，这时只要付八十元了。负担虽然减轻了许多，要生活仍然要卖画。过去都是夫人操办这些事，这时，外国驻上海领事馆的人来帮助林风眠到外国人的圈子里卖画了。和林风眠经常往来的有英国驻上海代办史本基及代办处的职员孟思礼，挪威驻上海的领事和夫人，意大利驻上海领事馆的鲍德，毕比银行职员陆师林、医生霍斯克，法国医生桑德理，瑞士的康德斯，这些人都常驻上海，有时到林风眠这里买一两张画。外国代表团来上海，这些人也介绍他们来买林风眠的画，有的外国人还跟林风眠学画。

　　当时，和林风眠交往较多的有柳和清、王丹凤夫妇。柳和清是上海滩电影界有名的制作人，他后来活到九十岁，仍不减当年上海滩"小开"风采。二十世纪四十年代，电影《二百五小传》杀青，正在作上演前的宣传，作为电影制作人的柳和清来到画家关良家，约请

艾丽丝与林蒂娜

他为该片绘制海报，一进门正遇一位座上客，经介绍此人正是他所景仰的林风眠。不料，从此柳和清便和林风眠成了忘年之交。1950年初，林风眠辞去教职返上海，境况十分困难，柳和清除了自己买林风眠的画，他还介绍一些朋友来买画。在以后几十年间，连买带送，柳和清得到林风眠大小画作百余幅。夫人和女儿去了巴西之后，一个人生活的林风眠起居更为简朴了，因陋就简，很少添置新的衣服。他经常到家对面粮店买五分钱的面条，每天中

1950年，林风眠与关良合影

午就下面条充饥。到了晚上，煮些稀饭果腹。一天，柳和清来到林风眠家，他很快下了两碗阳春面，还拿出了家里常备自己烧的菜干红烧肉。他讲这道菜每个月会煮一两次，一天吃不完就隔天吃。柳和清夸奖他的菜烧得好。林不无得意地说，这是他家乡传统菜肴，也是他母亲的拿手菜。他还介绍了如何配制酱油，将买回的酱油加生姜，煮沸后加白糖，冷却，味道颇佳。这一生活小絮，使柳和清得益匪浅。他到香港开功德林素食餐馆，所使用的酱油，就是从林风眠那里学来的。

在那个年代，上海的画家中能以卖画为生的，只有林风眠。

异性知己：艺术与生活的温婉

林风眠的人物画中，出现最多的是女性肖像与人体。他早期的人物肖像中，有许多是他女儿的影子。以后的人物肖像，熟悉他周围的

人，都能说这是画的某某人。不只是林风眠，世界上许多大艺术家都是以周围的人作为创作对象的，这也符合艺术创作的规律。大雕塑家罗丹、立体画派创始人毕加索和野兽派领袖马蒂斯无不如此。除了马蒂斯的生活极为隐秘，至今鲜为人知外，罗丹与毕加索都是把生活与艺术浑然一体的。他们传奇的生活方式、绚丽多彩的爱情纠纷，和他们的艺术一样刺激了人们的兴趣。毕加索曾强调，他的美术具有揭示性，他的画应比作一部画传，后人读他犹如读一部由一张张画构成的一页页日记。美术史家及评论家也感兴趣于他迷人的个性，研究时都着眼于阐明他们的生涯及个性与艺术的关系。

写林风眠传，同样不可避免地要遇到这样的问题。

林风眠初到上海，没有什么认识的人，更谈不上有什么朋友。后来和他往来较多的潘其鎏是他在杭州时的学生，离开他的画室之后就回到福建老家去了。从林风眠的信中可看出潘很想来上海，但林风眠劝他暂时不要来。1952年1月5日，林风眠在信中说："好久没有给你写信，但从芬那里你一定知道我的情形，我感谢你给我买古画，但

潘其鎏与老师林风眠在复兴公园

金碧芬和林风眠

我不愿花你的钱。你十二月廿二日寄给芬的信,芬转给我,我很了解你的情况。在感情方面,我是希望很快能够见到你,但我仔细地想了一想,我还是劝你暂时留在家里好,第一,你家里还是可以很安静地学习,这样你的思想会进步的。到上海来,就有许多的生活问题了。我赞成你的梦想,读完所有古典文学名著,而且读读古书,其实这不是梦想,你一定可以成功的。"信中所说的芬,即是他的另一个女学生金碧芬,和潘其鎏是同学,两人的关系十分密切。林风眠对金碧芬也甚为欣赏,他在给潘其鎏的信中说:"碧芬上星期来上海,在家里住了两天,她进步得很快,如果哪位疯狂的画家看到她画画时的真诚,应当惭愧了。"林风眠在另一封信中又说:"碧芬很用功,进步很快,她只是学习上的过程没有完,但也很快就会结束一个基础上的一步,而她很坚决地要艺术上的努力。"这时金碧芬想去福建潘其鎏家,林风眠对此事写道:"芬羡慕你的生活,她很想到你那里去。我怕她的家庭不允许她。她的画进步很快,字也写得很好,她很聪明,而她自己不相信她是聪明的,这是她艺术上最好的资本。"后来,金碧芬还是到了福建,在潘其鎏那里住了一段日子,后来他们都到了上海。他们和金明玉都是林风眠的座上常客。金明玉是朝鲜族,也在林风眠画室学画，林风眠离开杭州，他的别墅就留给金明玉及其妹妹金明宣住。林风眠在给潘其鎏的信中也提到她，说："明玉在北京时有信来，她为肺部有黑点感到悲哀，她是感情很激烈，而天生又性急，这样对她的健康不好。"苏天赐、凌环茹夫妇也常常从南京赶到上海看望林风眠。林风眠虽然离开学校，但他的个人影响力并没有隐退，他仍和他的学生保持密切的联系，他的作品与言论仍然受到广泛的关注。后来潘其鎏和袁湘文恋爱结婚，这样林风眠的圈子里又加入了袁湘文。这些人在一起，总难免有许多大大小小的事情，常常闹到林风眠这里，要他评判是非，而他总是笑着说："算了，算了。"把大事化小，小事化了。除这些人之外，林风眠的生活圈子里还有一位歌唱演员李梦雄。此人不只是歌唱得不错，也欢喜收藏古董杂件，而林风眠又欢喜秦砖汉瓦及民间艺术，也欢喜音乐，两人又都是单身汉，有着较多的

1950年，林风眠（右三）、关良、江丰、庞薰琹、苏天赐等一起下乡写生

共同语言,经常谈到深夜,非常知心。潘其鎏后来到上海有了一份工作,生活也较安定。金碧芬没有工作时,也常到林家吃饭。后来,林风眠通过吕蒙在上海人民美术出版社给金碧芬安排了编辑工作。再后来,由林风眠提议,也因工作的需要,又把她调到上海美术展览馆。

  进入林风眠生活圈子的还有席素华。席家花园走出来的女性,出身于名门望族,1949年前到了香港,与王某结婚。后来离异了,她带着儿子王泽良来到上海,与同济大学教授冯纪忠结婚。席素华有绘画天赋,也有所爱好,从同济大学教授陈盛铎学画,主要学素描和油画。后经陈盛铎介绍才认识林风眠。林风眠在《狱中陈述》中有着这样的叙述:"我与席素华的相识,是在1954年、1955年,那时由她的爱人托人找到我的,她要学画。因为冯纪忠在一个什么儿童画报上发现了我的画,冯不认识我,还是同济大学教画的陈盛铎介绍来的。""她说她喜欢画,她爱人喜欢建筑,也喜欢画。席素华到我处前,已跟陈盛铎学了好几年。席素华本来没事做,一直到'文化大革命'期间也是常来的。每次来总是在下午时间。"

林风眠上海南昌路故居外景

在美术馆工作的金碧芬曾说,当时许多人都不理解林风眠的画,真正懂林风眠画的是席素华。席素华自从认识林风眠并跟他学画后,就决心放弃四平路同济新村条件比较优越的住房,在林风眠住处南昌路附近茂名路买了两间很小的房子,从同济新村搬了出来。席素华到了林风眠那里,除了继续学油画,也学中国画,教学过程就是临摹。临摹名家作品,有齐白石的小鸡、青蜻,张石园的山水、杂树;郑板桥的墨竹等。林风眠教她先在宣纸上用浅淡铅笔描下范本的轮廓,然后移去下面的范本,再用毛笔蘸墨临摹。林风眠总是鼓励她:"再画,没关系,再画下去!"

席素华走进林风眠的生活圈,不大受这个圈子里原来人的欢迎。潘其鎏和袁湘文已经结婚,有了自己的小家庭,与席素华的矛盾并不突出。但李梦雄和金碧芬这对单身男女就不高兴了。但不久,金碧芬就离开上海,到广西工作去了。而李梦雄则要把席素华从这个圈子里赶走。李梦雄真有些异想天开,他怎么能把席素华从林风眠身边赶走呢!

既是学生、助教又被林风眠引为知己的苏天赐、凌环如夫妇远在南京,不能常在老师的身边照顾。这时林风眠的身边就只有袁湘文、潘其鎏和席素华、冯纪忠两对夫妇了。袁、潘的儿子虎子和席、冯的女儿冯叶正是孩提时代,虎子又认席素华为干妈。这样三个家庭在一起,完全像个大家庭,给林风眠的生活带来极大的乐趣,减少了他的孤单与寂寞。虎子和冯叶幼年时就流露出绘画的天赋,林风眠教他们画画完全是一种有趣的游戏了。林风眠在画室里不挂自己的画,也不挂名人的画,而是挂着这两个孩子充满童趣的画。

冯叶回忆说:多少年过去了,他看着我长大,教我读书、写字、画画,最主要的是教了我做人。他既是严师,又是慈祥的长辈。在我失望痛苦的时候,给我鼓励;在我自满的时候,又提醒我要冷静。他要我不单学绘画技术,还要有文学、哲学等各种基础知识。记得"文化大革命"初期,他被不停地揪斗和批判,已不可能在家画画了。白天,他得去劳动,傍晚回家后又受到监视,随时都会有人冲进他家。

在那样恐怖的环境下，他仍坚持不懈地教我学习。就在他被关入黑牢的前一天，还与我讨论爱因斯坦相对论的时间和空间的理论。他出狱后，仍然受到监视，并背上"黑画家"的罪名，教画就等于"放毒"，但他仍然不顾一切地教我画画，将颜料放在抽屉里，以防那些随时上门的查访者。那时经常听他谈艺术、美术史以及对画的见解。"文革"期间，买不到宣纸，他拿出抄家剩下的宣纸，一口气裁了几百张，要我好

林风眠与潘其鎏（左）、袁湘文（右）

好地画，鼓励我自己创作，放开胆量，不要患得患失怕走弯路。他常说："你放胆乱画好了。"这听来有些难以理解，其实就是勉励我跳出旧有的框框，从"无法到有法"，闯出自己的路来。义父曾严肃地对我说："你要好好地考虑清楚，我认为你是有能力画的，但要当一个真正的画家，就不是单纯喜爱艺术才行，而是要疯狂地投入其中，更需要有很大的勇气和恒心，才能坚持下去。"记得有一次，上海下大雪，我兴致勃勃地冒着严寒，出外写生。美丽的雪景迷住了我。可是回到家后，看了自己的画，非常失望，觉得没有表达出我心中的感受，懊恼之下，准备撕去。义父及时地制止了我，他放下工作，细细地、一张一张地指出我画中可取之处，又一本一本地翻开画册，要我仔细地体会其他画家的作品。第二天，我终于画出了比较满意的习作。

可是，在林风眠生活圈子里的记忆中，冯叶小时候学钢琴，没有学过画。这也可能是多数人的失忆，或者没有注意到她小时候学画

的事。

　　林风眠兴趣广泛，喜欢看电影，也爱看京剧、越剧。一次，林风眠、柳和清、陈盛铎、金石声等人看内部电影。林风眠对其中一部参考片苏联电影《第四十一》中黄昏画面的拍摄情有独钟，甚至要第二次观摩。他连连夸奖："拍得太美了！"并动情地说：这幅美丽的画面勾起了他的童年记忆中所看到的景色。后来《第四十一》成了"修正主义"电影的代表，林风眠对柳和清说："我年轻的时候就读过鲍里斯·安得烈耶维奇·拉夫列尼夫写的这部小说了，当时属于进步小说的啊！"言语间颇为不解。

　　休息日或节假日，林风眠和席、袁两家去看电影，逛公园。他们看电影多在淮海路上的国泰电影院，有《护士日记》《红帆》《甲午风云》和动画片《大闹天空》，有时也和李梦雄、关良一起看。看滑稽戏《糊涂爹娘》《火烧豆腐店》《七十二家房客》，话剧《吝啬鬼》《一仆二主》，多在兰心剧院看。在公园的草坪上，林风眠和两个孩子嬉戏，完全像爷爷与孩子的"隔代亲热"。两个小孩有时玩得发生争吵与矛盾，甚至打架，林风眠就以公正的姿态进行调解。他的调解方式是洪亮的笑声，或者用他的口头语："算了吧，算了吧。"不批评任何一方。林风眠也分别和他们两家出去游览。有一次，他和潘其鎏、袁湘文游览无锡太湖时，买到一只黑陶素面的罐子，是典型的马家窑文化器物。回来时坐火车，林风眠用小刀在罐上刻出很古朴的花纹。后来就把这个罐子送给了他们。林风眠到黄山写生，席素华也同去。他只是画几十张速写，没有作画。在林风眠的指导下，席素华也画了许多速写。

　　这两个家庭对林风眠的照顾，似乎在无形中作了分工。席素华是家庭生活型的女性，对林风眠的生活给予极多的照顾。给林风眠买衣服，烧他喜欢吃的菜。林风眠的生活极为简朴，买来的多是中山装或夹克衫，席素华亲手做的又多是中山装。他欢喜穿布鞋，认为穿布鞋最舒服，但脚又小，只能穿女式布鞋，也是席素华亲自动手做。在吃上只求可口，不讲究营养质量，他在家吃的是老三样：霉干菜烧肉，咸菜炒肉丝和稀饭。他自己烧一锅稀饭能吃几天。袁湘文是医务工作者,林风眠的治病保健,都由她负责,她经常给林风眠打针,陪他到医院看病。林风眠平时怕麻烦,有了病也不愿到医院去,像牙病,牙床都烂了,还是不愿到医院去,是袁湘文强制性陪他到医院治疗。冯纪忠是大学教授,平时不大到林家来。潘其鎏关心的则是老师绘画的事情。"大跃进"之后的三年困难时期,林风眠夫人阿丽丝从巴西寄来的

林风眠为席素华之子王泽良画的童年像

黄油、奶粉、巧克力、糖及乐口福之类的食品,林风眠也每家都分一些给他们。林风眠是高级知识分子,可以享受到文化俱乐部吃营养菜的权利,有时林风眠也带他们一起去以饱口福。

王泽良、冯叶和虎子三个孩子,王泽良年龄最大,那时是十五六岁,比较懂事。林风眠好静,怕吵闹,所以不喜欢小孩。但泽良很懂事,经常跟着母亲席素华去林风眠画室。有着沉默寡言性格的王泽良比较安静,常常坐在旁边静观,可以为林风眠、席素华做模特儿,有时也给他们跑跑腿,买面条,倒垃圾。林风眠很喜欢王泽良,为他画了一幅像,是布面油画,画题为《小男孩》(柳和清收藏)。

在王泽良的记忆中,林风眠在南昌路住的那幢小楼,此时只租住二楼,共南北两间,南间会客兼画室,连着一个阳台,摆着各种盆景,靠阳台处放着一张八仙桌,桌上放着一块方玻璃,下面压着一叠厚厚旧报纸。这就是林风眠的画桌。很少有人看到林风眠完整的作画过程。他都是晚上九点钟以后,开始谢客,磨墨、铺纸,进入"一人世界,艺术天地",直至午夜子时,而且同一题材画稿,他会反复地

1963年夏,林风眠和王泽良、冯叶摄于普陀山

林风眠(右二)与关良等在上海市郊写生(约二十世纪五十年代)

画,直到画累了,就将好几幅类似重复的作品,带进北间,小心地铺展在一块旧地毯上,晾干。

这个生活圈子,是林风眠的精神家园。这里有他最可信赖的人,有着人情和人性的温暖,虽然也有着世俗的烦恼,但仍可以躲风避雨,并没有失去安全感。经历三个时代的林风眠。对此是最为珍视的了。

林风眠欢喜画花、风景,他也欢喜养花。他在阳台上安置了一个小玻璃花房,仙人掌、虎刺、热带兰也经常出现在他的图画上。他每天为花草浇水。上海冬天冷,会结冰,他常用热水袋装着开水,而后放进小花房内,使得花房变成一个温室,呈现出雾水和暖洋洋的情调,他自己徜徉其中,自由思考。阳台上的花房也就成了他精神家园的一个组成部分。

戏曲艺术与立体主义

从西湖到上海,林风眠的生活方式改变了,开始了更为个人化的生活方式,与世无争,淡泊明志,虽然退出了学校教育这个公共领域,但在艺术创作私人化的这个领域中进行着大胆的探索。

刚解放的上海,远东大都市的余风还在,在巴黎生活多年的林风眠不但没有陌生的感觉,反而更能适应,他初来这里定居,一下子就感受到它的氛围,给他的艺术创作带来许多联想。1951年9月,林风眠在给潘其鎏的信中写道:"……有时我也太感情,总不想离开故居,在画室里,有许多你们的回忆,住在上海和杭州感到不一样,动象较多。"所谓"动象较多",也就是上海的现代气息打乱了他对杭州画室的"回忆",他在思考绘画艺术如何把现代气息在画上表现出来,在画面上能得到"时间和综合的观念"。他认为:"一切艺术都是暗示,暗示的方法不同而已,画画不是容易的事,愈画感到愈难,现代的精神,我们应当在画里闻到现代的味道,已经不易,如果要暗示将来,那真更难了。"林风眠认为上海的这种现代气氛对新艺术的诞生也许更直接更有利些，他要去实践，让现代气息在自己的画上体现出来。所以他在给潘其鎏的另一封信中写道："我常常梦想，在新派作品中，我们闻到了汽油味，感觉到高速度，接触到生理的内层，这种形式他们发现了，也代表了他们这一时代，二十世纪上半期，但是二十世纪下半期的东西会怎样呢？"对于一个新的时代，林风眠是寄予厚望的，他认为二十世纪以来的现代艺术是适应时代的高节奏的，他想创造适应于二十世纪下半叶全新的艺术。林风眠的目光没有局限在国内，他经常要在法国的学生赵无极寄些最新的资料给他，以便了解世界的动态。他要创造的不是民族特色的艺术，而是适应整个时代感的艺术。

　　隐居在上海，使林风眠有时间去想，他在想自己的艺术的道路如何走下去。后来情势的发展，中国渐渐封闭了，脱离了世界，也很难再看到西方的艺术资料了，当然沿着已往的艺术道路走下去就更困难了。这就使他不得不把艺术的目光转向东方，转向国内的传统艺术。这种转变对林风眠来说是很困难的。在以往的二十年，他的批判锋芒一直是指向中国传统艺术的，认为那是封建意识的代表，是行将消亡的艺术。他的锋芒不只是指向中国绘画，而且指向中国戏曲，对中国戏曲，他曾有过这样的评价："腔调之简单，亦可怜到不可思议！……其中男男女女所发出的那种变态怪声，可怕的中国人，居然还保持着狂热的嗜好！总之，中国人对旧剧以及其他的艺术，都当作娱乐的玩意儿，只可用以消遣，不做别用。"

　　上海的环境在影响着他，他的一些老朋友、周围的一些艺术家也在影响着他。他参加美术家协会，以后又进了上海中国画院，和他相往还的有吴大羽、关良、颜文樑、刘海粟等；此外还有美术界的领导，赖少其、吕蒙、米谷、沈柔坚；画中国画的唐云、陆俨少、贺天健、钱瘦铁；文化界人士傅雷、马思聪、马国亮，还有他的学生苏天赐、吴冠中、朱膺、闵希文等，他们在艺术上都和他有着交流，或办展览，或看戏，或看电影，或到小馆子去吃饭。特别是在老朋友关良的影响下，林风眠看了许多戏。关良爱好京剧，是有名的票友，也爱画戏曲人物。他经常和林风眠去天蟾舞台、大世界、共舞台看京剧、昆曲，也看越剧。从林风眠的戏曲人物画上，可知他看的剧目有《十八罗汉收大鹏》《孙悟空三打白骨精》《火烧赤壁》《鱼肠剑》《武松杀嫂》《宇宙锋》《宝莲灯》《霸王别姬》《南天门》《游园惊梦》《西厢记》《梁山伯与祝英台》《白蛇传》，以及一些"三国戏"。他去看戏是有备而来，不纯粹是为了精神上的享受。每次去口袋里都装有速写本，记下有特色的花脸和服装道具，在旁边用法文单词记下重要的色彩和特征，以便回去后作画。为了画戏剧人物，他还收集了许多戏曲脸谱，也专门画过脸谱。中国戏曲对他的启发不是故事情节或唱腔，而是自由的时空观念。他在自己最不欢喜甚至主张要消灭的最国粹的艺术中，理解了以立体主义为代表的西方现代艺术，创造了东方现代艺术。

以毕加索的立体绘画为代表的西方现代艺术，林风眠曾经通过翻译《一九三五年的世界艺术》作过介绍，他也很推崇毕加索，在他的心目中，立体主义是西方现代艺术的主流。虽然林风眠为宣传介绍立体主义做了这么多的努力，也感到毕加索在艺术上的伟大，对此虽然也作了多年探索，但他说不出所以然，始终不能理解立体主义认识世界的独特方式，始终只能学习他人的表现形式，自己缺乏深刻的体验。在看了中国戏曲之后，林风眠很有感触，有一种如吕祖见钟离、怀素见张旭后，豁然大悟的境界，他在给潘其鎏的信中写道：

真对不起你，许久没有复你的信，你给我的许多桂圆，我真感谢你，在夜里作画到饥饿的时候，就一个一个地不停地吃，一直吃到碧芬到上海时还有许多。近来住上海有机会看戏，绍兴戏改良了许多。我是喜欢画戏的，一时又有许多题材，这次似乎比较了解到它的特点，新戏是分幕，而旧戏是分场来说明故事的，分幕似乎只有空间的存在，而分场似乎有时间绵延的观念，时间和空间的矛盾，在旧戏里似乎很容易得到解决，如毕加索有的画所有物体，都折叠在一个平面上。我用一种方法，就是看了旧戏之后，一场一场的故事人物，也一个一个把他们叠在画面上，我的目的不是衣物、人物的体积感，而是求综合的连续感,这样画起来并不难看,我决定继续下去,在旧戏里有新鲜丰富的色彩,奇怪的动作,我喜欢那原始的脸谱,画了几十张,很有趣,这样一画,作风根本改变得很厉害,总而言之,怪得会使许多朋友发呆,也许朋友们会说我发狂了……我在上海生活得很简单,除画画外,就去看戏,碧芬来时,我带她去看戏,她也感觉到兴趣,原来她不看旧戏,旧戏里有许多东西,戏台上的人,跳来跳去,而如果不了解原来的意义,那就看不出味道来,我一切用原始舞蹈的原则去评量它,这样对台步就会觉得是三步或四步舞了。

在给潘其鎏的另一封信中,林风眠又写道:

我近来的画变得厉害,因为受戏剧的影响……一切艺术上新形式,新作你会认不出来是我画的了。在艺术上寻求不易得到,解脱也不易彻底,历史的负担。人像骆驼,在学术上,一步一步,再定下一段罢了……

梁山伯与祝英台(1952年)

我们从画册上看到林风眠最早画的戏曲人物是1948年的《戏剧人物》,那是用中国传统的水墨画方法画的,那只是表明他已开始注意中国的传统,还没有想通过画戏曲人物和西方现代绘画接轨,开辟东方现代派的艺术之路。但从他1952年画的《梁山伯与祝英台》可以看出他在人物动作、造型上有了新的想法。他突然开始用疾速、锐利的直线画出许多方形、三角形,还夹杂着一些比较次要的圆弧线。画面的图形一片一片一地折叠起来,在空间处理上压缩了前后之间的关系。他运用戏曲人物夸张的动作表现，营造了一个很有力度的、剑拔弩张的场景。看来这是一张草稿，我们能看到的只是线条及构图上的变化，他的色彩感觉还没有表现出来。这和他当年的纸本水墨人物画还有一致的地方，背景是大片的留白，主要是线的勾勒，可以想见他是把精力集中在形体叠加、时间混合这一新的探索上。

1951年4月5日，林风眠给他的得意门生苏天锡、凌环如夫妇写了一封信，说明他在探索中的一些想法，信中写道：

……这是上海流行的绍兴戏，梁山伯祝英台，我和碧芬圣诞节去看了的，画了一幅这样的画，都是用方块的，有的地方也画圆线，几天后就卖了，上海也有人买这样的东西。你们还记得那到杭州来带着文西画帖后来送给女人的吗？那几个宝贝，天天在那里画他自己也不懂的未来派、立体派等等，把画寄给鲁奥的。其实这是资产阶级形式，需要从根本上了解它，也不是容易的事。我弄了几十年，头发也弄白了，现在从戏曲上才真正得到了认识。当然这类艺术形式，是从根本上要不得的东西。近来我的画变得你们认不出来了，当然因为想从民族形式中寻找一条出路。

1959年所作的《霸王别姬》《杨门女将》的色彩却加重了，人物的衣饰却是深重的颜色，前者是通过黑色、褐色之间的微差来暗示前后；后者仍然是黑色、褐色为主。以后，又加了黄、绿两种装饰色，使色彩更加丰富；前者的人物就像剪纸一样贴在画上，后一幅的人物则具有皮影的特色，这说明他开始注意的不光是戏曲人物，还从民间艺术上吸取精华。这两幅画的共同特点是背景留下了大片空白。这种形体剪贴或皮影的单片组合的游戏性在他的笔下得到充分的发挥，画家可以尽情地扭曲、变形、叠加、组合，又不离弃具体形象的感觉。林风眠还画过《宇宙锋》多幅，前后有着很大的变化，我们看到的他最早画的《宇宙锋》是1963年，画中人物色彩相当浓艳，上面用白线勾勒出几个简略的图形，以增强层次感，黑白对比非常强烈，背景

林风眠临陕西皮影作品（约二十世纪五十年代）

不再是空白，是深暗色调，几何状的方形、三角形大大地减少或弱化了，圆弧、曲线增多了，人物的造型也不再用片状的方法进行叠加，线的概括作用得到充分发挥，人物不再僵硬而变得生动了。1974年画的那幅《宇宙峰》，以大红、浓黑为基调，色彩相当丰富饱和，各种水粉颜色交错在一起，有些地方非常稀薄，有些地方用枯笔干擦，有些地方是用厚堆的方法，体现了技法的多样性。画的背景填满了各式各样的戏曲脸谱，大眼、尖鼻、倒挂眉和五花油彩，带着浓厚的象征意味，体现了一种动荡不安的气氛。这可能和他生活的背景有关，1963年，他的生活十分平和；1974年则是他经历了牢狱之灾以后。

把林风眠引上画戏曲人物画的关良也画了不少戏曲人物，但他的目光多着重在人物的动作及细节的情趣上，抇着中国审美的弦外之音，在画画外之意，表现文人画中的闲适、风雅、淡泊、任性、自然的态度。林风眠则更多地注重在形式上，他以浓墨重彩表现京剧的雍容华贵，在色彩的厚重上，在造型的抽象与简洁上都具有现代形式意味，以浪漫的手法来表现热烈的人生态度。这是他和关良很不同的地方。

林风眠在给潘其鎏的信中，还说过这样一段话：

我一天到晚总是在想，东方的形式和西方不同的基本是什么，我不愿像哲学家一样去谈原因等等，那是道学家的一套。是不是西方的强暗，一与二成对比，东方的是从一到二？是不是前者是空间的观验

霸王别姬（1959年）

杨门女将（1959年）

第八章　上海：风风雨雨廿七年

多而后者把时间的连续作为出发点？这样像印象的色彩，主要像雷诺阿的色彩是不是一到二？他是不是用一比二的立场去寻求一到二，而高更明白了一到二的立场，而摆脱不了一比二。

这里所谓"一比二""一到二"，就是空间的对比与时间的延续的区别。西方文艺复兴以来的绘画艺术，都是运用空间的错觉，通过光线的强烈对比来叙述绘画，还没有把时间的因素放在与空间因素相同的地位来考虑。毕加索之所以伟大，是因为他的立体主义理解了时间的延续性，彻底摆脱了视觉的影响，把不同空间的东西联系起来，在一种相互依存中全面认识艺术的本质。从这个角度来说，立体主义理论与当时的爱因斯坦相对论中提出的时空延续观念有着相似之处。从前面冯叶的文章中提及的一件事，我们知道林风眠对相对论有着极大兴趣，而且花了功夫进行研究。且不管他对相对论有多深的理解，但他在画戏曲人物时，戏曲中的时空观念对他有所启发，他在创作中朝着这方面也作了大胆尝试，我们不能不赞叹他感觉新思想的敏锐性。

1974年，林风眠养病期间摄于上海南昌路寓所

重新认识中国传统

　　林风眠的艺术探索多是在他处于清苦寂寞时期。在嘉陵江畔的仓库里，他不停笔，在线条、水墨上花了许多功夫，又创造了方块布局，应该说是留法归来在艺术上的第一次突破；抗战胜利后，他回到西子湖畔，开始对人物画作了重点研究，他曾有过这样一段回忆："我记得年轻时在法国南方的草地上，如果躺下来时，会感觉天比平时更高，我喜欢看轻散的白云匆匆地变化，我喜欢种花种树，所以画风景和静物似乎较有把握，我不喜欢人像，所以总是画不好，尤其是肖像。"可能正因为他感到自己画不好人物，所以这时就在人物画上下功夫，结果出现了红衣女、蓝衣女、绿衣女。隐居上海后，又着力于戏曲人物画，这时他画了许多，应该是西湖时期的继续。1951年，他还托朋友带了几十张画到巴黎开画展。他感到自己的画和从前相比，变化了许多，但他说："我不知道，我会画出什么来，我总不满意自己的作品，有时当时觉得好一点，后来又不好了，我想我有点进步，因为我看出自己的缺点来了。"

　　一个探索者的心情跃然纸上。他静居在上海时的不倦探索，使他画了不少戏曲人物画，但他还感到不够，还要向中国传统艺术的深处去探索，他又想起了敦煌石窟壁画。早在他回国之初，在《中国画新论》中，他称赞过盛唐时期的绘画，也赞赏敦煌石窟的壁画艺术，他认为那是中国绘画的高峰。在张大千去敦煌之前，敦煌壁画还没有引起中国画家的注意，对盛唐及敦煌壁画给他留下的印象还是留学巴黎的时候，在巴黎的美术馆、博物馆、图书馆中，他看到那里收藏的中国绘画的瑰宝及经卷。在嘉陵江边，他也时常回忆着巴黎给他留下的印象，只是如梦如烟地在自己的头脑中萦绕着，但他没有往深处去想，更没有在那上面下过功夫。应该说，对敦煌壁画艺术的重要性的认识，林风眠比张大千要早得多。

1952年，林风眠在给潘其鎏的信中说：

> 你偶然见到敦煌石窟的壁画，那是东方最好的美术品，许多欧洲大画家理想中所追求而没有得到的东西，高更，就是很明显的例子，我追求这样的东西好久了，看起来很简单，但是画起来真不容易，两线之间的平涂，中间色的度数，几乎是人手不能出来的，画人体时，我就梦想这种东西，你还记得吗，我们在飞来峰看的雕像，那是同样的东西啊。……因为你谈到盛唐的壁画，使我想起了许多，我看见的光，就是这种东西的发亮，我很高兴的是你也看见了，不同的地方是我感觉到我的年龄，我在画纸上，要加速地奔跑，而背负的总没法抛去，而你还有许多时间给你。

也就是从这个时候开始，林风眠临了不少敦煌壁画，如《伎乐》《飞天》《舞》等。在临摹时，林风眠所关注的重点是那纤细柔软的身姿。飞天好像柔而无骨，轻纱发髻、飘带、帷幔弯曲圆转的形状，头部、颈部与臀部、腰肢处于不同的朝向，略有错位，特别是她们的手相美轮美奂，变化无穷，那拈花微笑的神态有一种超凡脱俗的奇妙力量。敦煌壁画对林风眠的影响表现在他以后的人物画中，如《莲花》《荷花仕女》《吹笛》《琴声》等20世纪60年代的作品，无论在体态、轻纱、衣纹、手相，敦煌壁画的气息尤为突出。更为重要的是，他把壁画中色彩的平涂、雅致、古朴、细腻引入了人物的作品中。他的仕女、人体是实实在在的，尽管有不同的模特儿为依据，但那情调都是温馨而甜美的，且又都有一种神秘的气质，有着一种可望而不可即的魅力，着实令人陶醉。

林风眠对中国绘画传统的追溯不局限在盛唐壁画，还有汉代画像砖及陶瓷上的花纹。他曾说："中国的绘画，汉朝画像砖应该是中国艺术的主流，山水画多了以后，尤其是到了文人画讲究水墨之后，绘画变成处世的、把玩的东西了。我们要从大的地方着眼，不要停在小

飞天（约二十世纪五十年代）

问题上。"汉代画像砖的场面质朴、简洁，车马人物只用遒劲的线条画出，但缜密如行云流水，非常连贯，具有崇高、古拙的趣味。这种影响，我们从林风眠的干脆、单纯、爽利的线条中可以看到。瓷器画中古朴、流利的线条，林风眠也极为欣赏，这种线条圆转遒劲的弧形和黑白相间的布局也给林风眠以启发，他将这种富有美感的装饰线条用到他的风景画中，转化为洒脱自然的船帆与山峦，黑白对比转化为浓墨与空白之间的映衬，形成了"风眠体"。

林风眠对漆器艺术也特别有兴趣。也是在他初到上海时就说："漆的方法，我们的祖先从战国时就做得很好了……我有一个梦想，将来用漆作画，像油一样，也许是最好的方法。"林风眠主张油画家研究漆艺术与油画制作的关系，比如说对漆的镶嵌、研磨、擦光、推光和色彩保存等一系列技法问题的探讨，都对革新油画的技法有很大的帮助。中国漆器基本颜色是黑、红二色，因材料的黏性在用笔刷动时很自然地留下许多飞白。它的纹样相当复杂，往往是用线条的穿插使飞龙与行云绕在一起，有着一种曲线美。各种动物如龙、凤、朱雀、玄武之类，还有四不像，或兽面人身像等，千姿百态，无奇不有。林风眠把漆器那巫术般的诡秘也搬到自己的人物画中去了，《噩梦》《南天门》《宝莲灯》《火烧赤壁》及人生百态组画《追》《逃》《捕》等，都表现了他的热烈而复杂的人生经历及心理感受。

林风眠向传统借鉴是多方面的。从他的主张和绘画实践上来看，他的主要着眼点是在盛唐以前的敦煌壁画、六朝雕像、汉代画像砖及画像石、春秋战国的漆器乃至帛画，而对宋元特别是文人画，他有些不以为然。对历代的民间艺术他都有着浓厚的兴趣，因为它们富有生活气息，无论构思、造型都生动活泼，不带一点矫揉造作。应该说，直到这个时候，林风眠才明确自己的艺术要朝着什么方向走，他不再徘徊，在艺术上有着长驱直入的进展。

林风眠这一时期的艺术变化还表现在山水画上，或者像他说的风景画。林风眠从法国回来之初，对自然风景似乎不青睐。他虽然说喜欢法国南部的自然风光，但并没有把他的感受从画上表现出来。他的

人生百态——逃(约二十世纪八十年代)

注意力基本放在探讨社会和人生问题上，表现人类的痛苦、探索、死亡的历程。画面阴沉、凄凉，风格上仍然没摆脱西方的表现主义，还不能把东方艺术化入自己的作品中。二十世纪四十年代，他退隐嘉陵江畔，主要画沿江风光、山间景色，在艺术语言上进行了一些探索，想把西方色彩和东方水墨结合起来，但作品的风格比较简单，用寥寥几笔涂抹山川江流堤岸，情调是忧郁、沉闷的，这可能和他当时的境遇有关。在他的墨彩画里，西洋画的成分相当多，翠绿、群青、紫红叠加在一起非常艳丽，但和谐不足，西洋色彩和中国水墨没有能够很好地融合起来，导致色彩厚厚地堆积在一起，笔触滞重，缺乏流动性和通透感，也缺乏油画的光亮效果。到了杭州，林风眠似乎没有再从这方面用力。

移居上海之后，1953年，他游了苏州天平山。那是一个深秋季节，暖溢的阳光照耀在静寂的山林里，拾级而上的小道伸向深处，前面的柏树虽然不很粗壮高大，但敦实有力，黑压压的还在眼前，中景是火红色的枫林，映衬着周围一片金黄色的秋叶，远处则是幽幽深暗色的山体。天平山虽然很小也不起眼，但是它是最值得一游的地方，山林、小路、房舍、池塘融为一体，浓郁而热烈，灿烂而辉煌，为游人提供了较为封闭的独特空间。林风眠游览归来，路过学生苏天赐家，兴奋地说天平山一游收获很大，可以画一种新风景了。

由天平山风景带来的冲动，林风眠开始作战了，以他平时作画的情景可以想见他是怎样画天平山的了：看他画画，看他叼着的香烟，那烟灰神奇地不掉落下来，看他光着的脑袋，拿着画笔，不停地涂啊涂画啊画的……可能明天，他就把前天晚上所画的画全改掉或撕掉，有时一张画是改了又改，画了又画，直到纸都烂了，还是不满意，又再画过。过了一段时间，拿出来看看，又涂开了……就是这样，他终于画出天平山来。由于天平山强烈的光线和明暗对比，他可以不受约束地将夕阳的金色光线引入画面，把色形的光亮感和水墨的透明感融于一体，画面的层次变得丰富并且具有了深度和实在感，线条也因为形体的明确而变得坚实有力了。他曾经认为：传统的水墨只宜用淡彩，强烈的色彩是加不进去的，后来齐白石成功地使用了大红。而这次的天平山林风眠画得金色灿烂，苦恼了几十年的问题，终于有所突破。在天平山总体印象的基础上，他变出了一大批作品，比如显示柏树粗壮、强悍特点的《松》，注重秋色中逆光神秘效果的《秋色》，表现大胆、笔触利落的《秋林》，还有像《青山》《山林》《家院》这样的作品，他把重庆时期的阴雨绵绵的印象和天平山沉浑雄奇、酣畅淋漓的感觉融合起来了，创造了独特的诗意般的栖息之地，表现了他追求的人生境界。

对政治风向像对光和色那样敏感：
躲过"反右"劫难

　　1954年，上海市第一届政治协商会议召开，林风眠应邀出席，并当选为上海市第一届政协委员。后来，傅雷也参加了政协活动。林风眠和傅雷又见面了。自这以后，两人多有交往。傅雷的夫人朱梅馥烧得一手好菜，常请林风眠去品尝。傅雷的庭院中养了许多花，林风眠每次都要带走几粒花籽，或者仙人球、宝石花、水竹、菖兰之类易养的花，栽种在自己的阳台上。在对孩子的教育上，林风眠和傅雷完全是两种不同的风格，林风眠对女儿听其自然，不多管教，而傅雷对儿子则是从高从难从严。对傅雷的教子方法，林风眠有些看不懂，就说："这样会把孩子逼疯的。"傅雷想多做事，关心时政，又爱发议论，这与林风眠的散淡超脱也完全不同。林风眠总是劝傅雷："好好搞你的翻译，不要事事都想参与，并想做得尽善尽美。"而傅雷对林风眠的超脱清淡闲适也有几分不满，有时也问他："你刚从法国回来时的那股热情哪里去了？现在的社会，不能再事事不关心啊。"傅雷追赶时尚与林风眠的静处旁观是完全不同的。

　　1957年3月，中共中央在北京召开全国宣传工作会议，傅雷应邀到会，直接听了毛泽东的讲话，受到很大的鼓舞。回到上海之后他以"一颗赤诚的心，忙着给周围的几个朋友打气，忙着管闲事，为社会主义尽一分极小的力"。傅雷所说的几位朋友中，其中一个就是林风眠。在上海政协的一次会上，林风眠和傅雷相遇。傅雷带着一片真诚说："你现在可以鸣放了，你在艺术上这样有成就，可连作品也展览不出，到该说话的时候了。"

5月间，上海也召开了宣传工作会议，鼓励知识分子帮助党整风，大鸣大放。林风眠也应邀参加了座谈会，并在会上作了发言。傅雷听了以后，认为林风眠讲得很好，要他给《文汇报》写文章。1956年，《文汇报》聘请了一批专家学者任社外编委，经常开会座谈，请他们为《文汇报》出谋划策，傅雷是社外编委之一。由于他对报纸有着高度的责任心，就陪着《文汇报》总编辑徐铸成，登门拜访林风眠，要他一定为《文汇报》写文章。其实，林风眠无意撰文，但又感到此情不可却，就说："那就把我在宣传会议上的发言整理发表吧。"

5月20日《文汇报》整理发表了林风眠的发言，并加了一个《美术界的两个问题》的题目。在这个发言中，林风眠说：

我是个美术工作者，就美术方面来谈两个问题。

第一是美术作品的出路和解决美术家生活问题：

美术家闹穷是大家知道的，而实际上连生活都成了问题、没法维持最低生活水平的人都很多，他们羡慕戏剧家、音乐家、作家，有了好戏好音乐满座，有了好书，不怕没有读书的人。可是画家呢？开个展览会也许观众很多，结果却没有人买画，画展能卖几幅，可最后是连裱画钱都收不回来。我们提倡繁荣创作，但却落得个作品没有出路。譬如一个雕刻家要完成一件作品得花成年累月的时间、精力，收集材料，花钱雇模特儿，在一定的环境下创作，然后翻成石膏像，送到展览会，幸而入选还可展出，闭幕了再搬回家去，就这样一次又一次地展出，一件又一件地搬回来。画家也是一样。出版社好容易愿意出版一幅，稿费八十元，有的还得要作者勤勉地跑，接受意见改了又改,接着等了又等,等候"可用"的消息,有的一等就是半年。国家收购也仅限于很少的数目和个别的作者。因此我们的机关单位,公共场所看不见美术作品。政协就四壁皆空,许多美术家提了意见,总算说服了政协,购买一些美术作品,但又因为精简节约没得下文。

我们的轻工业没有和美术配合起来,没有发挥美术家在工艺美术上的潜力。画家不必限于画檀香扇。工艺品的范围大,需要多。陶瓷、漆器、家具、日用品都需要美术家来加工美化。我建议很快地设立一个工艺美术院,可以集中人才,研究改进。如果美术家能够在工艺美术发展中起点作用,既美化了人民的生活,又解决了美术家的生活需要。(附带说明一下,我对工艺美术是门外汉,这也仅是一点外行人的意见。)

第二点是美术界的百花齐放问题:

首先,我感到的是领导部门对教育事业没有全面性的规划。例如原有上海美专、杭州美专分院、苏州美专,每个学校都有它的历史。上海的迁到了无锡,杭州的要迁上海,现在无锡的又要迁西安,杭州迁上海的没有迁成,结果上海没有一个美术学校。广东的迁武昌,现在听说又要迁回广东去了。种一棵树吧,今天种这里,明天又拔起来种那里,这样种法是永远种不活的。

其次,一个美术学校是培养新生力量的基地,可就是没有很好的教学计划,青年们在学习上无所适从。例如过去强调生活,这本来是好的,可是另一方面却不要技术,随便给人扣一顶技术观点的帽子,甚至说意大利的文艺复兴滚出学校去,蒙娜丽莎的微笑也受到了最恶毒的批评。素描练习,变来变去,迄今还没有肯定的方法,追求形式,失去学习素描的真实意义,说印象派是形式主义,过去临摹西洋古典作品也受到批判,可是现在学生又在临摹印象派,事实上印象派的作品是临不得的。要知道培养一株幼苗是多么慎重和细致的工作。

最后,对学术的研究领导做得太少,对待美术创作问题上一知半解,把社会主义现实主义的范围看得太狭小……墨西哥世界著名画家西盖罗依斯在座谈会上说得很清楚:"社会主义现实主义的美术创作,随着各民族文化传统的不同,而正在开始;决不是也不可能拿历史上过去的东西,如自然主义或学院派的东西来替代我们的社会主义现实主义的美术。"

自然主义和学院派的技法可以给我们作学习上的参考和应用,但是美术上传统的技法很多,不仅限于自然主义和学院派,还有人一面在用印象派的技法,一面却大骂印象派。其实印象派从开始到现在差不多一百年了,它的优点和缺点早有定论,我们直到现在还闹不出个结论来。尤其是以自然主义和学院派替代了社会主义现实主义的美术创作,成为清规戒律。不同意它们的就扣上形式主义的大帽子,一棒打死。出版社和展览会的评选委员们,手里都像拿着一个同样的模子,去套所有的作品,套得上的就要,不合规格的就落选。千篇一律、公式化、概念化的产品就大量出笼,霸占艺坛。学术上的问题不允许主观和粗暴,必须提倡广泛的学术研究,才能达到真正的百花齐放。

数年不鸣,一鸣惊人。林风眠的话虽然不多,但却说出了新中国成立之后的中国美术教育陷入学院派的死胡同、美术创作上的条条框框、对外来艺术的排斥及美术政策上的许多根本的问题。

在此期间,《美术》杂志又请林风眠写文章,要他谈对"百花齐放、百家争鸣"的看法。座谈会的发言在5月20日见报之后,距离开会的时间又是几天了。那时的"早春"天气,乍寒复雨,瞬息万变。这时重读自己的发言,林风眠有点后怕,不知道会引起怎样的结果。5月21日,他开始动手写了一篇《要认真地做研究工作》,文章一开头就写道:"你们一再要我写一点关于'百花齐放、百家争鸣'的看法,一时却有不知从何处写起的感觉。毛主席在最高国务会议和宣传工作会议上的讲话,使我有了进一步体会,对于如我这个老园丁来说,好像过了漫长的冬季送来了第一阵春风,心情的兴奋、鼓舞是难以形容的。"文章的最后来了一句:"那么就让我们的美术之花在阳光普照的大地上开得更健旺灿烂吧!"此文写好后,发表在6月号的

《美术》上。这篇文章和他在上海宣传会议上的发言的调子完全不同了，看来虽有些言不及意，却使林风眠避免了一场灭顶之灾。

林风眠对政治气候的变化如同对待绘画光和色彩一样，是极其敏感的。他虽然不知道就在5月20日《文汇报》刊登他的《美术界的两个问题》的同一天，《中共中央关于加强对当前运动的领导的指示》的文件已经下达，文件中说："在上海、北京等运动已经展开的地方，右翼分子的言论颇为猖狂，但有些人的反动面目还没有暴露或者暴露得不够"。"左翼分子前一时期不宜多讲话，共产党员则采取暂不讲话的方针"。"在一个短期内，党员仍以暂不发言为好。"这些文件的精神，清楚不过地表明，共产党在实际工作中已经开始从整风到反右派斗争的转变。这些现在见诸于公开出版的"党内文件"，当时帮助党整风的积极分子一无所知，如林风眠的好友傅雷，在5月8日的《文汇报》上发表了他的短文《大家砌的墙大家拆》以后，不但没有意识到要"悬崖勒马"，而是一发不可收拾，大会小会上发言。不但他自己的热情像火山一样在爆发，还动员他的好友们一道向前冲。

而林风眠不但没有跟着傅雷往前冲，而是处处把自己放在被动的地位，这期间，林风眠曾几次打电话给傅雷，劝其"要适可而止"，讲出去的话无法再收回来，并在中共中央文件发出的第二天晚上，在若有感悟的状态中写了《要认真地做研究工作》一文，想把自己讲过的话后退一步，以作补救。这不是林风眠的世故，而是出自他已往的经历及他的本性，使他一定要这样做，而且是非这样做不可。

翻开1957年的历史，可以看到这样的篇章：

6月8日，《人民日报》发表了《这是为什么？》的社论。这是反击右派的公开动员令。

6月10日，《文汇报》发表了姚文元的《录以备考——读报偶感》。

6月14日，《人民日报》在一版头条的地位，发表了毛泽东执笔写的编辑部文章《文汇报在一个时期内的资产阶级方向》，毛泽东还嘱令同时转载了姚文元的那篇文章。《人民日报》编辑部文章说："上海《文汇报》和北京《光明日报》在过去一个时期内，登了大量的好报道和好文章。但是，这两份报纸的基本政治方向，都在一个短时期内，变成了资产阶级报纸的方向。""利用'百家争鸣'这个口号和共产党的整风运动，发表了大量表现资产阶级观点而并不准备批判的文章和带煽动性的报道。"7月1日，毛泽东又亲自执笔，写了《文汇报的资产阶级方向应当批判》。

7月1日当天的清晨，上海市委宣传部部长石西民得知这一消息，意识到《文汇报》处于困境之中，心想，"能干的女将"浦熙修完了，徐铸成也完了，现在的问题在于救出报纸、救出编辑部、救出《文汇报》党组，就命令宣传部的蒋文杰代《文汇报》写请罪的社论《向人民请罪》。

这一下可苦了在《文汇报》上发表文章的知识分子，那些文章使他们成为"出洞的蛇"，摆在光天化日之下，那些白纸黑字就成了他们的罪名，有不少知识分子就是因为那些文章，被戴上右派分子的帽子。

傅雷首当其冲。

林风眠也逃不了。他所在的美术家协会及上海中国画院在排列右派名单时，林风眠也在其列。他的罪名就是刊登在《文汇报》上的那篇《美术界的两个问题》。谁能救得了他？

还是林风眠命不该如此，他遇到了美协的领导赖少其。当他拿到林风眠的"右派言论"的同时，又看了《美术》杂志上刊登的林风眠的另一篇文章《要认真地做研究工作》，他把这两篇文章同时向宣传部报告，并亲自去找石西民，说林风眠的后一篇文章是对前一篇文章的更正，早有察觉右的表现，不拟再划成右派。对知识分子，石西民是能保护的都加以保护，他也顺水推舟地同意了赖少其的意见，把林风眠的名字从右派的名单中划去。友善、宽容的石西民和赖少其，是以慈悲为怀而著称的。赖少其在美术界不只是保护了林风眠，还保护了其他画家。反右刚刚结束，赖少其就被冠以右倾而免去了美协的领导职务，不久又被调离上海到外地去工作了。

林风眠逃过了一大劫难。

立体主义手法能画工农兵吗？

从反右派的惊涛骇浪中走过来的林风眠，心情很快又平静下来，重提画笔，沉浸在艺术探索之中。石西民曾找《文汇报》总编辑陈虞孙，要《文汇报》多请林风眠写文章。1957年的12月，北京人民美术出版社还出版《林风眠》画辑，收集《孤》《宝莲灯》《水鸟》《渔舟》《莲》《野泊》《夜》《海》《静物》《鸡冠花》《秋》等，很明显都是中性题材，其内容是无伤大雅的。责任编辑朱章超，在卷首撰写了《林风眠的画》，文中指出："画家的风格特点，是力求精练地描绘事物，大胆地扬弃了对象的不必要细节，而着重'意'的表述。"1958年林风眠写了《印象派的绘画》，虽然经过反右派的洗礼，人们对艺术的探讨都着眼于政治上的问题，而他还能客观地介绍西方绘画派。这一篇文章的发表，实则是对他在上海宣传工作会议上发言的一个肯定，在那个发言中，他批评了当代中国对印象派的不正确的态度。

1958年春天，中国美术家协会上海分会组织画家下乡劳动，林风眠终于走出了画室，改变了离群索居的生活方式，和其他画家一起深入到上海郊区川沙县严桥蔬菜生产队，住在一位农民的家里，同他们一起生活，干一些力所能及的活。当时同去的还有赖少其、陈烟桥、吴大羽、关良等。

在农村劳动之余，也给农民画像，或画些农民劳动的情景，画了许多速写，勾了很多草图。给农民画像时，有的画家画得非常像，受到农民的夸奖说："画得活脱脱的真像啊。"画家都很高兴。在林风眠眼中，画得像并不是艺术，或者说是缺少艺术品位的画。

由于林风眠年龄最大，又有胃病，深得房东的关怀和照顾，和农民交上了知心朋友，农民都说他："这个老头没有架子，最随便。"

劳动告一段落，返回市内，那段生活使他久久不能忘怀。平时不敢画劳动人民的林风眠，这时也提起笔来画了菜农收菜的场面《收获》和收割稻子的场面《收割》及《农妇》系列作品。在劳动结束返回市区的几年，农民还到上海中国画院来看林风眠，他也经常去看望房东。以后又到舟山渔场写生。这是林风眠从法国回来后的几十年时间里，第一次到群众中去深入生活，去接触农民，接触了农民画，对他的创作还是有启发的。《文汇报》得知这一消息，就请林风眠写了一篇《跨入一个新的时代》的文章。

他说："就我个人来说，去年春季，参加下乡劳动锻炼之后，在思想感情上有了许多变化和许多新的认识……去年夏季和最近我重到郊区的时候，许多新的建设和人民公社的发展几乎使我认不出来。"又说："首先要自己把心交给农民群众，自己先要有真诚的感情。一个美术工作者，如果想在创作中描写农村生活，不特要在农村的建设跃进中感受到许多新的景象，最主要的首先要去了解和感受到农民群众的善良而又高贵的本质，这样在自己的创作中才会有真挚的感情，作品的思想性才会提高一步。"这话出自林风眠的口，不是违心的，是真实的而且是真诚的，也表现出他的艺术观和流行的艺术观是有出入的，他主张感受在创作中的作用，而不仅仅把客观事物"工农兵化"——作为一种特定的符号。直到林风眠的晚年，我们还没有看到过林风眠对这段生活有什么埋怨，仍然感到那个时代对他有所收获，这正是林风眠人格高尚、精神伟大之处。

我们说林风眠感到那个时代对他有所收获，不是主观的设想，从他的作品中可以看出来。从他画的几张农民画上可以发现，林风眠试图吸取工农兵群众美术活动的许多优点，因为它们"好像一个人想说什么就说出来，这样的方便，而又这样的真实"。他们"创造了美术新风格"，这和他的艺术主张有着一贯的连续性。1957年，他就对李树声说："我非常喜欢中国民间艺术，我自己的画从宋元明清画上找到的东西很少，从民间的东西上找到的很多。我碰上了花纹就很注意。我画中的线，吸收了民间的东西，也吸收了定窑和磁州窑的瓷器

收割（1958年）

田间（约二十世纪五十年代末）

渔村丰收（约二十世纪六十年代初）

上的线条，古朴、流利。"他发现年画、连环画、农民画的造型很朴实、可爱，处理上也十分大胆，没有自然主义的循规蹈矩，而有一种真正贴近生活的东西。在他画的农民组画中，粗粗的线条，明亮的色彩，农民画得很憨厚，给人一种天真、浪漫的感觉。

以后，林风眠又去舟山渔场体验生活。归来后，又画了舟山渔场系列画，我们从中可以感到过去所没有的宽广博大的气势，一种自信而充实的生活，艺术手法也变得更加自由。《捕鱼》中渔民都被处理成几何形体，显得刚强有力；《浪》（此图曾经在《解放日报》上发表）里大海和礁石相互撞击着，暗示着大自然永恒的运动；在《帆》中，帆船化为一个个抽象的意象，它与海、天、房屋混成一团，组成了色彩交响乐。

除了以上的艺术创作活动，林风眠还画了《难忘的年代》系列作品，和那些为政服务的主题绘画不同的是，这组系列作品惊醒了林风眠的安静隐生活，随着大跃进的高潮，也把他带进了那带有灾难性的时代激流，直接体验现实生活，抒发自己深刻感受，情调是伤感的，笼罩着楚楚哀怨。《打麻雀》所表现的正是这种情绪，到处锣鼓声和人声喧天，打铁皮锅盖的人影晃动，要把那吃稻谷的"害鸟"麻雀斩尽杀绝。画中稻草人的恶相，画面上交叉的纵横直线，形成无辜的自由飞鸟的天罗地网，尽情地抒发了作者的胸臆。

在这些工农兵题材的创作中，我们可以看出林风眠在20世纪50年代初的艺术实验经过十年的磨砺，又有了进一步的发展，他把自己创造的立体主义手法运用到适合中国现实生活的题材当中，并在一定程度上理想化、浪漫化，我们不妨称之为"有社会主义特色的立体主义绘画"。1957年，他在《要认真做研究工作》一文中指出："许多美术家和理论家把社会主义现实主义的范围看得太狭小，把自己和别人束缚在一个小点子上来理解，结果，现实生活的进步和艺术上保持着落后的现象极不相称地存在着。究竟什么是古典主义、浪漫主义、写实主义、自然主义、印象主义、学院派、立体派、未来派……它们怎样形成和成熟？不要先肯定或否定一切，必须研究它们，了解它们，正确消化它们，细细地做一番去芜存菁的工作。"林风眠在这个时期画了一批以工农兵为题材的画，不是应景之作，他既有理论研究，又通过艺术实践，用立体主义中国化的方法来表现现实题材，是有着充分准备的，体现了一个艺术家远大的目光和艺术理想。

画记忆中想画的东西

1959年的6月，香港中艺公司主办了一次"上海名家画展"，其中就有林风眠的作品。香港一位地产巨商买了一幅林风眠没签名的画，托柳和清请林签名后，得款三百元。有了卖画的钱，林风眠经济上宽裕了许多，就带着席素华和水彩画家李永生，登上久已向往的黄山。黄山写生归来，《文汇报》又请他写了一篇《老年欣逢盛世》的文章，发表在9月8日的《文汇报》上。他回忆道："不久以前，我到黄山去了一次，它把我带到了国画中常见的那种高山云海的境界，气魄之大、景色之秀是我从未见过的。它那奇异的山峰、古老的青松和萦绕在半山的云雾依旧，而在山上山下，却平添了许多现代化的建筑，它正在成为一个疗养的胜地，我多么想把这一切都画下来呀，在短短的十几天中，我画了七八十张草图，就像一个贪婪的人遇到了丰盛的佳肴一样。它给了我多少创作的素材啊？然而谁又知道这是我想了三十年而未能实现的事情啊！还是在法国回来不久，作为一个画家，我就希望能有机会看看祖国秀丽河山，想用自己的画来描绘它的美丽。当时我特别想去的就是以奇山异峰著名的黄山。"但此时，林风眠并没画黄山。以后他又带着席素华、王泽良、冯叶去了普陀山，岛上建筑有许多寺院，家家都有佛堂，寺院有画和塑像，林风眠说："宗教至少有一个好处，就是可以把艺术传下来。"

1960年7月，林风眠参加第三次全国文艺工作者代表大会。同年，中国美术家协会上海分会又推选他为副主席。

林风眠 1959 年作黄山速写一

林风眠 1959 年作黄山速写二

1961年春天，林风眠随上海中国画院的一批山水画家走遍洞庭东山二十四湾。同年秋天，中国文联组织内蒙古参观团，林风眠是参观团的成员之一，同行的有叶圣陶、老舍、梁思成、曹禺、谢稚柳、徐平羽，历时一个月，行程数千里，他们参观了呼伦贝尔牧区，过摩尔根河，行进在牙克石道上，穿越大兴安岭林海，饱览了扎兰屯和莫力湖的塞外风光，也去凭吊了昭君墓。

叶圣陶在《内蒙访古日记》对这一行程记载颇详：

7月19日，车中颇不寂寞，听徐平羽、谢稚柳谈书画，听老舍谈戏剧界不民主之情形。

8月15日，与谢稚柳谈绘画，并听谢谈吴湖帆近况。

8月20日，上午参观展览馆，馆中嘱留字画作纪念。林风眠画一雄鸡，老舍题十字于其上，谢稚柳画西瓜三片（其时方吃西瓜），附莲蓬一，苹果一，葡萄一串，余为题六句，匆促凑成，无多意义，句云：哲盟之美灿如霞，佳绩种种并可夸。休坐忆访莫力湖，沙漠仍见

林风眠（左四）与老舍（左三）、谢稚柳（右二）内蒙古之行

红莲花。眼前盘陈殊不绝，开怀共喜吃西瓜。

8月21日，罗进盟长嘱留书画，于是林风眠图红山之景，谢稚柳对盆栽吊钟花写生，老舍率成七绝一首。余无可写，凑以梁思成吃茶。林老挥毫写山貌，谢公妙绘吊钟花。余予诗就不思索，梁老凭栏闲吃茶。

在整个行程中，林风眠和谢稚柳同住在一个房间，两人在艺术上共同探讨互为影响。谢稚柳的用色这个时期起了变化，是受林风眠的影响，林风眠的艺术中又多了几分传统，是从谢稚柳那里得到的借鉴。

回上海之后，谢稚柳画《草原放牧图》，并题诗："天低四望气虚澄，极望平原向碧陵。咸草催肥风日好，如云骏马气骁腾。蜂黄蝶粉袅枝斜，细绿团红满地遮。休道余霞散成绮，天孙为织草原花。"此次内蒙之行，林风眠又见到多年前共患难的老友老舍，心情要比谢稚柳复杂得多。叶圣陶日记中说"老舍率成一绝"，这一绝句的内容是："塞上红山映碧池，茅亭望断柳丝丝。临风莫问秋消息，雁不思归花落迟。"不言自明，老舍的这首绝句是为林风眠画的《红山之景》写的。回到上海之后，林风眠为老舍专门画了一幅《秋景》，题款"老舍先生正画。弟林风眠。一九六一年冬。沪。"钤"林风眠"印。老舍得画，随即致信林风眠：

风老：

　　得赐画如获奇珍！举家狂喜，时时出以示友好！

　　塞上归来，即又大忙，身体尚好，唯血压有时较高耳。

　　奉上字一帧，无可取处，聊表谢忱。匆匆，致敬！老舍十二月八日。

附件一。附件赠诗条幅，内容是：

林风老惠存并乞正字。

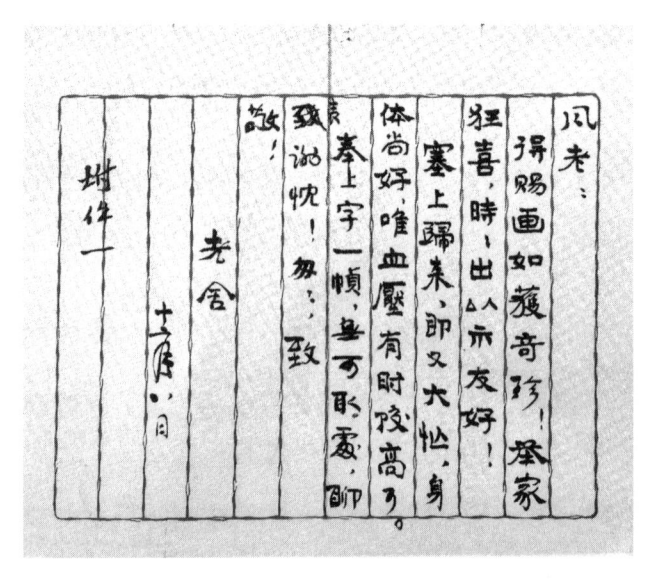

老舍致林风眠信

塞上红山映碧池,茅亭望断柳丝丝。临风莫问秋消息,雁不思归花落迟。

辛丑夏游赤峰之红山公园得句,林老因诗作画以赠,如获奇珍,书此致谢。老舍于首都。

钤印"半日闲",舍予(朱文),老舍(白文)。

1963年,林风眠又参加了中国美术家协会上海分会组织的去新安江参观的活动,同去的有蔡振华、周碧初、丁浩、李永森。1964年,林风眠又与唐云、王个簃、朱屺瞻等,同赴江西景德镇四十余天,作瓷盘画、瓷塑多件。

老舍写给林风眠的条幅

在景德镇时，林风眠的血压增高，陪同他前往的沈智毅跑遍中药店，才给他买到能降血压的午时茶。

上黄山，赴内蒙，去东山，游新安江，这一系列的活动对林风眠艺术的影响，虽然没有像其他画家在作品中起到"立竿见影"的创作效果，但他的功夫却比一般画家更深了一层，是在大自然的气息中吸取营养，真正经过自己的消化与吸收，升华成一种艺术精神。

沿着林风眠的行踪和创作轨迹来看，所到之处，他都没有即兴之作，而是事隔多年，他所游之处才从回忆中映现到画面上的。他游黄山，的确有着兴奋和激动，还画了七八十张速写，但他真正画黄山是在二十多年之后定居香港的时候。到过林风眠故乡的人，都会感受到他画的就是故乡风景。他自己也说："我的故乡风景，现在想起来，并不是特别美丽，只要是多山有小河的地方，祖国到处都有。我离开家乡多年了，四十年没有回去过，但童年的回忆，仍如在眼前，像一幅一幅的画，不时在脑海中显现出来，十分清楚，虽隔多年，竟如昨日。"他在西湖教书，居住多年，每天都要在湖边走来走去，但他在杭州期间没有画一幅西湖的画。他画西湖是在定居上海之后的事了。他曾撰文介绍画《双鹜》的过程，说："多年前，我住在杭州西湖，有一个时期老是发风疹病，医生和家人要我天天出去散步。我就天天午后一个人到苏堤上来回走一次，当时正是秋季，走来走去，走了三四个月，饱览了西湖景色，在夕照的湖面上，南北山峰的倒影，因时间的不同，风晴雨雾的变化，它的美丽，对我来说，是看不完的。有时在平静的湖面上一群山鸟低低地飞过水面的芦苇，深入在我的脑海里，但我当时并没有想画它。解放后我住在上海，偶然想起杜甫的一句诗：'渚清沙白鸟飞回'，但诗的景象则是我在内地旅行时看见渚清沙白的景象而联想到这句诗的，因此我开始作这类画。画起来有时像在湖上，有时像在平坦的江上，后来发展到各种不同的背景而表达不同的意境。"

1963年，林风眠在与傅雷的谈话中，再一次强调他的画是从回忆中来的，他说："我出生在一个风景异常美丽的山区乡村里。小时候，有一种习惯,常去川湍溪流旁、山谷里、树林中漫步、玩耍,大自然赐予我的这种美好的记忆,深深地镌刻在我的心灵深处。现在我已年逾花甲,也有四十来年没有机会回家乡了,但我常忆及家乡的树、家乡的岩石,以及铺砌在小溪底下的圆滑的鹅卵石,空中飘浮的云,植物的气息,流水的絮语,这一切对我来说,直到今天还栩栩如生。这些回忆,尽管时隔半个多世纪了,但仍不断地在我脑海里唤起新的模样和新的形象。我在杭州西湖边过了十年,然而在那些年里,竟一次也没有画过西湖。但在离开西湖之后,西湖的各种面貌却自然而然地突然出现在我的笔下。抗日战争期间,我跑遍了华西南,对我来说,这些回忆也都成了创作的题材。也许我正是那种从记忆中吸取灵感的画家。"

这正是写实的艺术和表现的艺术的区别之所在。写实艺术是对景宣科,是一种模仿,谈不上有多少天才的、灵感的创造。表现派的艺术,是通过符号来表现自己的心灵,是一种灵感的、天才的创作。林风眠虽然在艺术形式语言上摆脱了中国文人画,但他的思维方法及艺术的追求,仍然生根在中国文人画的土壤中。

在这几年的时间里,林风眠为什么反反复复地谈自己创作的体会?应该是有针对性的。当时的美术思潮"求真"占主要地位,每幅都要求画得像照片一样逼真,画家不能在纸上画出想画的东西,这样就会把中国绘画引向一个歧途。而林风眠作画只是在纸上画出自己想画的东西,和对景写生的画法不同,他在《抒情、传神及其他》一文中说:"我很少对着自然进行创作,只有在我的学习中,收集材料中,对自然作如实的描写,去研究自然,理解自然。创作时,我就凭收集的材料,凭记忆和技术经验去作画。"所以说通过对自然的感受和记录,他将色墨有机地融合在一起,解决了中国画与西画在材料上的差异。林风眠找到了一种属于他自己的绘画语言,找出了一种与新时代相一致的语言,画出了既不是西画,也不是中国画,作出了开天辟地的创举。

1961年,"上海花鸟画展"在北京举行,林风眠展出了《秋鹭》

《黑鸡》等作品。唐云在《画人民喜爱的花鸟画》中介绍了林风眠的这两幅作品,并说:"中国画的开派画家,都是致力于改革和创新的画家,林风眠就属于这样的开派画家。"

"上海花鸟画展"在北京展出期间,唐云与米谷相遇。米谷说:"我爱林风眠的画。"

唐云说:"你就以此为题写篇文章吧。"

过了几天,米谷果然写了《我爱林风眠的画》,热情赞扬林风眠的画"像一杯杯醇香的葡萄酒""像艺术万宝箱中的一颗碧玉,也像百花园中的一朵奇花",叫人"陶醉于更好的艺术享受与想象中"。

唐云读了米谷的文章,他感到这不是作者一个人的声音,而是许多人的声音。如果能让更多的人了解林风眠不是更好吗?

这样,在1962年,"林风眠画展"就在上海举行了。在展出期间,上海美术界举行了一个座谈会。林风眠在会上介绍了自己的创作经验及画风形成的过程:"少年时代受祖父石刻影响,临摹《芥子园画谱》和西洋画片——这是初步接触美术、爱上美术的启蒙时期;勤工俭学到了法国,受到写实派、印象派等的影响,同时又对中国传统的美术发生浓厚兴趣,这是艺术创作上彷徨、矛盾和探索的时期;回国以后,融合中西,博采众长,力求创造自己的面貌——这是形成绘画风格的时期。"

上海美术馆馆长为"林风眠画展"写了评论《诗境·梦境·画意——林风眠画展读画记》,说:"我爱林风眠的画品,是爱他的造型隽美,想象丰富,色彩变化,格调清新,富有装饰和感染力,既有时代面貌,又创新格。"

林风眠不但艺术走向高峰,他的心胸也因站在高峰之上看世界,非常宽广。他谆谆教导学生说:"将西方的艺术高峰和东方艺术的高峰糅合在一起,才能摘下艺术的桂冠,登上世界艺术之巅。"他又说:"艺术家如登山运动员一样,攀登艺术高峰,不仅需要你付出艰辛的劳动,而且还要你作'人梯',扶育后辈,让后辈踏着自己的肩膀去攀登那更上一层的艺术高峰。"

林风眠这一时期的艺术，除了前面介绍的以戏剧人物入画外，就以他的彩墨画而论，也由前期的灵动飘逸，渐渐地转向沉静与清寂。这种情调，即使在他笔下的浓艳热烈的秋色与和煦明媚的春光也是如此。此时的林风眠在热烈之中把孤寂的一面也表现了出来，他的孤独寂寞感不是空虚无着，也不是佛家所说空茫境界，使人感到他并非有意，而是无意中情感的流露，是发自灵魂，是与他的性格性情和与世无争的意识层面相对应的。林风眠恰如苏轼的书法，不是想表现自己，超过别人，而只是自己的欢喜随意所至。它表现的只是一种寂寞，一种独自欣赏世界之优美壮丽的自足的寂寞，并不荒诞，并不表现为痛苦和扭曲。八大山人的画也充满孤独，那是因亡国之情，孤独而愤，演为狷狂。渐江笔下的黄山也透着一种孤独感，不过那孤独化作了冷峻，直在他那勾勒的松石和严若冰霜的境界中显示孤绝清傲的人格。蒙克也是孤独的，然而蒙克的骚动变形的画面没有宁静自足，只有受伤灵魂的恐惧和呐喊。林风眠作品中孤独与寂寞感是诗意的、美的，充分表现他的自足与倔强的欣赏性。

　　林风眠的孤独与寂寞正是杜甫的"渚清沙白鸟飞回"的境界。我们理解林风眠的艺术不需要再加任何东西了。林风眠在青年时代就提出"远功利""精观察""善感受"的艺术口号，而且终身奉行不渝，所以他对政治的疏远主要还不是出于对某种政治的态度，而是出于他对艺术本质和功能的看法，以及对艺术创造本体的痴情，有着永恒普遍性的审美价值。在革命潮流起伏动荡之中，特别是在二十世纪五十年代和六十年代，把艺术作为阶级斗争工具的环境里，他依然执着于斯，置身于大潮流和时尚之外，即使他自己不感到孤独，在别人的眼里他也是孤独的。

　　因此，1964年，《美术》杂志上发表了《为什么陶醉？——对"我爱林风眠的画"一文的意见》。在"编辑部的按语"中写道："本刊1961年第五期发表的《我爱林风眠的画》一文是错误的。这篇文章的发表，我们有责任。文章发表后，曾经引起读者的不满和指责，我们没有及时组织讨论，也是不对的。现在将石崇明同志的来稿先在本刊发表,我们认为这篇文章的基本看法是正确的。"文章认为米谷欣赏林风眠的画是"古代颓废诗人最欢喜吟咏的(前途茫茫,何处是归宿)情景""是那种凄凉带有伤感色彩的情景""表现了孤寂荒凉的情调""和社会主义时代人民群众的情感意趣是格格不入的""是很不健康的",宣扬林风眠这类作品"是错误的"。文章批评米谷宣扬了"错误的""不健康"的美术作品,实际就是对林风眠的批判。

树欲静而风不止,林风眠也正好应着了这话。

虽然如此,在"文化大革命"之前,林风眠的生活是安定而平静的,慕名前来学画的人还不少,其中多是女青年。对来学画的人,他并不马上收下,把他们介绍给陈盛铎先学素描,临摹几幅齐白石画的小鸭、青蛙,文同的墨竹,张石园画的山水。画的方法也特别,先用铅笔描下轮廓,再复上宣纸多次试笔墨,然后挑选画得好的留下,贴在一张白纸上,作为学生的成果,带回去慢慢欣赏,经常告诉学生"再画、再画么!"他教油画也是用较大的笔,有了学院派油画基础的学生刚到他那里学画不习惯,他会说:"换大号笔,再画!"实在不行的,他会动手帮助修改。有时几个学生聚在一起,他会确定一个主题,或一瓶花、或一个正在转动的电扇,要大家即兴写生,用粉笔、铅笔、毛笔都可以。二十几分钟交卷,他会一一评改。有时,林风眠自己也参加写生。他除了教学生画画外,较多的是教他们收集资料,将所见的书报画册上有参考价值的图案照片等剪下归类粘贴。林风眠自己就有厚厚的剪贴本。

山雨欲来:画笔束之高阁

1965年11月的一天,潘其鎏急匆匆来到南昌路林风眠的住处,从衣袋里掏出一张已经发皱并有些破损的《文汇报》,往林风眠的画案上一放,说:"林先生,事情不妙。"

二十世纪七十年代末，林风眠、赖少其、傅聪、胡絜青等摄于香港

"什么事？看你慌慌张张的样子。"林风眠说。

潘其鎏把报纸摊开，林风眠一看，11月10日的《文汇报》上刊载着姚文元的文章《评新编历史剧〈海瑞罢官〉》。林风眠看了前面几段，就说："这个人的文章就像画人物一样，先画眼睛定位，整幅画还在后面呢。"

林风眠在南昌路过的生活虽然近似隐居，可他并没有躲进小楼成一统，管他春夏与秋冬，他对政治形势也很关心。平时他虽不大读评论文章，但在1957年反右派时，姚文元写过《录以备考》，当时林风眠根本没读过这篇文章，后来才知道这篇文章的分量。姚文元的另一篇评论德彪西的文章，也给他留下印象，他认为姚文元根本不懂音乐，没有资格谈德彪西。那是因为他深谙西方音乐，德彪西音乐中的现代意识和风格，能启发绘画灵感，早在留学法国和在德国漫游时，他就喜欢上德彪西的音乐。有一次，林风眠和傅雷相遇，谈到姚文元的那篇文章，傅雷说："姚文元不懂装懂，以势压人，狗屁不通。"林风眠知道傅雷是口快心直的人，1957年就是这样吃了亏，就劝傅雷："言多必失。"但他们没有忘记，为了德彪西，姚文元的文章一出，在报纸和音乐杂志上也是热闹了一阵的。这时，林风眠又想到老朋友傅雷,担心他又要仗义执言,就打电话给他:"文章看了,你要保重啊。"傅雷说:"林先生,你自己保重,这次我恐怕又是在劫难逃啊!"

如今,报纸上又发表了姚文元的《评新编历史剧〈海瑞罢官〉》,就不能不引起注意了。因此他关照潘其鎏要管好自己的嘴巴,不要又到处乱说。潘其鎏是一位对政治极为敏感的人,加上那张能说会道的嘴巴,几乎没有一个运动是能逃得过的。十几年后,1978年,林风眠到了香港,在给袁湘文的信中还关切地写道:"希望其鎏好好工作,现实些。其实他是现实的。我常常想他缺少的是什么?他老是碰上钉子,倒霉了这么久。湘文,你看是什么缘故,希望他吸取一切失败的教训……不要以为上帝亏待了你,走什么路,如何走,还要自己决定的,但愿他好好思考……"

生活的磨难,使林风眠在政治上极为谨慎。所以他这时特别关照潘其鎏不是没道理的。历史已经证明,姚文元的文章实际是"文化大革命"的序幕。

姚文元要批判《海瑞罢官》,尽管林风眠不知道此中的内情,心情还是紧张的。尽管自己并不欢喜这出戏,但毕竟是看过的,如果传出去会有什么样的结果?平时不大看报的林风眠,这时订了一份《文汇报》,有时还叫席素华或潘其鎏把报纸买回来看。

从报纸发表的文章来看,把《海瑞罢官》和彭德怀的"翻案"联系在一起,林风眠感到事情越闹越大。他不懂一出戏为什么会闹出这样多的事情来。这使他想到去年《美术》上发表的《为什么陶醉》的文章,批评他的作品中的"那种荒凉冷落的情调和社会主义时代人民群众的情感意趣是格格不入的",自己又看过京戏《海瑞罢官》,会不会把这两件事情联系在一起,罗织成一种罪名。想当年,自己就是怕挨批评才自动辞职来上海隐居,想不到米谷的一篇《我爱林风眠》的文章,到1964年还引起一场风波,越想心中越有些害怕,他总感到这场火会烧到自己身上来。

绘画艺术家对气候景物的变化是非常敏感的。特别是像林风眠这样的色彩画家,感觉就更加丰富了。这时,他画了一幅《南天门》,

画面上画了曹福和曹玉姐的形象,把曹福画成缩颈、耸肩、衣领高提、面目冷淡无表情的鬼魂形象,表现了悲剧性。以后到了香港,又重复画这个戏曲人物,比此时的作品又多有夸张,仍然没有离开其悲剧性质。画完了这些人物画,林风眠就收起画笔,告诉他的学生苏天赐、潘其鎏及席素华等,不能再画了,待这个批判运动结束之后再重新提笔。

正如林风眠预感的那样,他在平静中等待的严酷时刻终于到来了。

巴金的家被抄了。抄家的红卫兵用铜头皮带抽打他的夫人萧珊,并把她同巴金一起关在马桶间里。

傅雷的家被抄了,家中的书籍唱片连同林风眠的画被一抄而光。

沈尹默的家被抄了,他书写的诗词、字画、收藏的古今作品、古帖古书,全部运走烧毁了。

谢稚柳的家也被抄了。书画、镜框、书橱被搬走,连阳台上的花盆都翻得底朝天。

这时的林风眠呢?正在家中烧画。笔者采访袁湘文时,她回忆说:在潘其鎏的帮助下,把积累了几十年的作品摊放在屋子里,把画撕碎,塞在冬天取火的炉子里烧。但是烧得纸灰飞扬,烟囱里浓烟滚滚,虽然关紧门窗,那股纸被烧焦的味道仍然散溢在大气层中,两个人的面孔被烟熏得像炭猴似的。他们感到这样烧下去不行,会被人发现,又把画撕碎,泡成纸浆,从马桶里冲下去。凡是艺术成就最高、色彩最漂亮、构图最新的画,烧得就越彻底。有时潘其鎏不舍得烧,就央求说:"林先生,这张留下来吧。"林风眠说:"留它干什么,那是罪证,被红卫兵发现还得了。"

林风眠到香港安定下来之后,资助潘其鎏六万美元使之去了美国。潘其鎏在美国定居后写的回忆林风眠的文章中,也谈到帮助林风眠毁画的事情。1966年8月16日,林风眠在潘其鎏的协助下处理自己的作品。他们先是把画放在天花板与房顶的夹层中,折腾了一夜,但林风眠仍然感到不安全,担心这样做会罪上加罪。林风眠自己又从天花板的夹层中把画取了下来,把许多彩艳的人物造型;用剪刀剪成一片片，一段段。这样还是处理不完，林风眠在无可奈何中，命潘其鎏将两千多幅精心之作，浸入浴缸中，溶成纸浆，再倒进马桶中从下水道冲走，直到下水道也阻塞了。潘其鎏在文章中写道："那一夜，他似哭又像笑，对我苦笑着说'我总算画过了！'在我再三恳求下，保留了一批力作秘密保存。"据潘其鎏说这批"秘密保存"的画，有一批由他带到美国去了。

对林风眠烧画的情景，冯叶这样回忆"文革"之初，她的父亲冯纪忠被当作"反动学术权威"在学校批斗，她就躲在林风眠家中，她说：在抄家前的两三个星期中，义父就开始了大规模毁画行动，先是撕去几张，投进壁炉中烧。但当时是夏天，周围都有人监视，烟囱冒烟可不是好玩的。所以义父就改为将画都浸在浴缸之中，慢慢地做成纸浆，他多次说过："我不要连累任何人，我不要留下任何一张可以作为证据的作品，我要亲手毁了它，我还会再画……后来发现，楼下花园中有一个陌生的女人在监视，义父看情形不对，翻出了最后一批，他一直舍不得毁的杰作，沉进了浴缸。义父低着头，一言不发地做着纸浆，他是那样冷静，那样坚毅，又是那样决绝，一反平时见惯的和蔼可亲。那种阴沉气氛的印象，直到今天仍是挥之不去。"

笔者在采访王泽良、柳和清时，他们又是一种说法：

王泽良说，社会上传说林伯伯在"文革"中烧画的事，于情理上是说不通的。抄家一开始，林伯伯就和我妈妈商量如何处理那些画，留在他手中的都是精品，他当然不舍得毁掉。放在我妈妈家也不行，她的家也几次被抄。我大姨妈还对妈妈说："不能为林风眠藏

裸女（约二十世纪三十年代中期）

画，政治生命比什么都重啊！"后来要我把一批画带到学校去，那时我是华东师范大学学生，宿舍里有独用的书桌，比较安全。一个周日晚上，我返校时，卷了一大包林的画，有"黑山黑水"、裸女等，其中有林最在意的一张《大理花》，曾开画展，得过奖，其印刷品还在林的北屋里挂过一段时间。我临走时，林还很伤感地说："实在不行就毁了吧，不要害了你们。"谁知这一放就是六年，直到林从看守所出来。当他知道这批画安全，很是高兴。那时正好我在筹办婚事，他就将《大理花》送给我作为贺礼和奖励。还托柳和清先生在成都饭店为我订了两桌婚宴酒席。当时订酒席是很困难的事。

柳和清说，"文化大革命"之初，不断传来文艺界的朋友被抄家消息，一天晚上，林先生心事重重地对我说："我曾经画有几幅裸体女模特画像，另有一些习作，都不曾发表过，主要是作教学使用的范本，用笔比较大胆，颇有些纪念意义。但这些作品一旦被红卫兵拿到，就会是一桩大大的罪证。"为此他忧心忡忡，销毁它们吧，却又十分不舍得。左思右想，最终我出资将这批画买下来。但我家也被抄，不敢放在家中，在我家工作几十年的老阿姨说，由她送到她妹妹家去藏起来。刚刚打好包，红卫兵就冲了进来，再次抄家。红卫兵批评老阿姨不能为资本家服务，要离开这里。老阿姨很机智，提起那包画对红卫兵说："好，你给我工资，管我饭吃，我跟你走！"红卫兵被老阿姨吓住了，最后这批画安全转移，现在这些画仍在我手里。

他们所说林风眠处理自己的画作的情况，应该说都是存在的，因为都是他们亲自的经历。

林风眠的画还没有处理完，9月2日，由公安局便衣警察带领一群农村技校红卫兵来查抄林风眠的家，经过反复查抄，连天花板上的空间夹层也没放过。天花板也被戳穿了几个洞，抄走了家庭生活照片，因为照片有外国人太太、女婿，以及两万多元现金，还有酒瓶、罐头等。所好抄家者目的并不在他的画，抄走时把所有的画装进樟木箱内，贴上双重封条，还加上锁，在房门上贴上"打倒反动学术权威""打倒里通外国的特务"，显然，红卫兵注意的只是"特务"证据,并没有把他当作"反动"画家,所以那批画得以保存下来。

　　林风眠对画的处理,是"文化大革命"中很有典型意义的个案,按照人们对"文化大革命"中发生事件的判断思维,林风眠的处境无非是三种可能:画在人亡;人画俱亡;画亡人在。

　　林风眠虽然视绘画如生命,但他不是那种慷慨悲歌之人,他不会因为保护画而牺牲自己。他常说:留得青山在,不怕没柴烧,只要画家还活着,那就会继续画出新的画来。但他对自己的艺术创作的成果又不是一个轻易就舍弃的人,他会千方百计地把画保护起来。王泽良、柳和清帮助他把画转移就是例证。加上红卫兵抄家的目的并不在他的画,而是要抄他搞特务活动的罪证,因之"人画俱亡""画亡人在"的事没有在他身上发生。他采用了平衡的方法,既保住了一批画,又保住了自己的生命。不要说仅柳和清手中就藏一百多幅林风眠的画,他去香港时又上交一百张画。书画拍卖市场开放之后,林风眠在二十世纪五六十年代的作品大量涌现出来,说明虽然经过"文化大革命",他的画毁掉的并不是太多。

　　接着,红卫兵又把上海的知名画家集中在上海美术馆,学习"红宝书",接受审查,每天过着早请示晚汇报的生活。这时,林风眠才得知好友傅雷、朱梅馥夫妇在寓所双双自缢。林风眠心中极为难过。他知道傅雷有着高尚的品格和倔强的性格,是对人世光明前途充满信心的人,可以想象他们是受了什么样的精神和肉体的暴力折磨,才愤然离开人世的。林风眠想到初读姚文元的《评新编历史剧〈海瑞罢官〉》时,傅雷对他说的"在劫难逃",怎么就这样应验了呢?

看守所里写《自传》

　　1968年,林风眠从上海美术馆回家住了一段时间,8月15日,几位公安人员来到他的家中,向他出示标有第94号的"拘留证"和第52号"搜查证",把家中搜查了一阵,带走了一些认为可疑的物品,就把他塞进警车拉走了。他的家门被封,林风眠也被拘留在第一看守所。在填写登记表时,在联系亲属及地址栏,林风眠填写了"席素华"的名字,地址也写着茂名南路席素华的家庭地址。

1968年8月17日第一次预审时,林风眠才知道自己是因特务嫌疑而被拘留的。

预审笔录中可以看出,1968年,除了8月17日的第一次预审,又于8月29日、9月13日、9月26日、12月26日进行了四次预审。1969年和1970年的两年时间里,没有预审的记录,只有学习毛泽东著作及马列著作写的心得。从1971年6月9日开始,到11月26日,连续预审二十次,1972年1月19日开始到8月4日,预审四次。这样多次的预审,似乎都是围绕他的历史在进行。

1968年12月6日,林风眠在陈述中说:认识三十年代的人物有邓拓、阳翰笙、田汉、曹禺,一些画家都认识。和他们都是普通相识,没有做过什么事情。1925年在上海认识田汉,1944年在重庆见过。老舍比较熟悉,在重庆时就认识,也画过画送给老舍。夏衍是1962年认识的。

还有一段陈述:在重庆,我还认识法国驻重庆领事,姓是克维支,他是通过吴作人找到我,吴作人的爱人是法国人。他要买我的画,吴到旅馆里来找我。到了他那里,他说和郭沫若认识,曾向郭打听到我是中国最有名的画家。他还谈到中国文学,谈到元曲、《红楼梦》、《西厢记》,他还告诉我,英国领事馆看我的画很喜欢,要我到英国领事馆去。过几天,我带着画到英国领事馆,他们买了几张。日本投降后,他就撤职了,碰到过一次,他经济很困难,他收藏了许多书,要我去找郭沫若,问能不能把这些书卖掉。我又去找郭沫若。郭老说没有办法。我就给他讲了这些情况,以后就没见过。

1971年7月14日,问林风眠有没有讲过什么反动的话,他陈述云:在"文革"前,我曾讲过,党内有两派,一派是洋派,一派是土派。洋派是周总理、夏衍,土派是毛主席。洋派对文艺的政治性比较松,而毛主席领导的土派则比较严。

1971年8月13日,又审问林风眠的反动言论,他陈述云:三年自然灾害时,自己认为搞人民公社,搞集体主义,一下子搞不好。有次去参观,见到田里高粱长得很大,是自留地的,而另一块人民公社的地,长得不好。我想何必要这样搞呢?人民公社搞不好,私有观念太强了,集体的事没人搞,认为社会主义不要跑得太快,要慢慢走。我还讲过,因封建资产阶级传统在中国根深蒂固,为自己的事情做得好,为公为人民公社的就做不好。毛主席主张走人民公社为公的道路,走得太快了,一下子转变不过来,所以有些东西搞得没有了。

作为特务被拘,当然要审问有没有特务活动,有没有向外国人出卖过情报。林风眠陈述云:我曾去英国领事馆吃过两次饭,他们问我最近到哪里?我说到新安江水电站去过,我说新安江水电站很大,是我们中国人自己造的。和我同去新安江水电站的有蔡振华、李永生、胡振郎、关良、丁浩。

林风眠在陈述中占的篇幅最多的是谈他和邓鹤皋(邓洁)的关系。邓鹤皋是林风眠在北平艺专做校长时的学生,因做共产党的地下工作被捕,关在东北日本人的监狱里。后从监狱中逃出,到了杭州找林风眠。林风眠安排他的吃住,后由李朴园把他送到上海。新中国建立之后,邓洁在轻工业部做一个局长。"文化大革命"中邓洁被当作日本特务隔离审查,涉及林风眠和他在杭州相见的事。为此,多次预审,林风眠对此曾有详细的陈述。

1978年,林风眠到了香港,和萧峰谈起几年的监狱生活时,曾说:"近五年的监狱生活,逼我承认是日本特务,简直是笑话!实质是想从我这里捞到打倒周恩来总理的材料。我不能满足他们的愿望时,就对我像狗一样,连吃饭也要反扣上双手。"

从预审记录中,有着这样记载,问林风眠认识什么大人物?他说:过去有一个人说他认识某某大人物,我不高兴听,就告诉他,我认识共产党的周恩来,国民党的蒋介石。那是吹牛的话,说着玩的。

林风眠近五年的监狱生活,最关心他的是席素华。席素华是家庭妇女，在里弄里被视作有资产阶级生活方式的人，也经常挨批判，在里弄造反派的监督下劳动。虽然如此，她仍然按规定的探望时间到看守所去探望林风眠，给林风眠送日常生活用品、食品及衣服。在卷宗里，有一张林风眠在1970年10月21日写的收条：棉衣一件（丝棉衣）、短裤四条、内衣四件、长裤两条（一条毛裤）、外衣两件、袜子六双、被单一条。1972年8月4日，林风眠的另一张收条写着：葡萄糖六包、浓鱼肝油丸一瓶、蜂乳片一瓶、蜂乳胶囊一瓶。

这些衣物和食品，都是席素华亲自送去的。这对一位七十多岁的孤独老人，该是怎样的一种温暖啊。

这时的潘其鎏也以反革命罪被捕入狱。其罪行是讲了江青的坏话。袁湘文作为反革命家属，无法再去探望林风眠了。但她和席素华交流探监送物的经验。有什么话要说，无法写信，袁湘文就给潘其鎏送一本《毛泽东选集》，在书页上的许多字都画上圆圈，把这些画上圈的字拼在一起，就是一封信。袁湘文还告诉席素华，送黄油时，牙膏皮剪开，把牙膏换成黄油，然后再想法封好。被子要送最厚的，可以把饼干夹在被子里送进去……席素华也把自己的经验传授给袁湘文。虽然吃了牢狱之苦，但林风眠那种"顺其自然"的个性及人生哲学，使他有一个豁然达观的心境，这可从他在狱中写《自嘲》一诗中得到印证，诗云：

> 我独无才作画师，灯残墨尺夜眠迟，
> 青山雾里花迷径，秋树红染水一池。
> 犹忆青丝魂已断，谁知白发共难期，
> 山村溪水应如旧，片片浮云处处诗。

林风眠的经历是丰富的，代表着一个时代。在他生前，有许多人想为他写传，也有不少人劝他写自传。为此，他也和一些人断断续续地谈过一些，都是支离破碎，没有一个完整的记录。因之，他的一生总是有些扑朔迷离，给人一种雾中看花的感觉。在朋友的帮助下，在坐落于上海西郊的上海市公安局档案馆，笔者看到了林风眠在第一拘留所的卷宗。除了抄下前文所记的"审讯笔录"，还把他写的《自传》原文抄了下来，虽说是简单了一些，但毕竟是他自己写的完整的文字。现抄录于后：

我是于1900年生于广东梅县一个贫苦农民的家庭。祖父是石匠，父亲继续石匠的职业，做雕刻坟墓石碑等工作。我在幼年受到封建的教育，后进入小学，于1918年暑假毕业于梅县省立中学。

1918年秋来上海，由当时上海的华法教育介绍，到法国去勤工俭学。1919年初，到达法国，曾做过油漆工。后来由在南洋的族人资助进入巴黎国立最高美术学院，学习油画。于1925年冬返国。1926年由上海到达北京，任北京国立美术专门学校校长。1927年秋，因北京政治变化，张作霖入关，因此离北京赴上海。当时伪南京政府蔡元培任大学院长（即当时教育部），在大学院内设立全国艺术教育委员会，并任我为主任委员，我于1928年在杭州创办国立艺术院，并任院长。

1928年春，国立艺术院开学之后，当时的校舍是哈同花园和关帝庙，很不适合教学之用。因此有许多进步学生，对学校不满，对教员也不满意，因此发生风潮。在风潮发生后，杭州浙江大学校长蒋梦麟说已经通知省政府教育当局，派人查获共产党组织的名册，并给我两个学生的名字。我回校后即开除这两个学生（姓名记不起来了），后来蔡元培到杭州来说，要闹风潮的学生可自动退学。在风潮期间，秘书处曾通过省政府警局，派警察来保护学校。这是经过我同意的。当时我是打着为发展美术教育、介绍西洋资本主义美术、不问政治等口号，而实质为名为利，为保全自己的地位，镇压进步学生的犯罪行为。

1929年，因学校需要图案教育，当时由教务长林文铮提出到日本东京去请图案教员，经过我的同意，托驻杭的日本领事馆领事米内山庸夫找来图案教授斋藤佳藏。他在教课时宣扬日本的文化艺术是进步的、发展的，说我国图案是保守的，实质上，使学生对日本文化艺术的崇拜，对自己优良传统艺术轻视，实现了文化侵略的效果。通过斋藤的关系，驻杭日本领事米内山庸夫，以爱好中国艺术，收藏中国名人字画为名请客吃饭，拉拢我和学校的教员潘天寿、林文铮等人。1930年斋藤佳藏建议学校教授到东京去作暑假旅行，因此暑假期间，用杭州艺术教育考察团的名义，以我为团长，潘天寿、李朴园、王子云、袁惠辰等人到东京去旅行，并在东京开学校绘画展览会。我在驻东京我国伪大使馆茶会上谈话，说到中日文化交流、中日亲善等无耻的话。我们参观日本明治天皇的纪念馆，并在馆前照相。明治是侵略我国的主要人物，作为一个中国人，不应当有这样无耻行为，我深深认识到我是不清楚日本帝国主义是一贯侵略我国的，因此我的资产阶级世界观自私自利，企图在国际艺术上出名，犯了这些无耻的罪行。

1932年，由蔡元培介绍，加入国民党的党员，实质上是为保全自己的地位，得到伪政府的信任。当时浙江省党部介绍张彭年来学校任训育主任，加强国民党的统治。当时的学生有进步组织，一八艺社及木刻社，张彭年发现这些进步组织之后，认为应该加以取消解散，向我提出解散一八艺社及木刻社等进步组织。经我和教务长林文铮同意后，通告解散这些进步组织，因此引起进步学生的不满。当时进步学生张锷打破了通告牌，张彭年要开除他，我同意了。后来又说，有许多学生要闹风潮，我同意将进步学生如孙公炎、都丽春、季春丹、葛斯年，要他们自己退学，转到另外学校去。这是我第二次镇压进步学生的犯罪行为。记得木刻社曾到上海开木刻创作展览会，当时鲁迅先生曾为木刻写了一篇介绍文章。此事是张彭年来和我说的，并说他已经禁止散发，我没有亲眼看到这篇文章。但是我是校长，是有责任的，对鲁迅文章禁止散发也是我的犯罪行为。

1934年时，有一个我在北京艺专做校长时的学生，叫邓鹤皋（即邓洁）来杭州找我。他晚上到杭州后，在湖滨旅馆住了一晚，第二天早上来学校找我，我没有在学校，他找到了他从前在北京艺专的同学李朴园（秘书兼图书出版科主任）。当我到学校后，李朴园和我说邓洁到杭州来找我，并说是从大连监牢里出来的。杭州对进步分子管得很厉害，邓洁住在旅馆里不好，住在他家里也不方便，最好是住在我家里比较安全。我当时答应他，并说下午四时带他到我家里来，住在我家里好了。下午四时，邓洁和李朴园到我家里来，我问邓洁离开北京后的情况。记得是李朴园替他回答说，1927年到东北去，一进东北就被日本人捉进大连监牢里。我问他为什么会被捉进去，又为什么会放出来。李朴园替他说："糊里糊涂捉进去，又糊里糊涂放出来了。"我对邓洁说，你怎么知道我在杭州，邓洁说：他在监牢里没法作画，看守监牢的日本人，知道他会作画后，送给他一些画报，他是从画报杂志上看见了我在杭州的消息，因此从监牢里出来之后，想想没地方去，因此到杭州来找我。当时看他带有一小包，并说他带来一些画给我看看，我把他带到给他住的小房间里。记得晚饭在我家里同我爱人一同吃的，他问我在法国的情况。李朴园回家去了。第二天早上我到学校后，李朴园和我说找一个地方去谈谈，我说到杭州郊外云栖寺去谈谈，并可玩玩云栖寺。下午三时左右，李朴园到我家里来，我们三人坐学校的车子到云栖寺去。到了之后，将车子停在路上，我们三人顺着竹林小路向云栖寺走去。在路上，我同邓洁说话，我问他来杭州的目的，并对他说杭州对共产党管得很厉害，如果他想在杭州活动，很容易被发现，这样对我们不好，对他也没有好处。记得是李朴园替邓洁说，邓洁失去了联络，找不上接头。我很天真地替他出主意说，是不是要到上海苏联领事馆去接头，接着又说不行不行，听说领事馆门口都是特务，没有进去就会被他们发现的，是不是到巴黎去转到莫斯科去接头。记得当时邓洁没有回答，后来我们走到云栖寺，到寺内走了一圈，不久由原路回到路口，我们坐车子回家。到我家门口时，李朴园和我说邓洁到他家里去吃饭。当天晚上邓洁回来时，大约很晚，我们已经睡觉了，没有见他回来。第二天早上当我到学校时，李朴园对我说，邓洁已经决定明天到上海去，不过邓洁一个人车子上旅行不好，怕被人发现，因此李朴园说他们夫妇陪邓洁同到上海去。下午我回到学校时，他说他到葛岭山附近的庙里去玩，看见一个道士等等；并将带来的画给我看，我记得其中有一张是比较好的。晚上记得是他和我谈到巴黎勤工俭学的情况，并谈到我在巴黎认得周恩来等等及当时巴黎的情况。记得第二天早上李朴园来找他一同到火车站去，临走时我对邓洁说，我们在杭州办艺术学校，你进行你的工作，我们今后不要有什么联系，因为这样对我们都有好处。当时邓洁答应了我的要求。李朴园几天之后由上海回来，我问他到上海的情况，他说已经把邓洁交给了安娥（是邓洁以前的未婚妻），我们没有责任了，并说邓洁在大连监牢里待了八年，安娥和邓洁家里人以为邓洁死了等等。后来就没有再谈到邓洁。解放后1962年，我到北京时，在美协问邓鹤皋学生的情况，张锷说可能是邓洁，后来打电话给他，说我在北京，并想看见他。第二天在他开会的旅馆里请我吃饭，后来秋天他到上海来时，来过我家里一次，他要请我到中央工艺美院去讲课，我没有去，后就没有看见他，我现在认为邓洁到杭州来的目的，是想从我这里找到安娥，李朴园和我谈到安娥在上海，但我不知道她住地的情况，而李朴园是很熟悉的。

1933年时，我和学校的教员李超尘、章跃等人到杭州湖滨喜雨台茶馆去购买各地带来的古董。有一天下午遇到当时驻杭州的日本领事松村雄藏，我们认识之后，松村说他对浙江出土的青瓷很感兴趣，他家里收藏很多，请我到领事馆去看他的收藏，我答应了。我到领事馆去看过他的青瓷，并在日本陶瓷杂志上介绍青瓷的图片，后来我买到了出土的定陶，他要求到我家里来看我的收藏。1935年时，我到领事馆去参加日本国庆招待会。1936年冬季，日本领事三江姓董的翻译员来学校说，我校的学生在湖边打他的儿子，后来我到领事馆去说明我在学校里查明没有此事，后来就没有再看见过。在杭州认识之前，后来没有在其他地方看见过他，他从来没有谈到过邓洁。我深深认识到过去日本帝国主义者一贯侵略我国，在"九一八事变"之后、"七七事变"之前大举进攻我国的前夕，和日本人来往，自以为学术与政治无关，私人往来与国家的政治没有关系等等的资本主义世界观，这些自私自利的立场，敌我不分，作为一个中国人真是无耻，对国家民族是犯罪行为。

1935年，我收到一本中国文化建设协会的小册子，里面有陈立夫一篇"惟生论"的文章，在小册子后面有各地分会筹备会的委员，当时我看见有杭州如浙大、之江各大学的校长及我的名字。记得后来在杭州浙江图书馆开中国文化建设协会浙江分会成立大会,参加的各大学校长如郭任远、李培恩以及浙江教育厅长许绍棣,他是CC的主要人物,艺专参加的有林文铮、蔡威廉、李朴园及我。记得后来许绍棣送给我任该会顾问的聘书,记得开成立会后曾大请客一次,记得参加的有杭州主要各界人物,艺专参加的有我及林文铮、蔡威廉、李朴园及邱墨等人。在记忆中,似乎分会成立艺术戏剧组,后来教育厅由许绍棣主持开会,我没有参加开会,而且不知他们开会。他们去开会后到一个饭馆去吃饭,当时说是许绍棣请我去吃饭,车子开到教育厅时,听说照一个相,参加照相的人有李朴园、林文铮、邱墨及艺专剧社等学生。不久抗日战争开始,后来就没有再开过会。

1937年"七七事变",抗日战争开始之后,我们学校向内地迁移,最初迁到江西。1938年春到达,我任主任委员,北平艺专校长赵太侔、常书鸿任委员。不久学校因迁校问题发生风潮,我辞去主任委员职务,离开学校,当时因爱人赴法探亲回到上海,我由湖南、广州回到上海,将家属安置在上海。我于1939年初由上海经海防、河内、昆明赴重庆,到重庆后,由陈布雷介绍任伪政府政治部设计委员会委员,这是挂名职务,记得只在张治中任部长时曾召集设计委员会开过一次会,参加的人很多,记得有一百多人。我每月到部会计科去领薪水,对抗战没有做过什么工作。记得1943年时,政治部将设计委员会取消,我又由陈立夫介绍到伪中宣部去挂名宣传委员职务,每月到部里去拿薪水,宣传部有一艺术处,搞电影及戏剧的工作。有一天他们通知我要画一些宣传画,我画了十多幅描写日本人侵略中国对我们残暴的行为,结果没有采用,将原画退回来。抗战期间,张道藩在重庆组织中国美术协会,我参加了这个会,为理事,常到协会去开会。记得该会送过一些画到英国去开展览会,我参加过二张作品。筹备第三届全国美展,我任筹备委员及评选委员。记得中国美术会理事会决议,对时局发表反动宣言的文章,在重庆《扫荡报》发表;并将该会理事如吕斯伯及我的名字登载出来。在抗日战争期间没有做过一些对杭日战争中对人民和国家有益的工作，反而参加了反动宣言。这是我犯罪行为。1944年冬，国立艺专改任潘天寿为校长，请我回校任教授，当时我辞去宣传委员的职务，1945年春到校任教授职务。当时我对伪国民党有许多反感，因此在学校所设的伪国民党支部通知我说，伪国民党要重新登记，如不来登记作为自动放弃伪国民党党籍。我当时拒绝了登记，自动退出了伪国民党。

1946年春杭日战争结束，我随杭州艺专复员回到杭州，仍任艺专教授。1947年学生对潘天寿不满，学校发生风潮，潘天寿将风潮加在我头上，学校改为汪日章任校长，将我辞退。1948年暑假后，汪日章因学生要求不得不再请我回校任教，我回校后介绍苏天赐（重庆时艺专毕业生）为我的助教，一直到解放。

1949年杭州解放后，我在艺术院任教授。我在杭州艺术院因过去的历史关系，有许多学生对我发生好感。我过去所受的教育是资本主义世界观，回国来创办学校，发展没落的西洋美术教学和创作方法，崇拜西洋的形式主义，如印象派的作品，对法国的许多画家如马蒂斯、毕加索等人。当我的学生到我家来看我的画时，对他们常常谈这些画家，认为他们的作品是新派的、有时代性的等荒谬的言论，认为他们的技术是高明的。当时学校里有许多由老解放区来的教授，他们在教课时受到有些学生的不欢迎。当时我认为他们在政治上是高明的，而在教学的技术上是比较差的，后来发展到有些学生反对他们，在课堂上修改他们的作品，形成学校不良现象，无形中反对写实方法。我还说他们画得像照片一样的油画不是艺术作品，这是反动的言论。后来学校把苏天赐调到外地去学习，记得对他说过，通信会被检查，如果你受到批判，就写你的身体不好，如果你很苦恼，就写这里的天气很不好等等，这样我就会明白你的情况。我在记忆中苏天赐只写过一封信，说他被调到另外的单位，希望我能设法把他调回学校来。后来我和学校领导说明此事，结果因为他所在的单位已经调了，学校不好再去要求调回来。我认识到这些鬼鬼祟祟的行动，表面不敢反对共产党，而暗地里在反动思想指导下，做这些犯罪的行为。

1951年暑假，当时我的家迁回上海，当时身体也确实不好，但主要的动机还是因为我反动思想，认为留在杭州艺术院对自己不利，学生如果有反对学校的行动，都会说成是我的关系，因此离开杭州，坚决回到上海来，设法卖画来维持自己的生活。当时学校批准了我离校的请求。在1951年暑假时，我就到上海来了，在家里搞水墨画，因为爱人是法国人，希望能在留在上海的外国人中售出一些作品，在我的没落的水墨画作品中，设法用西洋反动的形式主义的色彩以及没落的情调来迎合外国人，希望能多卖出一些作品。卖画的工作由我爱人接洽，我是在家里埋头作画，这样维持住我们的生活。

　　1956年，爱人随女儿、女婿因生活关系，同他们到巴西去了（女婿系奥地利人）。他们离开上海之后，我还是继续卖画，此时由我自己直接和外国人接洽。在我爱人未离开上海时，有比利时人罗斯布洛常来买画，因此我也认识了他，后来有外国人要来买画时，多由他介绍认识的。1958年，由他介绍意大利旧领事馆管理员波打前来买画，认识后，他请我到家里去吃饭，后来他常代在香港的意大利人买画，买好后，他是由邮局寄给他们的。记得1963年时，也是由罗斯布洛介绍英国驻上海的人员史班奇和曼斯来前来买画，因此认识了他们之后，到过他们家里去吃过饭，徐继武是在波打家里认识的。1965年，我参加美协组织到新安江水库去参观，回上海后不久，波打请我在他家里吃饭，问我到新安江旅行的情况，我和他说新安江水电站是我们自己建设的，规模很大，他问我到里面参观过没有？并问有几个发电机，我说到里面参观过，大概有三四个发电机，后来又谈建设新安江水库后水位高涨，居住在江边乡村的人都要迁居，听说迁出来的不少等等。1965年时，有一次曼斯来到家里来买画，因为我把画的价钱提高了，他说我的画卖得很高的价钱，我说我在上海卖画的价钱其实是很低的，我有一个朋友傅雷，他的儿子傅聪在伦敦和一个音乐家女儿结婚，他的父亲买了我一张画，送给他们作为结婚的礼物，听说有一个英国人看见之后，愿意出五六十英镑买我一张画，我现在卖二百元人民币是很便宜的。后来他说他没有听过傅聪的音乐会。我深深认识到我根深蒂固的资本主义的反动思想，指导着只顾自己，希望能多卖画，多得到稿费的反动行为，而且敌我不分，将新安江建设的情况也对他们说了，这是我犯罪行为。因为这些卖画的外国人，请我吃过饭，因此请徐继武帮我打电话写请帖，在衡山饭店回请他们，记得有波打、史班奇、曼斯来、徐继武等人。记得有一次在波打家里谈到上海有许多青年到新疆去的事，我说是的，新疆地方很大，很需要上海的青年去参加建设。现在认识到这些帝国主义者总是从我这里打听我国各方面的情况，我当时以为这些无所谓的，这样自己犯下了罪行还不知道。

1951年我回上海之后，时常到我家里来的学生如金碧芬、潘其鎏、金明玉等人，杭州艺专的教授关良有时也会到我家里来。记得在1958年时，冯纪忠要他爱人席素华跟我学画，由同济大学陈盛铎介绍给我，后来，他们也常到我家里来。1964年，在波打家里认识徐继武夫妇之后，徐有时会到我家里来的。1956年时，有学生介绍李梦雄，说是要求看看我的画，认识之后，他也常常会到我家里来。他跟我讲话，讲了许多马路新闻。记得有一次他和我说，文化领导方面有土派和洋派，毛主席是主张土派的，洋派文化部长夏衍是主要的，土派是政治第一位，洋派是重视艺术，因此在创作的时候，有的对政治抓得很紧，有的对技术抓得很紧，各有不同等等。记得我的学生到我家里来的时候，我也曾重复了这些话。记得对金碧芬说过，要她去创作的时候注意这些问题。在"三年自然灾害"期间，我记得对学生说过，毛主席主张走社会主义道路，我们国内许多人都是自私和自利的，所谓人不为己，天诛地灭。又说过因为走得太快了，一时有许多东西生产不出来，没有了等等。还有一些反动言论，记得对徐继武说过，如林副主席没有当国防部长，当时由罗瑞卿代，是因为林副主席身体不好等。1965年冬，北京京剧团到上海演出《红灯记》，我看了之后说，现代服装演京剧，唱的还是旧的调子，很不习惯，好像是清唱，很不习惯。这许多反动的言论，都是在我家里，他们到我家来的时候谈的，有时将我的反动学生巴黎赵无极从巴黎寄来的画报给他们看，现在深深认识到自己宣传资本主义的反动行为和毒害了青年学生的犯罪行为。

1951年来上海后，还特地画了许多形式主义反动的画出卖给外国人，在我参加上海美协之后，在每次展览的作品中，创作了许多有毒素的作品，所画的都是没落的东西，灰暗消沉的情感，表现前途灰暗消极的思想，毒害了广大人民群众，发表了许多反动文章和言论。在美协会议谈到美术工作发生困难的时候，主张美术工作者搞工艺美术为副业可以解决生活问题等荒谬的反动言论，对西洋资本主义绘画如印象派、新派许多反动的形式主义的作品，说他们创作色彩鲜明、形式特别等等。有时协会组织去农村体验生活，结果因为我的旧的世界观根深蒂固，反动思想表现在作品上，歪曲了人民大众的形象，犯了毒害广大人民群众的罪行。

　　"文化大革命"期间，我开始一步一步认识到两条道路，经过广大人民群众的批评和教育，1968年进所之后，经过许多审讯的教育，现在初步深深认识到自己在解放前和解放后所犯的罪行。解放前替国民党政府办艺术教育，介绍了西洋资本主义的许多反动的东西，为名为利，为自己，为保全校长的地位，镇压进步学生的风潮，开除了许多进步学生，希望在国际艺术界出名，到东京开展览会，和日本帝国主义者谈文化交流亲善，作为一个中国人真是无耻到极点。解放后，留在杭州艺术院为教授，没有好好学习毛主席的著作，对老解放区新来的教授，因为他们的技术差，不向他们学习，反而在学生面前说他们的创作不是艺术等，实际犯反对艺术为工农兵人民大众服务的方针的罪行。来上海后，参加上海美协之后，还是带着资本主义世界观，自立自创的反动思想，表面上参加美协，参加到农村去体验生活，参加美协政协的学习，实际上并没有真正学习毛主席伟大的著作，没有真正到农村去受广大人民的教育，这是两面派的手法。表面上参加各种改造自己的活动，实际上还是画自己讨好外国人以及资本家的画，希望多卖一些稿费。我现在认识到，解放后没有真正好好学习毛主席的伟大著作，自己过去出身贫苦工农，但受了资本主义反动的封建主义的教育，在思想中根深蒂固，因此忘了本，干了许多对人民对社会主义的建设的坏事，犯了许多罪，深深感到自己的一生没有做过有益于国家人民的一件好事。今年我七十二岁了，希望能得到政府的宽大处理，在我活着一天，希望能干一天，改造一天，为国家人民做一些事，这是我的希望。今后一定认真学习毛主席伟大著作，用毛主席思想，猛促灵魂来改造自己，成为一个新人。

林风眠
1971年12月8日

1972年，周恩来总理关心上海被拘留的文化人士，并要上海市公安局军管会报上名单，林风眠的名单也在上报之列。周恩来下达指示：按拘留名单，凡无确凿证据者，均予释放。12月29日，林风眠被放，席素华把他接回南昌路。南昌路53号的灯光又亮了。他抬头望着对他永远微笑的女儿的油画肖像，不禁老泪纵横。那是女儿二十岁生日时苏天赐画的，陪他大半生了。如今女儿已逾不惑之年，这么多年也未能见上一面。他哆哆嗦嗦地站在凳子上，让潘其鎏为自己同墙上女儿的肖像合影。

他在照片的背面题上了刻骨铭心的人生感慨"人生难得是欢聚，唯有别离多"这句话，寄给了远在巴西的女儿，以示自己还活着，并希望女儿能理解爸爸的处境和对女儿的爱。

在卷宗中，还有两张林风眠写给公安局拘留所的条子，都是12月29日回到家中的当天写的，一张写着："我放在阳台上现款壹佰拾元，我回来时已经找到。"另一张写着："我回家后，所有的东西没有少。"

林风眠又走到阳台上，看到那一盆宝石花非常肥壮，虽是冬天了，叶瓣仍很肥厚，水分很足。他感到安慰，也有几分吃惊：它生命力是那样顽强，怎么没有死去呢！

画家郁风有一段回忆：十年之后的1977年我初到上海，才知道傅雷、金仲华、叶以群等老友前辈的惨死。尤其是傅雷夫妇，由于绝望，双双携手走向未知的世界。我去看望林风眠先生，他却仍然是安详的微笑，他能使战栗的心归于平静。他住在近霞飞路的南昌路，和马国亮家贴隔壁，一间矮矮的楼房，最显眼的家具就是一张大画案。

他拿出一叠近作放在桌上看，尽管坐过牢挨过斗，他仍然回到了他的世界。那些芦苇大雁秋林无恙，可又添了新的一族京剧花脸，强烈的对比色和钢筋一样的墨线，这是当时从未发表过的。他的法国夫人已经去了巴西，他一个人生活，连用人也没有。我注意到他的屋角有一个小煤气炉，他晚上烧一点稀粥，白天荡出去到小饭馆吃一顿。十年中的遭遇他根本不提。在北京我听说过他坐牢是由于在国民党统治时期，他曾掩护过一个学生共产党员邓洁躲在他家里住，"文革"时邓洁是轻工部手工业局局长，被怀疑为叛徒，林先生便受了牵连，我忍不住问他，他点头说确是如此。后来邓洁的问题得到平反，我在1980年去香港又见到林先生，告诉了他这消息，他很高兴，如释重负，原来他还是很在乎的。

"文革"后林风眠在上海中国画院作画

以画铺路：申请出国探亲

雨打梨花深闭门。林风眠回家之后，不只是深居简出，更是闭门谢客了。每天清晨很早就出门，到席素华家去"躲客"，晚上直到深夜才回家。有时冯纪忠、席素华夫妇带着冯叶，把烧好的饭菜带到林风眠家中，玩上一天。有时他即使一个人在家中，有客人来敲门，他也不开门见客。

万青屴在《化作春泥更护花》中，详细描写了拜见林风眠不遇的情景。1977年2月，万青屴随周思聪、石齐南下写生，到了上海，他们听说，最不容易见到的是林风眠先生，他1972年年底从监狱中出来，从不轻易接见来访者。而对万青屴和石齐来说，林风眠又是他们最敬仰的一位画家。一天上午十一点左右，他们赶到南昌路林风眠先生的寓所，叩门几次无人应，室内静悄悄，不似有人在家。他们决定坐在楼梯上等，一直等到下午一点左右，仍不见人影。居住在楼下的人告诉他们，林先生早出晚归，你们不要等了。

当晚八点半左右，他们又赶到林宅，老人仍不在家，于是又坐在楼梯口等。这一次一直等到十一点左右，楼下的人又出来告诉他们，老人恐怕要到半夜才会回来，你们不如明天六点以前来。

第二天凌晨四点半，他们就从下榻的水电路出发，赶到南昌路时，天刚刚亮，林先生居住的小楼，楼梯口很暗。他们蹑手蹑脚地上了楼，坐在林先生家门口，怕惊动老人，未敢敲门。谁想过了一个多小时，仍是没有动静。万青屴敲门，没有回应。这时，还是那位邻居，那位中年女士从楼下走出来，说："你们来迟了，还要早点来才行。"

第三天，他们决定凌晨三点起床。但没有闹钟，睡过了怎么办？万青力说他不睡了。几天的疲劳，使他无力支持，半夜睡着了。一觉醒来，已是七点多了。他们赶到南昌路已是九点左右。一上楼，突然见林风眠家的门半开着。他看看石齐，目光似乎一下有了神采。

门完全开了。林风眠面对着他们，清瘦的面容上带着祥和的微笑。没等他们开口，林风眠似乎早就认识了他们，连声说："知道你们来过三次，我今天特意等候你们多时了。"

万青屴、石齐拜望林风

1977年，林风眠与学生朱怀新在上海南昌路寓所合影

眠，可以说是他当时生活的一个侧影。虽然如此，但他的画笔没有停下来，有时还画一些小幅的风景、水鸟。1974年，上海外贸部门编印了一本《中国画》。可是"四人帮"在北京、上海掀起批"黑画"的妖风，把这本画册当作靶子进行批判，认为它是右倾翻案风的代表。这本画册有一幅是林风眠画的《山区》，墨彩交融，格调浑厚，在林风眠的风景画中可称为上品。但它却被列为重点批判对象，说作者把社会主义山区画成了"黑山恶水、乌云遮蔽的天空、修道院式的房舍、细瘦欲摧的电塔，还有魔影似的群山……"

批"黑画"时，林风眠担心会第二次坐牢。这种担心一直使他无法平静。批"黑画"事件过去之后，上海工艺品进出口公司想找一张林风眠的画出挂历卖给外国人，潘其鎏帮忙找到一幅构图极为别致的画。林风眠看到，当场撕了，对潘其鎏说："你又想让我去坐牢。"潘其鎏说："这是你送给我的，不拿出去就是了，怎么可以撕去？"林风眠说："以后再给你画一张。"

批"黑画"时，黄永玉的《猫头鹰》也在重点批判之列。在此之前，林风眠从拘留所出来不久，黄永玉为完成画画的任务四处奔波，路过上海时去看望林风眠。这次拜见，有人告了密，说黄永玉拜见林风眠是一个不寻常的"活动"，说他与林风眠"煮酒论英雄"，应该追查这个小集团的活动。黄永玉对此不多作解释，只是破了胆子作了声明：林先生论年龄、学术修养和许多方面，都是我老师的老师，我怎能跟他搞什么"煮酒论英雄"。黄永玉受批判的消息传到林风眠这里，他感到很过意不去，就对潘其鎏说："还是谁都不见为好，否则给别人带来麻烦。"

林风眠不只是闭门谢客，出门躲客，连手中的画笔也放下了。

四年多的拘留所的生活，加上颠倒黑白的批判，虽然得到席素华的精心照料，但由于带着紧张的心情生活，林风眠的健康状况在一天天恶化，终于旧病复发。生活上有席素华的照料，但吃药打针的事，又忙坏了袁湘文。后来，袁湘文把他送到自己工作的医院，经过医生的检查和精心治疗，病情才有好转，他非常感谢医生，说是给了他第

席素华和她的画

二次生命,并画了画分别送给医生和院长。这时潘其鎏虽然也从监狱里放了出来,但还没有平反,不好随便走动。林风眠也不敢让潘其鎏随便走动。为了给林风眠治病,上海市卫生局的老干部白书章也出来帮忙。白书章原来是上海卫生局副局长,早在二十世纪五十年代,林风眠生病,他就想办法把林风眠安排在华东医院治疗。华东医院是高级干部住的地方,要不是白书章的安排,林风眠哪有资格住进去。"文化大革命"中,白书章也免不了挨斗,受审查,被罢官。虽然处于逆境,和林风眠同是天涯沦落人,在医务界还是有许多老关系的,华东医院是去不成了,但他还是悄悄地陪林风眠到别的医院去,请一些"反动学术权威"给他治病。由于他们都在政治上同病相怜,林风眠的病得到及时而认真的诊断和治疗,很快就有所好转了。

1976年,林风眠留法时的老同学周恩来总理与世长辞,林风眠闻讯,内心深为悲恸。他无法去悼念自己最尊敬的人。但他知道,这位老同学在留法时就欢喜马蹄莲。他用淡墨淡彩画了一幅马蹄莲。在画上从不写上款的林风眠,在这幅画上落款:"敬献给周公。风眠"。画成之后,就挂在画室里,每天对画沉思。灵车送周恩来去八宝山的那天,他把画烧了,祭奠老同学的英魂。

1976年10月,"四人帮"覆灭时,林风眠心中为之一快。上海美术界在美术馆举行赛画赛诗会,林风眠应邀参加,会上与其他画家合作《胜似春光》的巨幅中国画,祝贺这一胜利。

从这以后,林风眠又放心画画了,不但在纸上画,还和唐云、王个簃、陈秋草等一批画家到江西景德镇在瓷盘上画画,他们画的瓷盘也都出口换外汇了。

一天,林风眠应一位朋友之约去小聚时,与谢稚柳、唐云相遇,多年不见,握手唏嘘,却有着无限的感慨。席间,谢稚柳问道:"风眠,还是一个人生活?"

"有啥办法呢。"林风眠不无感慨。

"我看,你也应该找个伴,一个人生活总不是办法。"唐云对林风眠也极为关心。

"老唐啊,我是有老婆的人,你是要我犯重婚罪啊!"林风眠说罢哈哈大笑起来。

大家也都被林风眠这话逗得不亦乐乎。

"你出去探亲,或者请夫人回来。"谢稚柳说。

1975年,林风眠在上海他的寓所

"周总理去世了,谁还会批准我去探亲呢?夫人的年纪也大了,那边的生活也全靠她,无法回来。"周恩来总理生前曾批准他出国探亲,但林风眠因故未能成行,林风眠对此虽然也心灰意冷,但去巴西探亲的事还是萦绕心头,他找上海中国画院党支部请示,说出了要探亲的心事。党支部书记沈柔坚、杨正新虽然对林风眠表示理解,但他们无权批准。不过,他们还是支持林风眠写探亲报告,杨正新又为此事奔波了一阵,但林风眠的探亲报告迟迟没有批下来。

这年年底,林风眠的老同乡、老同学叶剑英的一位亲戚突然来访。走进他那低矮的小楼,最显眼的家具就是一个大画案,煤气炉上正煮着稀饭,这是他的晚餐,因为胃不好,多年来林风眠都是吃稀饭。

"你就吃这个?"来客问。

"白天出去到饭店吃一顿。"林风眠说。

"叶帅知道你坐了多年牢,他很关心你。"来客说。

"他的身体还不错吧。最近在报上还看到他的诗。"林风眠说。

"你一个人太孤单了,怎不出去探亲,或者把夫人请回来陪陪你。"来客说。

"这——"林风眠没有说下去。

"你写封信给叶帅,说说你想探亲的意思,我给你带去。"来客说。

这个非常突然的消息,使林风眠震惊,也有些将信将疑。但无论说啥,夫妻团聚总算有了一线光明。客人走后,林卿民在家中一直等待消息。

这件事不久,林风眠的一位留法时的老同学余森文来了上海。林风眠向他谈及请叶帅

林风眠在画瓷盘

批准他出国探亲的事，余森文表示可以帮忙。有几封林风眠写给余森文的信，可寻到其中的一些信息。

信之一：

森文兄：

来信及给纪忠先生的信均收到，承赐蜜橘二十个衷心感谢。近来总是生病，留在家里很少作画，兹寄上两幅，请指正为感。

兄到北京如有机会，请代进行我出国探亲事，如何结果，请来信为感。祝你们一家好。

风眠

1977年1月14日

信之二：

森文兄：

来信收到，感谢你在各方面替我进行，但此时提出不好。我以前已送了好几张大画给叶帅，你回沪时再详谈。

北京一定很冷，上海这几天零下八度，守在家里很少出去，近来身体也不好，画画实在天气冷，动不了笔，近来胃不好，吃不了东西，也许是好事，多吃总会出毛病。何时回沪，我想已近春暖花开时节了。即祝健康，夫人代候。

风眠

1977年2月16日

信之三：

森文兄：

来信收到，你这样关心我，我真感谢你。

沈柔坚同我谈到见到道英先生的情况，关于要我的老爱人回国，有许多困难，她在巴西工作，一家靠她生活，也走不了。我希望在适当时候，政府能批准我去探亲，时间一至二年，没有死总会回到祖国来的。你什么时候回来，你经过上海时，我们又可长谈了。祝你们好。

凤眠
1977 年 3 月 14 日

信之四：

森文兄：

来信收到，大小画五张，黎夫同志画请转交，并请指正为感，余画由兄处理好了。

近来身体不好，眼睛也不好，所谈松鹤图过些时间再说，明年看季节再进行如何？近况如何，深为念念。即致敬礼。

林风眠
1977 年 6 月 18 日

信之五：

森文兄：

来信收到，关于松鹤图之事，已过去很久，此时不是时候，明年之事明年再说，近来身体也不好，要画的朋友实在应付不了！兄近况如何，深为念念。即祝暑安。

凤眠
1977 年 8 月 3 日

信之六：

森文兄：

来信收到，近来身体不好，手也生关节炎，天气不好，肠胃也不好，哪里还想到画画。要画的朋友实在太多，一天二十四小时，一年三百六十五天不停地画，也画不完，你想是吗？我近来休息在家，什么也不管，到画院去学习，因身体不好暂时也不去，你要我加一股劲暂时实在办不到，一切待我有一些力气时再说，我想你忘记我是近八十岁的老人了。即致安好。

风眠

1977 年 9 月 14 日

  林风眠在写这些信的时候，他的护照已经拿到了，是叶剑英交给身为国务院总理的华国锋批准，由公安部发给的护照。那时还不像现在，拿着护照到大使馆签证即可，而是要将护照的复制件送到前往的国家签证，称之为倒签证。

  即使处于逆境之中，林风眠也不大给别人画应酬画。但在那样的环境中，有时也不得不应酬。一次，上海市政府一位领导通过朋友向他索画，他按照自己习惯的艺术形式画了一幅方形的画。过了几天，这位领导的秘书带来了那副画，说："领导喜欢长方形的，能否换一张。"林风眠心中很不高兴，但他还温和而巧妙地说："领导喜欢长条的画，我还没有学会，以后再画吧。"秘书只能把原画带回去。

  从林风眠的信中可以看到，为了自己生存环境的改善，向他索画已成为不堪重负的负担，他还是不得不画。信中只是一个侧面，而在上海则更是招架不住。老朋友的应酬自是免不了的，特别麻烦的是他的学生潘其鎏，为了摘掉那顶"反革命"帽子，一位政法界的权威人士说是从中帮忙。既然是帮忙，酬金自然是不要的，而林风眠的画是不能不送的。袁湘文和潘其鎏也藏了不少老师的画，但都是挑了又挑的精品，当然舍不得作为礼品送人。不送林风眠的画，摘帽又成问题。那位中间人今天说要送一张给派出所，明天又说要送给法院，后天又说要某某领导签字，也不能不送啊。不知送了多少画，潘其鎏的"反革命"帽子总算摘掉了。"敌我"性质的矛盾解决了，潘其鎏的许多人民内部矛盾问题又突出起来，解决那些内部矛盾，落实政策，也是要以老师林风眠的画铺路的，又是一个周而复始地送，无尽无休。林风眠要去探亲了，这个房子给谁住呢？无非是席素华和袁湘文两家。如果给席素华，因为她的房子还可以，要了林风眠的房子，自己的房子要让出来，不合算。房子给潘其鎏最合适。这时，那位中间人又插了一手，当然又是不停地要画。这时的林风眠简直是造画机器，每天就是不停地画。林风眠到了香港后，还在关心房子的事，他在给袁湘文的信中写道："关于房子的事还是早日办好比较放心，你提的那个人千万不要理他，他是很势利的人，想向你们讨画是真的，他以为你们一定有我的画，千万不要相信他，还是不要往来为好，他是不会有什么办法的。"

林风眠的签证回来了，他就开始收拾行装。席素华给林风眠缝制了一件衣服，是一件两用衫式的外套，要他上飞机时穿。林风眠对服装从来不讲究的，对这件衣服很喜欢，还没有走就把它穿在身上。袁湘文来了，看到林风眠穿这件衣服，就说："你怎么穿这件衣服，不好看的。"

风眠说："这件衣服是席素华替我做的，她一定要我穿上。"

袁湘文说："我没有送你什么东西，怎么办呢？"

林风眠说："你花几角钱给我买本通讯录就行了，我每天看到通讯录，就会想到你们的。"

袁湘文果然给林风眠买了一本小小的通讯录。

林风眠还是不停地作画。书画界的许多朋友，不只是在上海的，连外地的朋友他都送了一张小画，以示告别。

现在且录几位学生、朋友的回忆：

吴冠中：他临行前，挂号寄给我一幅画，我哆嗦着打开了画，画的依旧是芦塘和归雁，不过是青蓝色调了。我立即复了他四句诗，希望他离沪前收到：捧读画图湿泪花，青蓝盈幅难安家。浮萍苇叶经霜打，失途归雁去复还。

黄苗子：二十世纪七十年代末，正如吴冠中在纪念林先生的一篇文章中提到的，林先生获准离开上海定居香港以前，曾画过不少画送给朋友。我那时在北京,接到的也是一张芦苇、云天、孤雁。我感谢林先生赠画的友谊,但却没有像吴冠中那样,想到孤雁离群,想到"万里高飞雁与鸿"的离愁别苦。

吕蒙:1977年他终于获准出国探亲。走之前,他把我和黄准请去,拿出了一叠画要我挑选,大概是作为临别纪念吧!我们有点不好意思,于是他说,我来给你们挑。使我感到奇怪的是,他没有送我们平时画得最多的风景、鹭鸶、仕女之类的画,给我们一人挑了一张色彩十分鲜艳、调子十分明朗的大理花。这两幅充满生气的画,在他的作品中并不多见,他为什么偏偏选了这两幅呢?我想也许因为他当时那种即将结束自己孤独生活,能与妻儿团聚时的开朗心情吧……请他到我家吃便饭,他以难得的欢欣情绪当场给我们两个孩子作画留念。直到他走的前一天,还托人把那盆最心爱的龟背竹送给我们,它后来成为我家最珍贵的竹子。年复一年,它们已经长得很大很大,并且分了许多盆了。

关良也来送行了。

在徐宗帅《潘其鎏谈林风眠(摘要)》记录中,潘其鎏说:林先生从监狱里才放出来以后到画院去报到,关良其实已经看见他了,按理说他们还是朋友,应该打声招呼,可是他假装没看见,跑掉了。关

1977年,赴香港前,黄笃威、关山月、林风眠、谭雪生(左起)在广州植物园合影

先生为了保护自己，害怕别人怀疑他跟林风眠有什么政治关系。但是后来看林先生又红起来了，要到香港去了，他与他太太跑到林先生家里送行，丢了一张纸头给林先生。要林先生给他画一张画留作纪念。林先生不作声。过了几天，林先生用焦墨在关良丢下的纸头上乱写：老眼昏花，看不见了，随便涂几笔，给你留个纪念吧。下面写了很大的"林风眠"三个字。我说："我给他送去吧？"他说："不，不，不，你还是给我邮寄过去，用挂号。"我很替关先生感到委屈，况且他也是我的老师嘛。林先生走后，我就在自己家拿了一张仕女送给他，关良浑然不知。

上海市的领导王一平设宴为他送行。

1977年10月19日上午，在上海虹桥机场，各方面有关人士给林风眠送行。席素华、王泽良、冯叶一家人都来了，袁湘文、潘其鎏和小虎一家也来了。送行的人很多。

林风眠在席素华、冯叶的陪同下登上飞机，她们母女一直把他送到广州。

潘其鎏说：去香港的前一天晚上，林先生喜气洋洋地说，我再给你点画，给你们铺路烧香用。意思是给我们派用场。大概画到下半夜两三点钟，袁湘文说，林先生，你应该睡觉了，明天要去坐飞机。他说还好，我精神还好。

第二天到机场送行，我、袁湘文、潘文是乘画院汽车去的，同车的还有画院的党委书记。到机场，送行的人很多，我没有看到席素华、冯叶一家。临上飞机了，突然钻出两个人来，是冯叶与她的母亲席素华，两个人的手各伴着林先生的臂边，浩浩荡荡地从停机场走到飞机上。我送他，但他后来没有跟我道别。事实上是我送他上飞机的，他没有叫冯叶母女送他到机场。林先生的心态多么复杂啊。他在摆平。从他的安排中，我这边送他到机场，她那边送他到广州。冯纪忠没有来机场送行。

最忙的当然是席素华一家。据席素华之子王泽良向我回忆：林伯伯临行前几天，大家特别忙，整理安排房子、家具、书籍、画稿等。

1964年,林风眠(中)、袁湘文(右)、潘文(左)在复兴公园

房子留给袁湘文,其他东西转移到茂名路我母亲家里。记得搬运那天还请了我两个表弟来帮忙。有一个很重的书架,一张可翻合的写字台,一部原配《世界美术全集》(日本版)的书柜,大量法文、德文版的书籍。处理绘画作品当然是费脑筋的:只允许林带走四十张画,上交一百张,其余必须应酬送人外,大都留在我母亲处。带走当然挑最精的,上交要考虑各个时期的,品质也要说得过去的。留下的又需要保持无款(考虑将来林画可能被禁出境),和需要抓紧签章的。为此大家反复斟酌了很长时间。临行前晚,林

1977年,林风眠赴港后,到恩师蔡元培的墓上致意,寄赠潘其鎏留念

第八章 上海:风风雨雨廿七年

在茂名路忙着签名盖章，我忙着处理一大包林的印章，大多是林用过的，友人刻送的，以寿山石居多。都丢弃太可惜，也不妥当。后来决定把所有刻字的在阳台水泥地上都磨掉，较好的石头留下把玩。由于数量不小，磨得我们手臂发酸。第二天就匆忙赶往机场。去送行的有袁湘文、潘其鎏一家，我母亲、我和冯叶（冯纪忠出国未返）。我母亲同冯叶陪林去广州。由于走得匆忙，留在茂名路的那批画来不及整理安放，就由我留下来日夜守护，直到几天后她们返沪。

如此逃难躲劫的情景，预示自由的林风眠的双脚再也不会重踏祖国大陆的这片土地！

第九章

香港：中国现代派绘画的结束

10月的香港，暑气渐消，秋意在悄悄地到来，是一年中最美好的季节。但这样的季节，并没有给林风眠带来心情的愉快，他感觉是到了另一个世界，一切都是那样陌生，一切都是那样不习惯，办一切的事又都是那样麻烦。他心中放不下上海，放不下在上海的朋友，放不下南昌路上的那座两层的小楼，以及小楼阳台上的宝石花。这个非常内向的老人，他不是用语言来表达内心世界，也不善于或不会用语言来表述，可是在他的画中及给朋友的信中，他把他在香港的生活及心情表述得是那样细致。通过这些信，我们也可看到收信人袁湘文的心地善良宽厚，即使读不到她写给林风眠的信，我们也会感到她的处境和她的烦恼及她在处理林风眠交代的事情中所遇到的麻烦。

初到香港：信札中的林风眠

1977年10月27日信：

湘文
其鎏：

我于19日下午到达广州后，住在迎宾馆，真是招待得很好。在广州游览了几天之后，我的兄弟来了，我们于26日早由广州前往香港，约下午到达，现住在汝祥家里。这里的生活一时感到很不习惯，什么电视都有，看起来也不习惯，看不进去。我的身体还好，有时胃痛，但吃一些药也就好了。你的情况怎样，在飞机场时似乎没有看见你们，人多，没有好好和你们道别。这里是另一个世界，是资本主义世界，什么都不习惯，似乎只有一个人和相识的堂弟在一起，有点像小人，有点想回家的心情。现在想住一些时间，但也不会长，希望你

林风眠与其堂弟林剑英及学生席素华

们来信。你们的三件事办好了吗？临时户口如何？请湘文写长信，她细致，能写详细些。昨天下大雨，今天好太阳，满街都是车。祝你们好，请问候邻居。

王京

1977年10月27日

林风眠初到香港，化名王京给上海的朋友写信，在信中所说的三件事，袁湘文告诉作者为：一是潘其鎏落实政策平反的事；二是林风眠的住房交换给袁湘文家居用；三把儿子的工作安排好。

林风眠在给沈柔坚的信中也说："我在香港还是保密，我用王京的姓名。我还是很少接见人，除非是多年靠得住的朋友。"不久，他又给沈柔坚写信，说："我不用王京这个名字了，因为香港人不知王京是谁，画卖不掉，还是叫林风眠吧。"

1977年11月14日信：

湘文、其鎏、毛毛：

其鎏来信收到。看来其鎏的事还没有解决，而房子的事也没有变化，我看你们的生活也没有多大变化，只有毛毛有了工作这件事是办成的，我总希望第一能解决其鎏的工作，第二能早日解决房子问题，两处房子不落实，在生活中你们也不会安心。第三这些问题解决之后，也许湘文的病会好起来。那你们一家总可以得到比较安定的生活了。

香港的生活也不简单。香港人口增加（外面来的），留在香港居住限制很严，我在香港暂留还是有许多麻烦，希望能得到解决，工作实在也不容易。普通职员每月约千元，但房租很高，一个小房间便宜

1977年，林风眠在香港弥敦道寓所

的最少五百，有家属的都住在乡下。这里的社会主要是好工作高薪，但一定要有技术，有用的如科技之类的技术，美术家、高级知识分子却是很穷的，要开银行做生意的资本家才会生活得好，像我在这里能安定地画画，确实是好运气了。希望能多画一些比较好的比较理想的画，明年3月到巴黎去开展览会，因此这一段时间比较安定，能多休息一下。

我对香港一点兴趣也没有，天天看电视，但也看不进去。人家觉得好看，我感到无聊，真正的庸俗，看见香港街上很难分男女，似乎每个人都无聊，吃饭真是吃钞票，一个菜从二十元到三十元，还是小饭店小吃，大饭店一吃几百元。在香港没钱是会饿死人的。我真不习惯这样的一个世界了。我希望能找到一个安静的地方，生活能简单安定，不要老是有饥饿的恐惧。这里的一切对我都很生疏，感到人海茫茫，说笑话，我不了解自己，我多么不现实，空想，活受罪，这里是天天抢劫杀人放火，我真厌恶这个世界。这种生活，一个人没有现实的经验，不要去空想，凭空想，去想一千年是没有什么好处的。人们往何处去，真是个问题。愿你们好好生活，彼此合作，为什么要每个

第九章　香港：中国现代派绘画的结束

中侨国产百货有限公司
CHUNG KIU CHINESE PRODUCTS EMPORIUM LTD.

其文：

我于十九日下午到达元郎，沒住在迎宾饭店是招待得很好，在广州游览了二天又见到我的老弟来了我们于廿二日早乘了廿点钟就班机到香港，约下午到达，送我到此非常热烈，这里望了一下感到纸不习惯什么重视，都有，看怪事如不习惯，看不进去，我身体还好，时常痛但给吃一些药也好了，你的人情报怎样，在电视时似乎没有看见你们人复没有信，封世界什么都改变了惯，似乎只有三两个人秘朋友说话，世界不有一起什么人都是一样的一里西京到情，我想住一些时间，但花费会长，你要给我写长信把细微详细些，此下大西人今天的太阳，满新的一车，就问候阵晨。

风眠 七七年十一月廿六日

林风眠书信一

林风眠书信二

人都觉得不幸呢？我想没有理由，也不合理，希望你们多来信，祝你们好。

王京
1977年11月14日

1977年11月15日，和14日信同时寄出，似乎是写完11月14日信，言犹未尽，第二天晚上又接着写道：

现在是九、十点晚上的时间，香港最热闹的时刻，吵闹使人难以入睡。香港的灯光是美丽的，城市是新式的，但空气是污染的，车子多人多，生活在这个城市里，真是不习惯，一个人走到另一个世界时，比较之下才会感到安静生活的幸福。真想我在南昌路时，我的生活早上起来晒晒太阳，种种仙人掌，有时画画读书，和你们聊聊天，比起这里的生活生疏讨厌真使我难受了。

这里每个人都为生活急急忙忙，东跳西逃的样子，谁也不管谁，人与人之间利益关系更突出，人变为没有感情的动物，我想我要到更远更生疏的地方，连话也说不通，出门也行不通的地方去，我真没有勇气了。想想在上海多么安静，这是幸福，是人生难得的东西，在生活时是感受不到，在失去时是痛苦的，什么时候才能再得到这个安静呢？天晓得。说来真是笑话，空想太多了。一个人最快乐的是平平常常，生活简单，不怕没饭吃，没有生活的恐惧，有真实的朋友，有真实的感情，现在我真正认识了人生的幸福是这些，绝不是名利空想的欲望，大多数人都是蠢材，我们都应当聪明些，你想对吗？

1977年11月15日

1977年12月9日信：

湘文、其鎏、毛毛：

收到你们的信很高兴，祝贺我的生日电报收到。但以后不要打了,第一花钱,第二转电报的人莫名其妙,以后有了什么事,你们来信谈谈不是很好吗?又:以后不要寄挂号信,这里的邮政办得很好,不会收不到信。

我到香港只规定四十八小时的停留,请律师多方办理才再延长几天。自从批准探亲之后,生活很紧张,在国内忙了许久,到香港来天天又在忙延期的事,最近身体实在不很好,我的堂兄弟医生劝我休息一段时间,再作长途到巴西去旅行。要在港延期真是困难,还是党内同志设法给我帮了许多忙,总算可以在港停留一些时间了。希望好好休息,现在正在延长巴西签证,大概没有什么问题,因此一时不会离港。

看到你的信,知道你在生病,你有一个时期病好多了,是不是其鋆又发作老毛病了,我真替你们担心,一切都解决了,一定会好些。

最近我写了一封信给吕蒙和沈柔坚同志,谈我在港因身体关系,在港留一段时间再去巴西。你们许多朋友的情况,请来信告诉我。祝你们好。

王京
1977年12月9日

接着,林风眠在另一张纸上继续写道:

我近来好一些,每到什么地方,就会想到你们,不要太担心我近来的身体,我想休息之后会好一些的,希望你注意身体第一。你们的近况可以写详细一些,虽然见不到你们,听听你们的情况总是很快乐高兴的。我大概会在香港住一些时间,希望能卖一些画,也要预备一些画将来到法国去,在巴西画带进带出都很困难,有许多想不到的事,不能不重新安排。在外面的生活,不是国内人所想象得这么简单,理想和现实相差几万里。我当然是旧社会来的,但现在才真正认识到旧社会,对我是不协调了。延期签证最近可能办好,不要再天天东跑西走,可以休息一段时间了。愿你身体好,多来信,像以前我

第九章 香港:中国现代派绘画的结束

们在阳台上晒太阳，谈谈你们的情况，这样写信给我不是很好吗？我总会给你们信的。

9日夜

1977年12月15日信（全文）：

湘文：

前寄你们的信，想快要收到了。为留香港一些时间已批准，现正在延期巴西入境，忙来忙去忙不了，这个社会里人人活着是忙生活，不忙是活不下去的，因此我也忙起来。希望多来信，祝你们好。

风眠
1977年12月15日

林风眠到了香港之后，潘其鎏的"敌我矛盾"的问题虽然解决了，但工作问题迟迟没有解决，林风眠除了给以关心之外，对潘在性格上的弱点也提出了批评。1978年2月10日，他在信中说："潘的事又要延期解决，把你们都烦透了。这也没有办法，你们只有忍耐。潘太理想不切实际，要抓主要问题，要理性些，不根本变革彻底改一下，是没有办法的。"2月19日，林风眠在信中又说："我常常想他（潘其鎏）缺少的是什么？为什么他老是碰上钉子，倒霉了这么久，湘文你想想是什么缘故？希望他吸收一切失败的教训，不然一个人一瞬就过去了，老了真的不行了，再明白也迟了，不要以为上帝亏待你，走什么路如何走还是要自己决定的。"后来，他去巴西探亲，躺在海滩上，还是想潘其鎏的事，在信中说"其鎏的事如果解决了，你们的情况会好些。"到法国举办画展时，给袁、潘写信，还是关照说："其鎏，希望你工作得很好，不要出老毛病。"潘其鎏做事，总是屡屡失败，这都是由他的老毛病造成的。什么是潘其鎏的"老毛病"呢？他的老师林风眠最清楚了。

在林风眠给袁湘文一家的信中，有不少内容是谈画的事。1977年

11月15日，他在信中说："这些天来，天天在家里作画，想在明年托我的堂弟替我在香港开一画展，看来在香港卖画也不是一件容易的事，有价无市倒是真的。"但是开个人画展的机会来了。1978年1月21日，他在信中说："本来我定三月中旬在香港由香港政府举办我个览，这样我不要付款，一切费用在香港都很贵。"但是林风眠这次个人画展没有办成，是他自己取消了，为什么自动取消，他在信中说："因为我想在春节后到巴西去看看，三月中的展览我去取消了，要我到巴西之后再说。"初到香港，林风眠正需要通过办画展卖画的时刻，他还是放弃了免费画展，去巴西和妻子，女儿团聚，把亲情看得重于艺术。2月12日的信中说："看到两幅小画，（一）猫头鹰，（二）飞的小鸟，我记得很清楚画后没有盖章，怎么会飞到香港来了，可张价一万五千元。"其实他心中很清楚了，是他的一位学生拿出来寄卖的，他在信中说："还有大的，收起来没挂出来，我要看，他们不敢拿出来。"在一封未署日期的信中，林风眠写道："在香港卖画也不是容易的事，天天有卖画的展览会，靠卖画生活在香港要饿饭的，画家真可怜。"1979年，林风眠去巴黎举办画展，10月15日，他在巴黎写信说："中国绘画大概在老一套，不行了，但如何变也有许多问题，我有空即到博物馆学习，以前不了解的现在比较清楚了。"

林风眠到香港后一、二年的时间里，给袁湘文一家写了二十多封信，内容还是比较丰富的，可以从一个侧面反映他初到香港时的生活。林风眠是一个很淡定的人，但他时刻都会感到"人言可畏"，他在信中几次打听"有我的什么谣言吧"。

重重的压力，艰苦的生活，一起向林风眠袭来，读了他的信，这一切自不必再言说了。他对堂弟林汝祥说："我来了，什么也没有，只有这四十张画了。"说罢落下了伤心的眼泪。年事已高，还要寄人篱下，怎能不伤感呢？堂弟很风趣地安慰他："不要难过哄，没关系的啦，没关系的啦，画画机器出来就好啦。"他的堂弟林汝祥是中侨公司的经理，就在中侨公司的宿舍里给林风眠安排了一个住处，平时就在堂弟家吃饭。中侨公司行政秘书吴棣榕喜欢林风眠的画，帮助他处理一些日常事务。

20世纪80年中期,王泽良去香港探望父亲,席素华要他给林风眠带去书籍和几尊像,可是到了海关许多东西被扣了下来。那时林风眠已经住进太古城金凤阁。王泽良去看他的时候,除了那个不规则多边形的客厅较大外,其他房间都不大。东向有个较大的阳台,能看见海景的一角,两间卧室阳光充足,可是画室连窗子却没有,白天也要亮着灯光。紧挨着墙安放着一张长桌,可画八尺整张宣纸,室内剩余空间就显得局促了。谈起毕加索,林风眠脱口而出:"他的画是有一套道理的,你多看看民间剪纸和皮影就容易明白了。"王泽良问起赵无极,林风眠兴奋起来,说:"抽象画用线条和色彩表达情感思想,而无须借助具象,其实这是从音乐来的。"说起中国书法,他说:"懂欣赏书法的人一定是少数,一定比懂得欣赏画的人少,要亲手练才能感觉,才能欣赏。"林风眠很关心内地的各种时期逸闻,大到胡耀邦,小到他的同乡李国豪的事,都有兴趣。他虽然在香港生活了几年,但对香港过于商业化的风尚,他还是不喜,不习惯,但又不得去适应这种环境。买主喜欢"开女眼"的仕女,他的仕女只能愈画愈甜美。他说到香港前几年,主要是为生计而画,生活稳定了,可以画自己想画的东西,为宣泄自己的情感而画。他说过去被权势、被市场挤压得太久了,太厉害了。他还对王泽良谈了:积蓄点钱,可以尝试一下买股票的事。他大概是想改变一下自己的绘画生活方式吧。

为了寻找市场,在中侨公司为他办了一个小型展览会。林风眠在香港生活了十多年,除这个小型的展览会,其他就没有再办过个人展览。

收藏家王良福慧眼独具,是林风眠艺术的崇拜者。以往都是通过上海美术馆买林风眠的画。在中侨公司办的那个小型展览,王良福去看了,他欣喜若狂,林风眠到香港遇到的第一个知音就是王良福。他通过吴棣榕买林风眠的画,大多是国内带出去的,七十年代后期画的,都是最上乘之作。以后,林风眠有什么得意的新作,就让吴棣榕通知王良福,让他捷足先登。

宝莲灯（1979年）

有一次，一位记者要访问林风眠，吴棣榕带去见了，在采访中，记者提出了这样一个问题："大陆解放后，你还年轻，为什么留在中国不走？现在老了，为什么还要走？"林风眠沉默不作回答。事后，林风眠告诉吴棣榕："我来香港是低调子，记者却问我为什么离开中国，要找到符合他们目标的谈话，这样会惹出麻烦，以后不见记者。"

经常来关心林风眠的还有金碧芬。金碧芬离开上海美术馆去了广西，以后又到了香港。除了画画以外，还以金东方为笔名写小说、剧本、散文和报告文学。金碧芬得知林风眠来到香港，不但在生活上经常给予照顾，并约集一班文化艺术界朋友为老师接风，有罗孚、庄申、胡菊人等。金碧芬的意思很清楚，让老师在港多认识一些朋友，将来就多一条出路，再就是老师在香港滞留、延长签证，甚至定居等一连串的难题，光靠自己奔波，没有这些朋友帮忙是不行的。

林风眠生活安定下来了，他又想到恩师蔡元培，在他的生命几次转折时刻，都是蔡元培为他引路。抗战期间，蔡元培病逝，葬于香港。林风眠经过一番曲折，终于找到了蔡元培的墓地，他孤身前往凭吊。

犹豫之中，何去何从

从1977年10月27日至12月15日，林风眠给潘其鎏、袁湘文写了几十封信。在信中只谈到经香港当局的批准，延期巴西入境，没有一字提到金碧芬，更没有谈到金碧芬及她的朋友的努力，才使林风眠移民香港取得成功。其实金碧芬和潘其鎏、袁湘文也是很熟的朋友了。

林风眠申请出国的理由是去巴西，与分别几十年的妻子、女儿相聚，在香港只能作短期的逗留。林风眠在香港并没有熟悉的朋友，只有同乡的堂弟林汝祥，但是他们并没有见过面，彼此又不熟悉，唯一熟悉的只有当年的学生金碧芬。金碧芬确实为他做了许多事。

金碧芬是常州人，二十世纪五十年代初在广西美术学院读书，二年级时，她给学院领导写信提出休学。到上海后，在美术馆工作。1958年，她又被调回广西。1966年，举家移民到香港。1970年与丈夫离婚，她自己带着一儿一女生活。她到香港后改名金东方。2010年4月，"风眠民间"的研究学者徐宗帅对金碧芬进行了几次访谈，谈到林风眠初到香港的一些情况。徐宗帅把对她的几次访谈记录整理成《金东方谈林风眠（摘要）》，现在把徐宗帅的"摘要"经过我再作"摘要"，抄之于后：

　　林风眠本来要去巴西的，他的目的地是巴西。他的族兄，他家乡村里那个人开了个裕华公司。林风眠请他去找香港最好的、价格最贵的律师为他打官司，让他留在香港。官司打败了，他住了一个礼拜一定要走的。我就去找了几个人，一个是香港大学艺术系的系主任，一个是艺术馆的馆长，一个是《今晚报》的总编罗孚，还有一个是中文大学艺术系的系主任。我找了四个人，每个人写了一封信，信是写给移民局的，说这个人是一定要留下来，说他在艺术上很有成就。我把四封信都交给移民局，移民局马上批准他留在香港。

　　如果不是我请人家写了四封信，他就要走了，就一定不回来了。

　　批准了，他就来到我家，他对我说，我要搬到你家来住。我说那可不行。那时候我住在那个地方，一开窗下面就是闹市，这个不行。你应该住在浅水湾，海的旁边，有一个很好的环境画画。在我这儿，实在不行。因为也是我介绍他，买他第一批画的，这些人哪，也是我介绍的。

　　现在我想起来，觉得自己是做错了，他应该跟自己的老婆、女儿在一起，一家人在一起多好啊。我觉得我做错了。

　　原来我在香港，每个月给他四百、三百元，那时候一百块港币可以换四十元人民币，那时我也是非常困难了。

果盘(约二十世纪
六十年代初)

静物(1982年)

1982年，林风眠和冯纪忠、席素华在香港弥敦道寓所

对我来说真是非常困难，但是我做到了，每个月我都寄钱给他。然后他说不要再寄了，因为我这儿很不方便，对我很不好，那我就不寄了。

后来我到香港了，在这里我很辛苦地工作，一天到晚地写稿，两个孩子嘛。反正我也挺过来了。后来林风眠来了，因为他是我的老师嘛，我就很尊敬他，帮他的忙，一步一步地做好了。有时候他给我打电话，你怎么不来啊？我很寂寞。我说，我实在太忙了，我要写稿。

那么多人，经过几十年中，看过几十个人，我看到的最懂画的还是冯纪忠，画得最好的就是席素华。林先生那么多学生，画得最好的还是席素华。

席素华其实是我先跟林风眠说的，我说有一个人画了一幅画，被退回来了。当然被退回来嘛，不行啊，没有技巧啊，没有学过的嘛。我说这个人有天才，你去看看。他坐了三轮车去看了，一看真的好。

放在那里的都是退的画，不要的，太差劲的。那些看画的人当然不懂啊。那些全部都是退的画，没有录取的。我看了觉得不同，我一幅幅看的，我是在美术馆工作的嘛。我说，哎，这幅——我真的是用我的画家的眼光来看的。

我看看是席素华，我就跑到林风眠那里对他说，我发现一个学生很有天才，她画的是肖像，画的是她的儿子。

肖像没有技巧是不行的，乱七八糟。但是我看见里面有才气，我就告诉林风眠。

是啊，他很欣赏我的画艺，别的人没有。我呢，是泉水，自己会流出来的，自然的。他就是这样形容的，总之，没有一个人很有才能的，没有几个有才气的。

袁湘文人蛮好的，后来潘其鎏在美国认识了一个搞舞蹈的，两个人就双栖双飞，同居了，不要袁湘文了。袁湘文很气，但也没有办法。

香港文化名人胡菊人在回忆林风眠初到香港时的情景时写道：

1977年他刚来香港的时候，由其女弟子金东方约集一班文化艺术界朋友为他接风。有罗孚和庄申等，我们第一次见面，大家都很高兴，大师也意欢气洽。酒到一半，我就提议大家向林大师敬一杯，希望我们在2000年的时候，全体一起再来这样一次聚会，祝愿林老活到一百岁。他欣然举杯。近年来我还是怀着这个愿望。毕竟如今这个许愿竟未能达成，岂不可憾！

在香港期间，林风眠准备去巴黎开画展，是去巴西，是留在香港，还是和夫人、女儿一起去巴黎定居，何去何从，他还在矛盾与举棋不定中。

巴西探亲：叙廿二年的离情别意

到巴西去。

在香港居住数月，林风眠渐渐适应了现代城市生活，情绪也安定了许多。但是使他眷眷于怀的是在巴西的夫人艾丽丝和女儿蒂娜。外孙也十八岁了，也是翩翩少年了。1978 年 2 月 10 日，他在给朋友的信中说："我本月底一定要去巴西。"那种急切的心情，跃然纸上。

但是去巴西也不是说走就可走的，还有许多手续要办。因在香港停留的时间长了，入境巴西已延长了时间，现在要去了，又要办一切手续，有些事情要请夫人在巴西进行。林风眠在 1978 年 1 月 21 日的信中说："需要在巴西领事馆指定的医院检查身体。前几天去检查，医生检查的结果一切正常，大概没有什么变化，和上海时一样，血压也不高，心脏也还好。"像他这样七十八岁的老人，能有这样的身体，对朋友也是一种安慰。为了去巴西，本来预定在香港的展览也取消了。

要动身了。在 1978 年 2 月 11 日的信中林风眠写道："这几天特别忙，有许多事情要结束。我的飞机票已买好，本想经过洛杉矶转巴西，但美国签证要一个月的时间才能办好，因此决定由东京转巴西，我想是 3 月 1 日早上十时飞东京，（不出机场不要签证）两时三十分到东京，

林风眠和金碧芬在香港

当日下午由东京飞巴西，第二天（即2日早）早上七时三十分到巴西。不需要什么五十小时。可惜东京巴西都在夜里，大约美洲有几处要停一下，都看不见天空。"画家热爱大自然，看不到天空，也看不到大海，他的心中总感到有些惋惜。

3月5日林风眠给袁湘文的信，详细地写了他到巴西的情况："我于1日早十时由香港飞东京，下午东京时间两时三十分到达，六时由东京飞洛杉矶，大概花了二十多小时横渡太平洋，由洛杉矶再飞利马需十几小时，由利马飞RIO需五小时，共飞了四十多小时，到RIO时是午后了，但还是2号，因时差的关系，我也搞不清……妈妈、蒂娜、外孙和朋友都到飞机场来接我，他们都很激动。这里的风景很好，我一时也看不出来。晚上还凉快，看见他们的生活，妈妈像背着全家走路，衰老得厉害，蒂娜伺候人变成习惯，老是为人着想。外孙十八岁了，像女孩子。宝贝古董像甲子形怪物，我对他都想打他三巴掌，清醒清醒。我大概4月底回香港转赴巴黎。又，我的外孙十八岁了，年龄关系，满脸很多粉刺，像小疮，湘文告诉我要打什么针药（西药洋文名），她们这里都不晓得。"

在巴西时，林风眠给袁湘文写的信中说："宝贝古董像甲子形怪物，我对他想给他三巴掌，清醒清醒。"信中所说的"宝贝古董"即是他的女婿，这样简单的一句，却藏着林风眠的多少苦衷。最热爱老师的学生潘其鎏在和徐宗帅的谈话中透露：林先生没有得到爱，没有得到家庭的温暖，也没有得到自己的亲人太太女儿的爱。这也是两方面的。我也觉得不能全怪他的夫人。林先生有许多苦衷，所以他对太太也没有更深的感情，他们一直分居的，不住在一起。林先生对我说："我有太太爱狗，不爱我。"他的太太喜欢养动物，在他家通到二楼的楼梯上，每一级台阶都摆了一只窝，每个窝里睡一只或两只猫。台阶上大概有三四十只猫，连野猫也跑到她家了。她烧了鱼，敲了敲碗沿，几十只猫就像打冲锋般地蹿过来抢着吃。她临走的时候，给猫狗注射了安乐死的药，只剩下一条带到巴西。她说它们活着要受苦的，还是这样让他们结束生命为好。

这位沉静而不善言辞的人，在信中表现出来的也是很平淡的，但从他关心的事情来看，他对这个家有着一副火热的心肠。肩负着全家生活的夫人已经衰老得很厉害，伺候人已变成女儿的天性，外孙脸上的粉刺，都使他那样关心。而对那位他本来就不喜欢的女婿，仍然是耿耿于怀，对女婿的那种懒散、没有养家糊口的责任心而又偏爱玩古董，这时已经病得"像甲子形怪物"，气得他真想打他三巴掌了。

　　在巴西的生活，林风眠没有过多的描述，只描述了大海和海滩，那大自然的景色可能是他最欢喜的了。他在4月7日的信中写道："现在我在巴西RIO住了一个多月了，早上七时，一个人到海滩上去晒太阳，泡海水，十一时才回家吃饭，海滩离住的地方只有十分钟就可到达。这对我休息运动对身体的健康是最好的地方。每次睡在沙滩上都会想到你们，来信及照片（都收到），湘文的身体不好，脸发胖是肿，我真对她担心，其鋆的事解决了，你们的情况会好些。"

　　他在信中又写道："我到巴西RIO后，写了许多信，给沈柔坚、吕蒙等，感谢党和许多领导同志的照顾，才能得以完成多年的探亲愿望。"并说不久即计划到巴黎。

　　他的行程和计划在信中也作了透露："我大约月底回到香港去，

林风眠与艾丽丝、杰拉德

第九章　香港：中国现代派绘画的结束　　309

你们来信请寄香港老地方，我要在香港预备作品（巴西带不出去），不久即计划到巴黎去，大约妈妈由巴西去法国，我由香港去巴黎，希望能在巴黎开一个展览会。欧洲比较有活动的机会。你们近来的情况怎样？生活情况，希望湘文写长信。房子的事如何解决，请来信。"

和家人团聚数日，又不得不离别。这是不得已的离别，他感到在巴西就像瞎子、聋子、跛子，感到无法生活下去，更何况他赖以生存的书画市场是在香港。他别无选择，只好回归香港。他们的一生都过着离别的生活，抗战前夕，夫人回法国探亲是一次离别；抗战八年，又是在离别中生活，1956 年，夫人移居巴西是又一次离别，这一别就是二十二年，现在相聚数日，又要离别，人生就是在相聚与相别的变奏中度过的，但一般人总是聚多别少，而林风眠的生活总是别、别、别，只是一个别字了得。这次的离别他又是怎样一种心境？他 4 月 24 日别妻抛女离开巴西，在 4 月 30 日给潘其鎏、袁湘文的信中写道：

我于本月 24 日晚上十一时离 RIO 直飞东京，这一次到达洛杉矶后转向 Alaska（阿拉斯加）再飞东京。这一次只有白天，没有黑夜，飞行很高，到阿拉斯加时，重重叠叠的雪山和黑蓝海水里浮冰，风景特别。26 日晚到达东京后即飞香港，晚上十一时到达，一路很好，不过，到香港时因有南韩飞机出事，机场正在清理，无法降落，在空中转了两个多小时，有些紧张。

我还是住在老地方，休息之后预备搞创作，一切预备好之后即到法国去，才能在巴黎出一个展览会。五十多年没有出来过，一切要从头学习了解，才能搞一些较好的东西。不过精力有限，到底快八十了。

你们近况怎样？希望房子的事能早日解决，你们也可放心居住。我身体还算好，到巴西去，天天晒太阳，洗海水，在沙滩上睡觉，皮肤都黑了，不过瘦了许多。

来香港两天了。香港总是下雨，现在很热，听说太阳出来后就会是热天，很热了。湘文在照片上看来，身体很不好，肿得很厉害，希望多多休息。

我想上海这时也是春末多雨的时候。清明已过，再过几天就要立夏了，天气好时不会再冷了。希望你们多来信，并请问候上海的朋友。

来去匆匆，和分别二十二年的妻女相见，就这样结束了。

林风眠探亲后回到香港，1978年6月26日，他在给袁湘文的信中写道：

这里的天气很热，本来不想装冷气，现在感觉到也不能不装了。我住的最高层，又是西晒，没有像上海的大屋顶，这里33℃就有点受不了。现在冷气装好了，可以调节室内的温度。我的生活还是老样子，吃饭在堂弟家里，我一直吃面，除了到隔壁去吃饭之后，就留在家里，一个人倒也安静，看看书、作作画、看看小电视，这里有卫星转播，世界各地的消息很快都看见了。这几个星期以来，似乎胃口也好了，不再痛了，身体似乎也胖了些。

我来香港后，除了几个朋友之外，不露面，省得有许多麻烦，如记者请客等等。这样可以安静些，我也注意排球队来香港比赛，因为找你弟弟要经过各方联系，我还没有告诉他们我回香港了。将来有什么事时有机会一定去见你弟弟，还可以带些东西给你。

我最近也收到吕蒙同志的信，他们对我很好，很感谢他们出我的画集，将来我希望能多卖一些给我，有许多朋友要。

现在正在进行到巴黎去（办画展事），希望能开展览会，一切都不简单。这里有这里的许多工作，也有许多麻烦，在国内是不能想象的。五十年前的欧洲和现在完全不一样，一切入境居留等事宜办理需要时间，希望今年冬季在巴黎。

昨天去看电影。这片子《湖山盟》是在苏州杭州拍的，描写《聊斋》中连锁（琐）鬼的故事。看见好久没有看见的苏州风景，想到湘文的家乡苏州许多园亭；杭州的平湖秋月，也可以说是我的第二故乡，我在那里住了十年，而且也是比较安静快乐的时代。这些风景给我许多无限的回忆。

上海的夏季也很热。去年这时我还在上海，湘文忙着天天来替我打针，替我带吃的东西，照顾我许多生活方面的工作。今年的夏季在香港，时间过得很快。南昌路的房子里的生活，总留在我的脑海里。希望湘文多休息，不要太担心生活，身体会好些。我近来天天吃潘生丁，这里维生素E与复B都容易买到，我天天吃这些。近来身体感到比较好，请你放心。祝你们好，请多来信。

林风眠就是带着这样的温馨的心情，重温旧梦，回忆旧日的友谊，回忆旧日的风景，回忆那些曾经居住过的地方。

香港的电影电视，他不只是看那里面的故事，而是从现代拍摄技术和色彩中得到启发，并吸收到他的绘画艺术中来。1978年7月14日的信写道：

这里的电视占有四台，因此节目很多，有两台从早上七时到晚上三时后才停。电视机每家都有，电视剧很多是描写香港各阶层人的事，因此在电视中也可以了解一些香港社会的真实情况和社会现象。香港的电影都是打架，但有许多是从江湖英雄故事中来的，所谓少林寺武功等等。打架的打法也有许多结构，有声有色，如描写雍正的故事，都是古装和鲜丽的色彩。听说在外国也很有市场。我总是去看很多的电影片子，有许多新片子，如《未来世界》《宇宙大战》等等。理想片子的色彩比抽象派的画还鲜明，因为它是动的，变化更多。我真不知道将来的画是如何的了。

这里的天气温度只有33℃，但热得难受，因房间小，像火柴盒晒在太阳里。香港的太阳是可怕的，我很少出去，我装了冷气机，比较能好好工作。

他思考最多的还是绘画艺术，他还想创造，还想画出一个新的面貌来。但他也感到这一切都不是容易的事情。袁湘文的儿子毛毛要学画，他发表了意见，在1978年10月20日的信中说：

在这个时代里，我是不赞成一个青年人去搞艺术，做画家实在受苦，也受够了。我这一个画家算是好运气的。因此，我想毛毛还很年轻，为什么不让他去学科技，学一些现实一些的东西，无论在什么条件下，生活情况会好一些。中国在变动，世界也在变化，湘文你想对吗？毛毛的画画学习他不会再抛弃的，可作副业，国内正在搞科学，毛毛很有机会去学习，不像从前，你们有许多顾虑。他对无线电收音机半导体不是很感兴趣吗？

谈到自己的创作，他又接着写道：

我回香港后，根本没有露面，只有几个亲戚知道，因此也没去交际和活动，因为有许多麻烦和应酬没有什么好处。每日很少出门，留在家里画画。有许多过去的东西忘记了，画不回来，想画一些较好的画，也不是轻而易举的事，画在纸上也不容易创新。在巴黎开画展的作品也没有搞好。香港想卖画的人真多，天天有卖画的展览会。画家看来真可怜，去巴黎的事正在进行，最麻烦的每一个国家签证等等，都是限时间的，不然是寸步难移。

1979年1月17日的信中写道：

你们寄给我的信及毛毛画得很好的贺年片都收到了，他真细心，他将来考大学要学什么，还是由他自己决定，我们做大人的只能提一点意见，最主要的还是要他喜欢什么学什么比较好。不过文艺是注定苦命的。

林风眠离开上海时，曾明确表示南昌路的房子给袁湘文和潘其鎏居住，经过几年的周折，这件事才算解决落实。潘其鎏的冤案平反落实政策之后，原来的单位也不想回去了，但又没有单位收留他，还是林风眠给白书章写信，请他帮助潘其鎏安排工作。很重故旧友情的白书章，这时在上海园林局任党委书记，很尊重林风眠的意见，在园林局成立了一个油画雕塑研究室，要潘其鎏当研究室主任。房子解决了，潘其鎏的工作又有了安排，袁湘文就把这双喜临门的事情告诉林风眠。1979年4月28日，林风眠的回信说：

我很高兴你们的房子问题解决了，现在其鎏有了工作，毛毛考大学，湘文退休后安安静静在家休养，但愿她的心情好起来，读书种花画画。想起来了，以前春天和你们在一起。和你们在晒台上吃饭，吃着排骨、喝着啤酒，谈天说地，也是很快乐的。香港的春天很早，想上海还是很冷吧？

谈到卖画的事情，他在信中说：

江苏上海展览会在深圳，碧芬到深圳去，见了吕蒙、周先生等人。听说在展览会上有我的两幅画，香港有人要买，出价一万元人民币，他们说是博物馆收藏的不卖。我的画在香港中侨出售的价格大约一万元左右人民币（大幅四方的），如果美术馆要卖可以参考。但在香港卖画也不是容易的事，天天有卖画的展览会，靠卖画生活在香港是要饿死的。我将来的居留情况还没有定，看将来的画展情况如何再说。

席德进造访：又见四十年前老学生

1978年，四十年代从杭州国立艺专毕业的学生席德进从台湾来到香港，要看望老师林风眠。席德进不知道老师的住处，就到中侨公司寻找。

这是一个炎热阴雨的早晨，席德进到中侨公司三楼，向里寻视，那里正挂着两张林风眠的画。席德进描述看到这两张画的心情时写道：

> 我带着紧张的心与饥渴的眼，逼视着这两张水墨彩色画。一幅是白鹭展翅在苇中，一幅是西湖秋色，杨柳转黄衬着淡墨的远山。前者是水墨，略施青绿。后者是水彩，兼具油彩和水墨效果，统一在草绿色调中，一派江南明媚的风光。多少的层次，多少的变化，多么的滋润，多么的丰富，在半张对开的宣纸正方形之中，色彩与线条交织着，流动的水墨与粉质的颜色相互衬托，整个自然的生命在跃动，而气氛是清新的。这种技法前人不曾有过，即使他以前也不曾这样画过，这画带给我一个讯息：林先生在这三十年中，建立了他艺术的深度、广度。他没有懈怠过，他仍执着于对艺术庄严的态度，以他那坚强而高贵的本性，去完成他的理想——糅合中西绘画色彩及技法，使中国画重新获得生机。

席德进要拜见老师之前，赵无极曾对他说："要见到林先生，可以先找吴秘书，能安排和老师见一面。"

席德进找到吴棣榕。

一见面，吴棣榕就说："你是席先生吧？"

"你怎么认识我？"

"我这里有你的画集。"吴棣榕又说，"以前在大会堂还看过你们的画展呢！林先生也常提起你。"

吴棣榕把席德进请进会客室。会客室三面墙上都挂着林风眠的画，一幅黄叶黑鸟，一幅京剧，一幅立体派分割构成的京剧人物，一幅松林远山，一幅三条鱼的静物，显然这些画是抽样性地代表了林风眠近年来不同的题材和画风。

席德进说："我这次来香港最大的愿望是想见到林先生，看看他的画，而且希望能买一二张带回去。"

吴棣榕说："林先生是不见客的。不过你既然是他的学生，我可以转达你的意思，看林先生怎样讲，至于林老的画，价是颇高的。"

席德进说:"我知道,据说现在一幅画值五千美金,他从前教我们时,画就很贵,当时我们听了都吓了一跳。我本来也有一幅他的画,可惜留在杭州没有带出来。"

吴棣榕送给席德进一本林风眠的画册。当晚又打电话,约定第二天中午见面,一起吃饭,并补了一句:"就你一个人。"

第二天中午,吴棣榕带着席德进登上弥敦道一个潮州馆子的二楼,选了一个冷气不能直接吹到的角落座位,侍者奉上一杯"老人茶"来。

"林老来了。"真的,林风眠在冯叶的陪同下来了。

一个闪光的头出现在楼梯口,在向里面张望。席德进大步趋前,握着手,又一把将林风眠拥抱着。他们彼此都非常激动。席德进感到老师爽朗的笑声,熟悉的话语,硬朗的身子,依然充满活力。大家问好之后,席德进坐在老师的右边。一袭棕色宽松的便服,衬着老师白里透红的面色,稀疏而短的白发,戴一副金色眼镜,脸上整个色调是淡淡的。三十年的隔离,使现实化为虚幻,如今梦境又成真实,像舞台上的演员,突然在一瞬间,青春的脸上披上了银发,而三十年又像被压缩成一团,师生又好像在教室里谈绘画、谈人生、谈理想,海阔天空地聊了起来。

他们一面用餐,一面继续回忆着在重庆、杭州的日子,那时林风眠教室的空气最自由,最活泼。在谈话中,林风眠还把生活在内地的老师和学生的情况告诉席德进,当年那些才华横溢的同学,如今都看不到他们有任何创造力的作品,都销声匿迹了。这使席德进深为惋惜。

席间,席德进把几张画给林风眠看,林风眠认真地审视一阵之后,指出他的优点与不足,并说:"你已经有自己的风格了,不过要再研究汉砖、汉画和注意线的表现。"

"林先生,没有你,我是没有今天的。"席德进,不只是席德进,几位有成就的学生,见到林风眠都是这样说。林风眠在教学中不是教学生如何画画,也不帮学生改画,而是教他们如何独立思考,在思考的基础上自己修改。这样的学生没有依赖老师，而能自在地发展自我之路。

席德进看了林风眠的画集，除了有他当年爱画的水鸟、芦苇、小鸟、猫头鹰、暴风中江边的风景之外，还画京戏、静物、花、古装美女。对此，席德进有些不解地问："为什么不画现代人、现实题材，而代之以古装美女、京戏人物呢？照说，你是中国画的革新家，不应该回头恋古。"

席德进为林风眠所绘的速写

林风眠只是笑着，没有回答。

席德进又问道："为什么你坚持用宣纸、水墨？为什么三十年代的油画家，最后回到水墨里？不但你这样，为什么还叫赵无极画水墨画？"

林风眠也未详尽而具体地答复他的问题。看来，席德进对林风眠艺术发展的轨迹并不太清楚。

林风眠说："目前因居住不定，作画较少，我还有许多画没有画出来，假如再给我二十年、五十年的时间……"

席德进看到老师仍然在展望着自己的未来，心中很高兴，就说："你可以活到像齐白石一样的年纪的，看你精神多充沛，身体多硬朗啊！"接着他又说："你生平的业绩，我们知道得很少，我要为你写一个年谱。"

林风眠非常谦虚地说："不要，还早，等我死了再说。"

"死了，人言各异，会把事实歪曲，弄成虚假。尤其是你的画上仅签了一个名，没有年月，后人研究起来，颇为困难。你看齐白石还有一篇自述，是由他的学生记录下来的，使人对他的艺术更加了解。"席德进劝他再接受他一次访问交谈："我还可以把你如何教我们的事

第九章　香港：中国现代派绘画的结束

写出来。有许多后辈非常崇敬你的艺术，渴望了解你。我相信我可以把你伟大的抱负、思想传达给他们。"

林风眠把话题岔开了，非常关怀地问道："你已有家了吧？"

"我仍是一个人。"席德进继续说，"你在大陆还不是一个人生活了三十年，你为什么不找个年轻太太呢？"席德进和老师开起玩笑来了。

"我有老伴呀。"

"但她远在巴西，根本不同你在一起。你等于是过单身生活。"时间很快，约定的两个小时就过去了。林风眠掏出一张千元的港币，交给冯叶去付账。席德进说应该由他请老师，要去付账。但冯叶还是坚持付了。

林风眠也需要休息了，由冯叶陪着，匆匆地离去。席德进目送着那矮小的背影，闪亮的光头，迅速地没入弥敦道上拥塞的人群之中。谁知道当代中国伟大的艺术家，竟是这样一个平凡老人，没有引起任何人的注意。

在香港，多少人想见林风眠，都被婉言拒绝了。而席德进与林风眠相聚三次。第二次是林风眠来看席德进画展，偶然相遇。席德进为老师画了张速写。席德进说："没想到中国伟大的大画家竟做了我的模特儿，我的手没打抖，心却是慌张的，感受是复杂的，所以画得不好。"

第三次见面，林风眠谈了一些往年的故事。林风眠说："我的一生曲折得很，可以写部小说，可以拍成电影。"林风眠说："我在上海，曾听到伦敦电台播放你的访问，你谈到你的老师林风眠。"

是的，席德进怎能忘记他的老师，又怎能不对老师报以感激之情呢？席德进回忆往事时说：记得上林先生的第一堂课，他对我画的人体油画就略加称赞。等他第二次上课时，他送我几管油画颜料，在当时抗战时期，这种颜料是不易买到的。我读到四年级下学期，学业总成绩为全校之冠。那时是在杭州。学校还给了我一笔奖金。这个总成绩主要是林风眠先生给了我很高的分数。

席德进对老师说："你的艺术所以有了不起的成就，主要因为你得不到婚姻上的幸福，转而投向艺术，孤独而寂寞地过了大半辈子。假如你的太太常伴着你，有个幸福的家，那么你的艺术可能又是另一回事。"

林风眠说："若是生一大堆孩子，连想的时间都没有，哪还能画画？"

对三十年的上海生活，林风眠不愿提及，席德进也不便多问。席德进当时就想：不知道老师将保持沉默到什么时候，所以这段空白，或许有一天他自己会写出来，或许由别人记录下来。这对于关心他艺术的人将是一个珍贵的资料。

席德进不忘师恩，在香港与老师见面回台湾之后，写了一本《改革中国画的先驱者——林风眠》。在书的后记中，他带着几分幸运又几分无奈地写道："我不知道林先生住在香港何处，我无法与他单独会谈，谁都无法与他取得单独联络，多少人想见他都被婉拒了，我能三次与他会面，对我这个学生来说，已是最幸运的了。"

天若有情天亦老，白发人送黑发人。师生香港见面未过三年，席德进谢世。在林老师为学生写的悼念文章《老老实实做人 诚诚恳恳画画》中这样写道：

回想他学习的年代里，他很诚实，使我想起厨川白村的话，故事大概是这样的：火车到站之后很多人都在争上车，但聪明的是在车窗口寻求下车的旅客替他们把箱子从窗口里拿下来，而托他们把自己的箱子从窗口里放进去保了座位。席德进没有这样的聪明，他的学习态度，做人的态度，是用自己的力气排队上车的。他很直爽，不骄傲，但很自信。他一步一步学习绘画技术上主要的基础，他在基本练习，在人体素描上不断努力，为将来绘画创作下了很大功夫。从他1950年的油画创作《女同学像》、1962年的《红衣少女》、1966年的《乡村青年》就看得出他有很好的素描基础。他不断地观察自然、深入自然，他终于从自然中抓出了一些东西来了。

席德进同学，他生长在四川，三峡的激流，巫山的云雾，山高水深,气象万千,像自己分析自己说的话:他热爱生命,热爱大自然,热爱一切的艺术形式,追求完美。他一天天、一年年地画下去,几十年也从来不厌倦,他的风景画,富有东方诗情画意的情调,使我想起李白的诗,有"相看两不厌,只有敬亭山"之感。

席德进同学是一个很诚实的人,他沉醉在大自然中,追求他美好的梦境,他用西方写实的技术表达了东方绘画的传统精神。他是这一时代的人,他绘画上说出了这一时代的话。他不模仿抄袭,也不追求时髦,他始终是老老实实做人,诚诚恳恳画画。他是一个真正的艺术家。我哀悼他去世太早,不然在美术创作上会给人类更多的贡献。

虽是一篇悼念文字,但也写出了林风眠自身的品性,写出了他的艺术见解。学生带着完美的艺术走了,老师仍然在继续追求新的完美。

与画外人语:真知灼见有多少

在香港,由王良福相约,我和吴棣榕作了几次访谈。在冯叶到达香港之前,经常在林风眠身边的除了金碧芬,就是吴棣榕,他自称是"林风眠的秘书"。

收藏家王福良非常喜欢林风眠的画,开始时就是通过吴棣榕向林风眠直接购买,收藏的数量相当可观。再一个爱好林风眠画的就是黄贵权。席素华、冯纪忠夫妇到美国定居时,携带了自己收藏的林风眠的画,途经香港时,经别人介绍,这批画为黄医生买去。黄医生以后又在香港和上海购得一批林风眠的画。还有一位就是张五常,对林风眠作品的收藏也有相当的水平。张五常回忆道:大约是九年前吧,黄黑蛮带我到林的家里去,介绍我认识林老与冯叶。冯叶是林老的干女儿，长得很漂亮。大家坐下来后，我就开门见山，说自己读过艺术史，积蓄了一点钱，想收藏一些林老的作品。他们二人商量了好一阵，然后冯叶走进房间好一会儿，拿出八帧作品。我骤然觉得眼一亮，心一跳。林老说："这些是我自己的收藏，你如果喜欢都可以拿去。"这样我收藏林老之作，就有了个好的开端。既有好的开端，我跟着的收藏就格外用心了。林老健在时，我选收的都尽可能经他过目、品评一下。后来林老谢世，我就凭自己的直觉在拍卖行举举手，过过瘾。其后好几家拍卖行要我拿出所藏的林老作品让他们给其他人过过瘾，我可没有中计。

现在，我们的话题再回到林风眠和吴棣榕的事情上来。

吴棣榕本来是不懂画的，特别是看不懂林风眠的画，因此他也不知道林风眠是大师级的艺术家。有时他对林风眠说："你都画些什么呀，都不像嘛。""你多看看就晓得了，慢慢地看，时间长了就好了。"吴棣榕说："我不懂画，你就当我童言无忌，你别生气啊。"林风眠说："不会的，我的意思都在画里，你今天看，明天看，慢慢就体会出其中的味道。"

过了一段时间，林风眠看到吴棣榕的欣赏水平有所提高，又对他说："你要进入新的境界，要买些书看。生活在美术享受之中，也要下功夫。"吴棣榕说："你的画像个童话世界，越看越喜欢。"林风眠说："画一张好的画，如女人十月怀胎，是很喜欢，很疼爱的。""你为什么要卖掉呢？""我要吃饭啊。再说，儿子不能老是生活在自己的身边，要让他走出去，要让人家去享受。"

"你想太太和孩子吗？"

"女儿也大了，外孙都十八岁了。太太走的时候，我给她许多画。"

"你的画风是外国的多，还是中国的多？"

"我的根还在中国，所有的文化都来自人民生活，不要让人家说不中不西，我是又中又西。"

"评论家说你的画好，你感到怎样？"

"自己吹自己的儿子，不好。儿子是什么样子，让人家去批评嘛。"

1978年，林风眠在香港九龙弥敦道中侨国货公司顶楼寓所作画

席德进要见林风眠，吴棣榕报告说："台湾有个席德进要见你。"林说："他是我的学生。"

吴棣榕回忆当时席德进与林风眠会面的情景：

"我是你的学生，没有替你丢脸。"席德进说。

"你的画还是飘点，浮一点。"林风眠说。

"那怎么办呢，我是你的学生，还不是和你差不多。"席德进说。

"林老，什么是浮呢？"吴棣榕也插话。

"像一棵树，是从土里长出来的，你要给人感觉是真的，是从土中长出来的。"林风眠说。

"老师，你说我应该怎么办呢？"席德进又问。

"你回去练习一下，多看一些汉砖、汉画，注意线条，汉砖人物简单，很倔，线是画中的灵魂，要画好。"

林风眠不当众作画，就连他的许多学生也没有看到老师是如何作画的。吴冠中回忆说："大家关心地问林老平时什么时间作画，他说往往在夜间。我插嘴，我这个老学生还从未见过林老师作画。别人感到惊讶。我补充说，怎么可偷看鸡下蛋。满座大乐，林老师也天真地格格大笑。"林风眠住在中侨宿舍时，吴棣榕不但给他买宣纸，买颜料，有机会就看他画画，他画线条，快如闪电。

"你画得很轻松，一勾就成了。"吴棣榕说。

"你来勾勾看。"林风眠把笔递给吴棣榕。

"你为什么把这些颜料混在一起？"

1980年，林风眠在香港中文大学艺术系参观展览并与学生们座谈

"要表现自己，不要拘泥于中国外国，只要能表达得好，都可用。"

"我自己是炒杂烩的，和别人的炒法不同。"

林风眠卖画，价钱都是吴棣榕帮助定的。林风眠告诉他："定价要像卖百货一样，不好的就定低一些。"有一张画，吴棣榕看他改了几次，都定得太高，仍然不是林风眠的心理价位，他看了直摇头，说："夏虫不可与言冰。"

吴棣榕和林风眠在一起，对当今画坛，总是要问东问西。

"关良画得好吗？"

"关良的作品越小越好，像明信片那么大更好，很有意思。"

"张大千很厉害吗？"

"张大千太累了，许多人跟他吃饭，他要养活许多人。他的画艺术成就很高，还是可以突破的，有潜力。可惜他的应酬太多，我不要像他那样累。"

"你对自己如何看法？"

"我能取得这样地位，当时主要是人才少，时代给了我机会。"

第九章　香港：中国现代派绘画的结束

二十世纪八十年代初,林风眠和关良在香港晚宴上

"陆俨少的山水已经走出自己的路了,有自己的面貌。"

吴棣榕请林风眠看一张宋文治的画,林说:"不错。"

"好在什么地方?"

"你自己看。"

吴棣榕再问。

"其他画家都不说了,你自己看。"

赵无极到了香港,去看林风眠,并问:"我怎样再画下去?"

"太抽象,回到东方。"

吴冠中去拜望老师林风眠,老师说:"画家的画变钱变得太快了,也太多了,没有意思。"

"画家不能老看电视,看电视画出来就俗气。"林风眠对一个画家说。

"画家要多读书。多画只是技巧上的成熟,没有内涵。技巧只是表达思想的工具。看一张画,你和它会产生共鸣,表达自己的思想感情。看书少,你的范围就小;看书越多,你的范围就越广。为了表达自己的思想,不要拘谨。"林风眠对另一个画家如是说。

对初到香港的林风眠了解最多的要算吴棣榕,本来他不了解林风眠，也不懂画，向林风眠问了许多幼稚得近似可笑的问题，但珍贵之处也恰恰在这里，因为他不懂，不会在其中添油加醋；因为他不懂，也不会有任何艺术偏见。林风眠对他也不存戒备之心，看似随口说说，其中却有着真的美学思想。

义女来香港：一切都在改变中

离开上海的时候，冯纪忠、席素华夫妇就把冯叶出国的事委托给林风眠，希望他到外面的生活稳定之后，即想办法帮助冯叶出国。那时中国人出国，最大的困难不只是在海外生存的问题，而且是在国内办理出国护照。林风眠在香港稍作安定之后，即给白书章写信，说是冯叶要出国学习，请他和王一平帮忙，把冯叶的护照办好。白书章是个有求必应的好人，一看青年人要出国学习深造，认为是件大好的事情，也就找王一平商量此事，由于他们两人的帮助，冯叶的护照很快就办妥了。

和林风眠一样，冯叶先到了香港，也只是出国暂留。冯叶在上海学过钢琴，从小又跟林风眠学画，林冯两家深厚的友情，彼此都视为家人。冯叶要是真的去国外读书，钢琴和绘画都可能放弃，要另起炉灶学习一门有饭吃的知识，学习期间还要谋生，必然会面临许多新的困难。如果留在香港，可以教钢琴谋生，同时可以跟林风眠继续学画。这就两全其美。

冯叶一到香港，林风眠的生活也在渐渐变化中。他来到香港，一切都感到是那样陌生，除要画画，平时很少外出应酬。冯叶来了之后，有了陪伴，林风眠也就走出家门，看书画展览、宴会宾客，即使应酬都是冯叶安排。

香港文化界名人胡菊人被邀参加林风眠的宴请，写下了这样的回忆：

1987年6月30日，林风眠和英国美术评论家苏立文、吴环夫妇合影于太古城寓所

林老之能定居香港，是由庄申教授及其他两位艺术教育界人士鼎力促成的，否则他还要回大陆。他在太古城安居之后，心满意足，有次冯叶小姐请客，饭后邀我们到他家继续畅谈。在过马路时我扶着他，他忽然对我说：'香港很好啊！为什么人们要跑？'当时正值'九七'恐惧，港人纷纷移民之时。于林老此语，可见他对香港之热爱，因为他是随时移民各国政府都万分欢迎的人，特别是法国。他不申请，别人也会邀请，但他愿意长居香港。林风眠能在香港定居下来，这和金碧芬及他周围的朋友鼎力相帮有关。

有了房子，有冯叶的照顾，林风眠不只是外出交游，还可以设宴请客，宴饮之后还可以请朋友到家中小坐，闲聊，喝咖啡。

徐宗帅在《金东方谈林风眠（摘要）》中记下了金东方的话：

他总算可以卖第一批画，有一点钱了，银行的存折都是我替他办的。弄好了以后呢，他就说，现在有一点钱了。我说，你有一点钱就搬到浅水湾去，海边，那个环境也很好。哎呀，他就很失望，很不高

326　画未了：林风眠传

兴。然后过了不知道多少时间，可能一两个礼拜、两三个礼拜吧，他就跟我说，哎，我跟你打赌。我说，你跟我打什么赌？他说，我申请冯叶来，你说她会不会来？有没有这个可能？他说，如果我赢了怎么样？我说，你赢了，我就给你一根油条。如果我赢了，你赔我一个房子。这是开玩笑，瞎说的。说完这个话两三天，冯叶已经到了。

已经在路上了，他跟我打赌，开玩笑呢。完了，冯叶一来呢，他就完完全全好像不认识我。

是啊，完全不认识我。他也搬家买了房子。他当然现在很有钱了，买了房子就搬家了。就和冯叶两个人搬进去了。也不告诉我电话，地址更不告诉我，我什么都不知道。有一次毕加索的女儿来，为毕加索开一个画展，我一定要去看的哪。毕加索的女儿说，我要送你一本画册，画册就一两百本。她就用法语问了我的名字是什么？写了金东方。写了我的名字，我觉得很高兴。有一本免费的画册，很好。

完了，我就拿了画册，高高兴兴地和我女儿走了。正好碰到林风眠上来，点点头，话也没说就走了。完全不理我的样子。我想干嘛这样子啊。我很奇怪。我心里很生气。

更让金碧芬生气的是关于《莫迪良尼》这本书封面的事。胡菊人说：

后来，金碧芬写了《莫迪良尼》，请林风眠画一个封面，林风眠答应了，并且也画好了，但冯叶不同意。林风眠也无可奈何，金碧芬就没有拿到这张封面。从此，金碧芬也就不再和林老

林风眠为金东方（碧芬）写的小说《莫迪良尼》画的封面

第九章　香港：中国现代派绘画的结束　　327

往来了。

金碧芬对徐宗帅说：《莫迪良尼》也是在林风眠的点拨下写的，林风眠为之画海滩裸女作封面。我拼命写，我是卖文啊。那时候我也没有办法，没有房子，非常辛苦啊！一般来说，两夫妻带一个孩子，我是一个人带两个孩子。

徐宗帅和金碧芬一段对话：

徐：冯叶当时想到法国去的，后来也不去了，就在这里待下去了。这种都是历史的一个谜，不知到底怎样？

金：你想想看，冯叶从上海来香港不久，不到一个礼拜啊，三天四天嘛，就打电话给我：唉，金东方，你怎么不来啊？风眠说你怎么不来啊？什么？我吓了一跳。"风眠"，这是他的夫人可以叫他"风眠"，其他全世界没有一个人可以说"风眠"嘛，只有他的夫人可以这么说吧。

徐：她这种讲，实际上也是一种刺激你。

金：她想示威。碰到我听都不要听。哎呀，你不要搞我。她示威就是说，我现在才是林风眠最得宠的，可能是这个样子。

她打电话给我的时候，林先生一定在旁边的。他允许冯叶那么说，那就不行嘛。

冯叶不只是在金碧芬面前喊林风眠为"风眠"，上海美术界的头面人物沈柔坚、吕蒙到香港去看望林风眠，都恭敬地叫林风眠为"林老"或"林先生"，而冯叶当着他们的面也把林风眠叫成"风眠"。此事传到上海美术界，也都感到诧异。

金碧芬也可能是受到这样各种刺激，在气愤之中，以林风眠、冯叶及冯叶的父母冯纪忠、席素华为背景，并写了一本《他这一辈子》的小说，小说中的田大可是一位留法学音乐的，出生在广东，祖父是一个石匠，母亲犯了不光彩的丑事被处死。田大可娶了洋人媳妇莫尼卡，莫尼卡因染上产后热死了。后来，田大可又娶了丹尼，以后就学成回国了。田大可回国后的遭遇及到被批准去香港定居的一连串的情节就是一个活脱脱的林风眠。小说中还写了田大可周围的朋友：洪冀忠、徐淑华、洪月一家；庞祺柳、杨湘纹夫妇；音乐家吕梦雄等，读者一看也就知道是林风眠周围朋友的名字的谐音。小说叙事的中心是洪月不再理睬母亲徐淑华和田大可生活在一起的情景。

徐宗帅在《金东方谈林风眠（摘要）》中，详细记录了金碧芬的谈话：

写在报纸上，每天写，人家也不知道我写的是谁，完全不知道我写的是谁。那很好嘛。然后呢，出版社说，我们想出版。好像是《快报》，现在没有了，那时还有。

他们就给我打电话说，我们想出你这本书。他也看，连载，连续地看，觉得很有意思啊。那我说好啊，稿子就给他了。给了他就出了，出了后有人写书评。本来出来出去也没有人留意，不知道写的是谁啊？我写的是音乐家嘛。然后就有一个人多事，写了一篇书评，说是写得怎么好啊，怎么好啊，他也不知道我写的是谁。可是后来王良福啊，他看见了就说，啊，你是不是写的林风眠？我说，我写的小说啊，我就是写的他。他就到处去说啊，说什么金东方写了一本书啊，叫什么《他这一辈子》，什么，什么的，就传开了。都知道了。我也有话说不出，我写的是小说嘛，我写的是音乐家，跟你说的不是一回事。不过那时已经来不及了。后来我后悔了，后悔我为了出气。

对对对，我心里很气，我很气。

所以，林汝祥给我打电话说，你怎么会这样子啊，你怎么会这样子啊？我说这些事都是有的，我写的是音乐家嘛。他说你怎么这样子写林先生啊？怎么怎么的。我也说不出来，在我电话里也说不清楚。不说了，由他去骂我吧。

是啊，有个时期相当多的。那个时期我写京剧的特点啊，一个是模糊想象的，一个是实景的。胡兰成，张爱玲的（男朋友），他寄一

1987年，林风眠与林汝祥夫妇在香港动植物园

本书给我，《今世今生》，他在上面写着："我在《明报》上看到你的文章，写得真聪明。"他就几个字，是用钢笔写的。但是我没有给他写回信。他在《明报》上看到了我的文章，就把书寄到《明报》，是《明报》转给我的啊。

他送给我的书，我马上就看。他写得很好，他是认识中国的文化，民间的文化他认识。

他说我很聪明，我觉得我不聪明。

张伯驹也给我写过信，毛笔字很奇怪。很奇怪，字是圆的，不是长的。

林风眠的爱好者王良福读了《他这一辈子》，马上打电话给金碧芬，说："你怎么可以这样写啊！不可糟蹋林先生啊！"当年，这个被林风眠青睐而又称之为"聪明"的女学生，此时变得不聪明了。也有人说金碧芬写了这样的小说，不但伤害了老师林风眠，对自己的伤害更大。

柳和清退休之后，和王丹凤也到了香港，在铜锣湾开了一家素菜馆。林风眠看到他的素菜馆过于简单，当即送来两张画，什么话也没说。柳和清说："正是这两张画，当时对我起了很大帮助。"林风眠从来不求什么回报，他每次到素菜馆，总是只要一碗素面。柳和清对林风眠有比较深的了解，他告诉笔者：林先生在香港深居简出，和金碧芬的那篇小说有关，他无法出来了。后来，金碧芬也很后悔，不应一时冲动写那篇小说，伤害老师。金碧芬写这部小说，使她名声也受到影响，称她为"复仇女神"。她的报复性是很明显的。

但是，金碧芬写的《他这一辈子》使林风眠又把大门关上了。再加上有冯叶的应酬，林风眠更是深居简出，平时不在家中会客，过着与外界隔绝的生活。"中国现代艺术壁挂展"在香港展出时，浙江美术学院院长萧峰请林风眠参加开幕仪式，他回答说："开幕式人多繁杂，记者又多，研究不了艺术，自己反倒成了人家研究的对象。还不如等开幕式以后，我来看望你们，一起参观展览一举两得。"在电话里又关照："请柬就不必送来了，后天来看望你们的时候一起取，免得你们多跑一趟。"第三天下午，他准时赴约，用一个多小时参观了展览，称赞说："我很高兴学校能有这样好的艺术壁挂展，展品既体现了艺术的现代意识，又具有中国民族精神，这是我们杭州艺专的传统与特色。我毕生致力追求的融合中西艺术的主张，你们坚持下来了，我很高兴。"

老校长这样中肯地评论学校，萧峰很高兴，并向老校长报告了校庆六十周年时，一千多校友云集杭州，都希望老校长重返西湖，回母校看看。

林风眠很感叹地说："'江南好，风景旧曾谙。日出江花红胜火，春来江水绿如蓝，能不忆江南。'当然想回去，感谢杭州故旧好友的盛情，回杭之事，以后再说吧。"

吕蒙、黄准夫妇从英国回来，途经香港时，去看林风眠，记述了当时见面的情景："新华分社给我们派了车，直驰太古城，在太古湾道上七转八转终于找到了他的金风阁。在门口通报了姓名，电梯就把

母亲是游牧民族比较远山里的人（姓阙）（客家）包头布巾，身材坚实耐劳的体格，大概老实带天真，因此人说她愚蠢，她有美丽的腰，双眼皮，我的祖父起却单眼皮，像北方的正统氏族，母亲大概死在庙里尝尝起本地的草药混合的没约，我记得的母亲的容貌准画当在六岁的印象是我五岁时在山河边住星空地里，一个秋天的午后和她的堂嫂剃洗头发加大青刺，我记得在空地的周围篱笆右侧是菜园菜园墙种了许多茶花，菜园与空地间有一排很大的刺梅丛开着鲜红色一样的小花，我喜欢那刺梅里绿色主要枝叶上流出许多白色的汁，空地前面一大片竹林和纸桨大的槐树，不远就是山河，是我幼时最喜欢的到山河边去捉那些鲜蹦的小鱼和一块块的乌龟蛋不里都有很多的小鱼，我在母亲怀着小孩皮气揉洗她的头发，以后记得没有机会继续理洗她头发，记得她坐在剃画，一面烧火煮水，在一个大洗脚盆里装好水面放在灰堆里加垫周围烧着乾燥枯树枝同时火烧水洗头发这一幅构图是记入画的（她的衣服都是青蓝色的）

1987年林风眠自述手迹

我们送到十三楼，找到 C 座。这便是他的寓所。但他会在家吗？我抱着侥幸的心情按响了他的门铃。过了一会，听到有人来开门，从打开的门缝中就看到一个瘦小的身影。在相互还没有看清楚的时间里，他似乎十分警觉地连问几声：'是谁啊？''我是吕蒙。'他似乎很激动，赶忙把我们迎进了客厅，并为我们沏了茶。这天正巧他的义女冯叶和女佣都不在家，只留下他一个人，家中显得特别宁静。客厅外的晒台上，依旧放着两盆和上海南昌路家中一样的龟背竹。在临走前，我们看了他的画室和卧房。这个在香港似乎称得上豪华公寓的房子，除了一个客厅稍觉宽敞些之外，他的画室几乎只能容下一张大画桌和他休息的小沙发；他的卧房，依然放着一张那么狭小的小床，床上全部放满了画和画框，包括他的客厅里也到处堆放着画框、镜架。在厨房的一只小铁锅里盛着冷饭。他说：家里没有人时，就由他自己热热吃。这一切给我的感觉是：林风眠还是当年我们相处在一起时的林风眠；一个勤奋于绘画事业，而从不追求个人生活享受的老画家，他给人类留下了宝贵财富，给了人们那么多美的享受，而他自己……"

这一次是吕蒙和黄淮夫妇作了不速之客，看到了林风眠"家"中的情景。一般朋友到了香港，他能不见就不见了，为的是"减少麻烦"，即使要见面，也都是由冯叶陪着他到宾馆去看望朋友。沈柔坚到了香港，记述和林风眠见面的情景写道："有个上午，他拎着一个马甲袋，在冯叶小姐的陪同下来到我住的旅馆。一见之下，我又喜又惊，喜的是阔别之后终于又见面了，惊的是老人走那么远来看我，心里很过意不去。'整整十一年了，时间过得多快！'他还习惯性地天真地伸着舌头说。谈到友人时，他不免感叹说：'老朋友一个个老了。'林先生坐了一会儿约我出去吃饭，从中午一直坐到下午四点钟才分手。"

但是，冯叶的父母去美国途经香港时，没有能住在林风眠的新居，安排他们住在宾馆里。席素华到了美国之后，也举办了一次个人画展，还印了一本她的画册，有人评论她的画"以粉彩、水墨和亚克力材料为媒材，也可能是适其性情的一种巧合，但油画技巧、肌理都大量出现在画中，干笔和厚笔的擦刷形成透明和不透明的厚重感觉""那份颜色情绪张力,的确不同于一般粉彩意境,真不愧为大师林风眠的高徒"。这的确是行家的评论。虽然如此,席素华、冯纪忠得不到林风眠的支持,在美国待了几年还是回到上海了。

冯叶到了香港,和林风眠在一起生活了十三年,使林风眠晚年生活有人相陪,不再寂寞,这已经是不可改变的事实。有人认为林风眠"牺牲太大",只能任人评说。也有好心的人作出这样的设想:如果林风眠跟金东方生活在一起,留给后人的林风眠和他的艺术会更好些;如果林风眠去了巴黎,有李丹妮的安排照顾,生活在世界艺术的天地里,晚霞会更加绚丽多彩;如果去了巴西,还他一个完整的家,潮起潮落,晒晒太阳,那是一个享受天伦之乐而候闲的晚年。可是金碧芬的率真,李丹妮的任性与林蒂娜的怯懦,成全了冯叶的相守。这或是命中注定,天意如此。

巴黎画展:重寻六十年前旧梦痕

林风眠从巴西探亲回来后,就埋头作画,准备 1979 年 9 月在法国巴黎举办他个人画展。也就是在这个时候,他和李树化的女儿李丹妮取得联系,通过写信商讨去巴黎开画展的诸多事情。李树化与林风眠同时留学法国,后又在杭州国立艺专任教,是林风眠的老朋友,两家亲如一家。李丹妮和林风眠的女儿蒂娜同年,都生在北京。李丹妮此时居住在法国。林风眠在给李丹妮的信中说他曾到北京,重见她出生的医院。李丹妮很快给林风眠回了信。他很高兴,在巴西探亲时就给李丹妮写信说,我想我会到法国来,只要可能和你在一起,到处去旅行,那是多么高兴和幸运的事。他回忆到永远不会忘记沅陵、沅江的崇山恶水,我们生活在竹林小旅店里,我对你小姑娘的回忆,现在,在我的心灵深处你还是一个天真美丽的小姑娘,不管多少岁多少白发了。我们有没有可能长期短期在一起工作,一起到处跑跑。我们

1979年，林风眠在法国巴黎东方艺术博物馆举办画展

要学会卖豆腐干，挑着担子到处跑，我们也可以到处去卖画，流浪有什么不好。我快八十岁了，没有多少时间了。两只脚还可以跑路时，我总要跑我自己的道路。

虽说林风眠到香港已有几年，但对居留何去何从，他还没有拿定主意，是巴西，是巴黎，还是香港？可以说，他这时还没有把香港当作久留终老之地。

这时冯叶还没有到香港，他在香港许多事还是由金碧芬照料。他在给李丹妮的信中说，他有三个女儿，一个是自己亲生的女儿林蒂娜，一个是香港的金碧芬，再一个就是李丹妮了。他在信中说，幸福不会从天上掉下来，要由自己去奋斗，但愿我们能实现我们将来的计划，一个女儿在巴西，一个女儿在法国，还有一个在香港。这样我们有三个地方可以活动，我们首先要在经济上有些基础，这样就可以到处跑码头，我想我和你的共同时间多，蒂娜和碧芬有孩子家事走不开，你的爸妈只要生活安定，将来我们可以到处跑的。我们这个"四人帮"不做坏事，只做我们四人的好事。我将来把这三个地方像一条线联系起来,不会再关在一个盒子里了,我倒希望我能多活几年,可以做得更好些,我想我和你这个女儿,从此之后分不开了。

林风眠去巴黎,画展本来已经说好要带金碧芬去的。现在冯叶来了,也要去巴黎,两个"女儿"不能都带去啊?这是老人又遇到的一难题。

林风眠的学生赵无极,从朋友那里听说老师要到巴黎举办个人画展,就写信告诉他:不要在巴黎开画展,不会成功,如果到巴黎来玩,那他是欢迎的。赵无极建议老师"不要在巴黎开画展,不会成功",这个说法是有根据的,因为法国人认为林风眠的画"太甜",本来就不欢喜林风眠的画,在法国人或赵无极看来,这时林风眠的画没有新意,没有创造。法国人是把他的画当作历史观察的,不是把他的画当作现代画。赵无极转向抽象绘画,林风眠看了赵无极的画不但不接受,反而说赵无极是闭着眼睛做梦,虽然有点新,但是不成熟。林风眠的几位老学生也认为他不懂赵无极的画,这是局限性,一个艺术家的局限性。林风眠想走新的道路,他的内心深处是否也在追求抽象艺术?他没有表述,我们当然无法知道。但他想画死水,画阴阳,一辈子都没有取得成功。死水微波,水是动态的,无波怎么能表现水呢?阴阳是一个哲学概念,可以说无所不在,任何事物都有阴阳,但要用抽象的绘画把阴阳表现出来,或是不可能的。但这个画题一直折磨着林风眠。

林风眠在信中告诉李丹妮:他知道我在香港画展很成功,我想他也许是对的,他的画拿到香港,看的人一定会很

1979年,林风眠在法国友人寓所

多，买的人会很少。但是他忘记了我是中国画家，抽象派还没有影响到中国画，也许法国人要看中国画，这样我也可以试一试，成功不成功又是另一件事，其实我倒并不是太关心这些。最后我还是会写信给他，请他帮忙，不过这些请保密，你心里有一个数就好了。

林风眠在给李丹妮的信中，对自己的作品作了分期。他说，关于我的创作，分三个大时期：（一）从1925年到1945年，在这二十年中，大约两年在北京，十年在杭州，八年抗战在重庆。（二）从1945年到1965年，这二十年是抗战结束，回到杭州，解放后一直到"文革"前夕。（三）1965年到1978年，以及最后在香港所作的画，变化很多，除了油画全部毁灭，在水墨水粉中，也可以看出我的创作过程了。

林风眠对自己作品的分期很重要，是研究林风眠创作风格演变的重要根据。

在画展准备期间，林风眠的申请入境，主办单位的函件，都是由李丹妮进行法文翻译。她居住在里昂，往返于里昂和巴黎之间，拜见 Etiemble 和赵无极，转递信函，商量展览中许多具体事宜。他们在通讯中讨论最多的是签证问题、在法国能否居留问题以及兑换钞票问题。如他在信中问起：在法国美金（现金）有没有黑市？可否带进？旅行支票有什么不方便吗？我想外汇一进入法国是出不来的，是吗？这些都是麻烦事。从李丹妮致林风眠的信中可以看出，林风眠也曾想过到法国定居。丹妮的信中说：无极是个大人物，他也很有权威，他个人认识许多法国政界要人，像巴黎市长、国民议会主席等，你将来要定居法国，如果他愿意帮忙的话是不成问题的。丹妮在信中还说：现在请你立即把你选定了要展出作品照成幻灯片，把它寄给我，我再转交给瓦迪默·埃利塞夫。瓦迪默·埃利塞夫是巴黎塞尔努西（Cermuschi）博物馆馆长。

林风眠发去的函件迟迟得不到回音。瓦迪默·埃利塞夫于1944年至1945年在重庆生活过，和林风眠相识，1956年又在上海访问过林风眠，他们是老相识了。可是为什么迟迟不对林风眠作答复呢？后来，瓦迪默·埃利塞夫约李丹妮谈了三个小时，详细地讨论林风眠画展问题。之后李丹妮才给林风眠写信，这迟没有作复的原因是他不知道林风眠是在什么背景下离开大陆的，他不知道应该怎样回答。李丹妮和他会谈后，他非常高兴，并表示对林风眠的友谊没有被岁月所冲淡。对展览也提出了几项要求：

一、以"one man show"即"个展"方式展出。

二、展出不同时期的作品，即二十五岁到四十岁、四十岁到六十岁，六十岁到现在。

三、瓦迪默·埃利塞夫认为，为了保证优良的结果，展览六十来幅就够了，这六十幅中最少要有二十五到三十幅旧作。他很强调"retrospective"这一点。他说，这是艺术馆而不是私人画廊开的展览会，是对一个中国大画家表示最高崇敬的展览会，因此必须使参观的人欣赏到画家作风的演变，这是艺术馆筹备展览会的基本目的。

四、中国大使馆的问题：因为艺术馆长的身份，他不能办这件事，他认为他的立场是站在政治以外的，他须请赵无极去中国大使馆进行试探。赵无极去做了。

林风眠自己也给外交部长黄镇写信，请黄镇通知中国驻法国大使馆。因为黄镇是林风眠的学生，曾在国立杭州艺专学过画。

在李丹妮和赵无极的努力下，林风眠去巴黎开个人展览的准备工作，进行得很顺利。正在紧张准备的时候，冯叶到了香港，林风眠要带冯叶去巴黎。

1978年8月11日，给李丹妮的第七封信中，林风眠提出冯叶要去法国的事情。不过此时，冯叶在上海已经办好去法国的签证，还没有离开上海到达香港。林风眠在信中写道：我以前和你说过，我在国内最小的女儿（她是我学生的女儿），从小就在我身边，看着她长大的，多年来，这一家在苦难中岁月里照顾我，女儿名字叫冯叶，小名叫妞妞，从小学钢琴，是跟马思聪的妹妹（上海音乐学院教授）学的，在家里私人教的，她今年大约二十五岁了，一面跟我学画，多年来跟人学英文和法文，中文也很好，在国内时总是跟着我跑的。我出来之后，我想尽方法，总算给她办成功了，她已被批准出国，领到了护照,不日到香港来。她是批准到法国来(我负全部责任,在国内申请时这样说的)留学进修钢琴的。她到香港之后(这个月内,也许这几天),我会和她同去申请,她是去学钢琴的,大约这里的领事馆会要求有学校允许进修等等手续,将来我想同她一起去巴黎,如果有一间画室,她就可以和我居住,也用不了多少钱。

为了冯叶赴巴黎学习的事,李丹妮的父亲李树化寄来巴黎大学入学表。但是入学需要文凭。林风眠在给李丹妮的信中说:关于冯叶入学问题,正写信给国内补发中学文凭,如果只写中学毕业或可以通得过,遇到"文革"时期,初中毕业后,就下放农村。至于冯叶到法国学习后的出路如何,林风眠在给李丹妮的信中说:她(冯叶)到来就有许多考虑,(一)来法读书读完了,只有一条回大陆的路(她不愿回去,你了解的)。(二)除非在法国结婚变为法国人,这也要有机会,不能勉强得到的。(三)在法国生活不易,在香港可以教琴,但

1990年6月,林风眠与冯叶摄于香港太古城

第九章　香港:中国现代派绘画的结束

左起：冯叶、吴棣榕、林风眠、林汝祥

是出来不去法国也不死这条心。她是很好的小女儿，很老实能干，无极也认识她，你们也一定会喜欢她。林风眠还为冯叶筹划在巴黎办画展的事。他在给李丹妮的信中说：关于妞妞个展画册事，问好情况再决定。如果画册和散页相差不远，还是出十几页的画册好，留在那里总有用，卖不了就送人，宣传宣传总是好的，印一千或五百本如何？

冯叶本来在国内申请是去法国学钢琴的，路过香港暂住，由香港去巴黎本是顺理成章的事情。冯叶到了香港改变了计划，要留在林风眠身边，对他加以照顾，她去巴黎后还要返回香港。按照当时签证情况，冯叶是不可能再返回香港的。林风眠经过一番努力，冯叶不但可以返回香港，连随他由巴黎去巴西探亲的签证也办好了。看来冯叶去巴黎，林风眠还是早有准备的。可是在去巴黎的准备过程中，他又说带金碧芬去。此时，在冯叶与金碧芬之间再无法摆平，所以再也不提带金碧芬去巴黎的事了。

9月21日上午，巴黎市长希拉克主持了这次画展开幕，并剪了彩。中国驻法国大使、法各界人士、政府官员及联合国教科文机构官员也都出席了开幕式。画展展出他1927至1978年的共八十幅作品，象征着画家八十大寿的吉期。有仕女、戏剧人物、花鸟、静物和风景等各类题材。塞尔努西博物馆馆长瓦迪默·埃利塞夫在《林风眠画展目录》序言中说："半个世纪以来,在所有的中国画家中,对西方绘画及技法作出贡献的,林风眠先生当为之冠。毫无疑问,从1928年起,他就认为自己要致力于'融合东西方精神的谐调理想'。"

"今天,正值林风眠先生八十大寿的吉期,他乐意地自选了八十幅图画。我们按照这些图画特有的内容,因题归类。同时,在每一类中,顺年代次序排列。他的那些花鸟,一部分令人耳目一新,另一部分是大自然惟妙惟肖的珍宝。那些戏装人物,则显示了一种仿古的风格,以十分流利而辉煌的色线来画它们的服装。至于他的人像画,看来仿佛受到巴黎派裸体画趣味的影响,也来自对南方邻国'法越风格'的回忆。最后,他的那些写实风景画,则蕴藉心中的默记,迸发着对大自然深邃的热爱,而与中国古典山水大师们优良传统始终不渝地结合在一起。

"从他的整个作品中看,一部分令人迷恋陶醉。还有一部分则令人惊讶钦佩。不管怎样,它们证明艺术家的热情和忠诚的探索。

"他既勤于创作,又忠于教学,是双向兼顾的画家和教授。但在实际上,他只做了一件工作,那就是实现了独出心裁的梦幻般的表现。他也同许多伟大的艺术家一样,为形成一种趣味,改变了自己的探索方向,从而完全超脱了原先的审美观点。"

在序言中,埃利塞夫还回忆说："1945年,当战争结束之际。我们在重庆,大家都希望能相聚巴黎,组织画展和旅游,并确已准备在1946年为一些知名画家如张大千、吴作人、方君璧,举办当代中国画家展览。"

半个世纪的相约,今天才得重聚巴黎,心中该有多少感慨。

在四十天的展出中,前来参观的有青年学生,也有白发苍苍的老人;有精通中文的汉学家、艺术家、艺术批评家及一些收藏家,也有林风眠的老朋友。有的是特地从瑞士或法国其他城市开车来参观的。在法国的电视节目中,专门介绍了塞尔努西博物馆,并放映了林风眠的作品。这表现了法国人对艺术展览的固有的热情。

9月24日下午,林风眠参观了他留法时的母校——巴黎国立高等美术学院。校门口仍然是静悄悄的,院子里仍然是石子铺成的路,那石子路上不知留下了他多少脚印,他仍然是脚步轻轻地走,似乎怕脚步太重会打破那美好的回忆。他当年学画的那个画室还在,但教授已经不是柯罗蒙了。他告诉在这个画室里学画的学生说,五十多年前他在这里学过画,那几位学生用兴奋而热烈的目光看着他。但他们并不知道东方还有个林风眠。院长缪西与教务主任斯鲍思陪着他一处处参观。院长告诉他:"五十多年来,校园扩大了许多,学生增加不少。"当他走进二楼图书馆时,他发现当年的桌子和台灯依然如故,使他一下子又回到了学生时代,充满感情地抚摸着桌子和台灯。院长告诉他,在"二战"期间,教学秩序和设备曾遭破坏,这是在1968年之后才按照原样修复的。

在展览期间,林风眠由冯叶陪着逗留在巴黎。法国外交部给他们安排在凯旋门下榻的宾馆,价格昂贵,他们无法住下去,林风眠在10月15日给袁湘文的信中说:

1979年,林风眠摄于巴黎母校国立高等美术学院

1990年，林风眠与吴冠中合影于香港的寓所

我们于9月上旬由香港来巴黎，9月21日在巴黎举行个展开幕，由巴黎市长（前总理）及驻法中国大使主持开幕式，各方面人士很多，颇有好评。前寄目录一份，谅已收到。

最近在巴黎见到刘嘉玲一家。巴黎天气渐渐寒冷，我想在11月底前离巴黎赴巴西探亲，明年初回到香港，筹备下一次的展览会。

巴黎生活很贵，法外交部招待我们的宾馆每天租金要八百法郎，其他生活费更贵。我们自己找到的旅馆每天二百法郎，小到转不过身来。最近我们找到公寓，对各方联系招待客人比较方便，真有长安居大不易之感。

画集及巴黎展览会情况见报后似乎还好。中国画大概再老一套不行了，但如何变，也有许多问题。有空到那些博物馆学习，以前不了解，现在比较清楚了，学不完，能自己创作，安心工作，总是好的。

塞纳河的微波，河岸上的旧书摊，拉丁区的小咖啡馆，巴黎圣母院的钟声，都在唤起林风眠的回忆。林风眠从巴黎国立高等美术学院出发，沿着塞纳河，通过塞纳河上的艺术家桥，向卢浮宫走去。这

1981年，林风眠与夫人艾丽丝、义女冯叶在巴西里约热内卢

是他当年负笈巴黎时经常走的一条路线。《蒙娜丽莎》仍然带着不可测的微笑，只是用玻璃把它罩起来了，无法再接近它了。他重新审视写实主义的各个画派，在艺术的情感上虽有亲近，但仍然无法缩短和它们之间的距离，那的确属于另一个时代的艺术了。他热衷并崇拜的现代派的各个流派的绘画，在卢浮宫已不多见，大多转移到奥塞宫去了。他清楚地记得，现在成为艺术收藏宝库的奥塞宫，当年是一个火车站，他去巴黎时，都要从这里乘火车。他到奥塞宫看了印象派、现代派、立体派、野兽派各派的原作，有些是第一次看到真迹。现代派为欧洲绘画开辟出一个新的天地，他从它们的基础上起笔，不停笔地奋斗了五十年，突然在心中升起一个问号：画得怎么样呢？今后如何再画下去？他不是在问自己，而是在问中国的绘画。他希望中国画能有一个崭新的时代，但又感到迷茫，这要经过几代人才能创造的。

巴黎的旧地重游，最能把林风眠带入旧梦中去的，还是他的第一位夫人罗拉。他在巴黎郊区寻寻觅觅，要找到罗拉的墓，要找到他用凿子凿出来的那块墓碑，但一切都烟消云散，青草白云，失落的孤独袭上心头。

蓦然回首，只有冯叶在陪着他的寻找。

画展期间，在巴西的夫人艾丽丝和女儿蒂娜没有来巴黎。画展一结束，林风眠就到巴西探亲去了。直到1980年春天才又回到香港。4月9日给吕蒙的信中写道："在巴黎个展的成功，多亏了法国老朋友如富尔主席、埃利塞夫馆长等的大力帮助。这么多年又重见他们，大家都感慨非常。到底年纪大了，在巴黎东奔西走，确实很累。但旧地重游，当然也很高兴。"4月10日林风眠在给袁湘文的信中也写道："在巴黎个展的成功，多亏了法国的朋友帮忙，多年后重到巴黎，感慨非常，到底年纪大了，在巴黎东奔西走，确实很累。后又到巴西探亲，住了一段时间，最近才回香港。数月的长途旅行，气候突变，一飞就是几十小时，真是辛苦，因此到香港后就病了，最近才略好些，肠胃心脏都不很好，所以至今才给你们写信。今后行迹尚未决定。"

林风眠这次去巴西探亲的情况，没有透露任何信息。可能是他的确是真的累了。

巴黎之行激起了他在艺术上再走一程，创造新的面貌的欲望，想找到自己的艺术和生命的归宿。下一步如何走法，他也的确心中无数，多少有些茫然。

从林风眠给李丹妮的信中可以感受到，巴黎画展以后，他的情绪有很大变化。他设想在巴黎有个"据点"，香港有个"据点"，将来美国还要有个"据点"。但巴黎是世界文化和艺术中心，对妞妞（冯叶）和丹妮来说，将来应当从这里发芽创造出新的东西来，丹妮可以从事文学写作和翻译，妞妞（冯叶）应当从事音乐绘画批评或美术史等工作。对巴西方面似乎渐薄了，他在信中说："关于巴西的问题，我看一时也没有办法，我劝过她们，她们说我很对，就是办不到。我细细地考虑，她们也有她们的历史原因，只有靠上帝才能解决的，如果母子去香港玩几个月是很高兴的，那没有好处，何必多此一举，何必花这一笔得来不易的经费呢。天下只有想不到的事。"

林风眠的外孙杰拉德带着伤感告诉我:"当时冯叶到我家,放肆得令人难以接受。外公从未介绍她是'干女儿',只称她是'照顾他的人'。可是每天晚上,他们睡一个房间。那是我外婆的房间,外婆只得睡在我的房间,我睡在客厅里。外婆为此多次暗暗流泪,十分伤心。"

这是林风眠和夫人、女儿分别后的第二次团聚。这次探亲返回香港不久,巴西传来噩耗,夫人艾丽斯和女婿卡门相继去世,女儿蒂娜也已体弱多病,和儿子相依为命,也不能来香港照顾父亲了。林风眠不太想再管女儿和外孙的事了。上帝更不会管他们。这以后,李丹妮给林风眠的信也少了,后来也就不再来信。有义女冯叶相伴,他在香港安静地生活着。

再说李丹妮,她没有忘记林风眠的嘱托,不要放弃蒂娜。她曾两次去巴西探望蒂娜。第一次是1997年,也就是在林风眠逝世六周年

林风眠画室一景(1990年)

1997年,李丹妮赴巴西与林蒂娜同庆七十大寿合影一

1997年,李丹妮赴巴西与林蒂娜同庆七十大寿二合影二

第九章 香港:中国现代派绘画的结束

之后，李丹妮、蒂娜在巴西相聚同庆七十大寿。1999年，李丹妮得知要举办林风眠诞辰一百周年活动，李丹妮觉得应该有蒂娜参加，并希望她们能同行回杭州。为此，李丹妮第二次去巴西。但是蒂娜胆子小，担心自己的文化水平低，见不得大场面，但还是心动了，在犹豫之中。李丹妮给她壮胆打气，只要你在场，我会陪你应付一切。由于儿子拖了后腿，没能成行。弄得李丹妮乘兴而来，含泪而归。

巴黎展览之后，林风眠又在日本举行了两次画展。这是由日本收藏家大桶贵支从中牵线搭桥，由日本西武集团总裁堤义明拿巨资赞助的。第一次展览是在林风眠八十七岁时，第二次是在林风眠九十一岁时，两次展览都取得了成功。堤义明是日本企业界的一大怪人，他出身豪门世家，毕业于早稻田大学。西武集团是日本一家历史悠久、财力雄厚的企业集团，总共拥有一百七十多家企业，员工总数超过十万人，在世界上素有"西武军团"之称。堤义明对艺术品情有独钟，他曾说："艺术品不能用金钱来衡量。"他把艺术视同企业生命一样宝贵。让艺术家的艺术变成人类共享的精神财富，锱铢必较的小商小贩办不到，重利轻义的商贾做不到，附庸风雅的富豪也做不到，只有

1990年，林风眠在日本东京西武画展展厅

懂得和善于从人类文化学的大背景中思索的儒商才能做到。堤义明做到了。对此，大桶贵支有这样一段回忆："初次与林风眠先生见面时，是在1984年，林先生的义女冯叶女士在日本的个人展的会场中。当时林先生给我的第一印象是一个充满慈祥和温暖笑容的老人家。那时候，我并不知道林先生是位画家，只知道他是一位为女儿的个人展览会抱着欢欣喜悦，另一方面又有点担心的慈祥父亲。""透过那次冯叶女士的个人展览，使我得以认识到林先生的个人艺术风格。他的作品与当时被引入日本的中国画艺术种类是截然不同的。我便被他的独特风格所深深吸引着，而决定要把林先生的作品介绍到日本去。在1986年、1990年，两度在东京举行了林先生的个人画展。这两次展览都十分成功，更得到日本大多数美术爱好者对林先生的爱戴和景仰。"

巴黎画展结束，林风眠没有直接回香港，即去巴西探亲。这是林风眠和夫人、女儿分别后的第二次团聚。这次探亲返回香港不久，巴西传来噩耗，夫人阿丽丝和女婿相继去世，女儿蒂娜也已体弱多病，和儿子相依为命，也不能来香港照顾父亲了。

婉谢侨商资助：建纪念馆并不重要

1981年，林风眠写了一篇《冯叶之画》在香港《美术家》上发表。文章写道：

冯叶很小跟我学画，开始的时候学习画的素描基础，同时也学习国画，临摹宋代的工笔画，学习国画传统的画法，如画山水时学习前人画山石、树木、亭台等各种不同的风格。因此，她的作品如《梅花画眉鸟》就画得很写实、细致；粉彩的《荷花》给人以清新芬芳的感觉，《枝头小鸟》是比较写意的水墨画，也不失生动的情景。她的风景画比较有多样的情调和变化，湖上一片片芦苇，迷雾层层，在天空中一排排雁阵，阵雨中的鱼儿，江上的独钓，既有诗情画意，在水墨的技巧上也表现得很成熟。她的人物画和戏剧人物是又天真又写意。有一幅《水上莲花》很有新意，显现出江南少女秀丽细致的气质，天真的梦一样的诗情画意，有她自己的风格。

　　冯叶是同时学习中西画基础的。因此，她的画中如山水是抽象的也是现实的，她画的是她眼睛所见的，而表达出来的则是她心中的感受，不是照着对象如实描写，而是对自然的感受，是她的内心世界的表达。她还年轻，她喜欢绘画，乐意绘画，热爱音乐，乐于音乐。一个人只要有真诚的对艺术的热爱，勤奋虚心地学习，定会有成就的。

　　这是林风眠对冯叶绘画最高的赞赏了，在冯叶学画的事情上，林风眠也费尽了苦心。林风眠的画学像并不太难，但学得好很难，香港人都说冯叶的画很像她干爹的画，给鉴赏家们带来许多鉴别真伪的任务。

　　徐宗遇记录的《潘其鎏谈林风眠（摘要）》中说："席素华的画很特别的，就像刺绣一样的。苏州人嘛，画很细线的。林先生赞扬她，说她画得好。这批画随着冯叶带到香港后，林先生给她题字，写了前言，就在香港一个杂志刊登了。"潘其鎏在以前就看到过这些画。这些画被冯纪忠带到欧洲，在捷克展览过。

　　在香港那种讲资格讲学历的地方，冯叶的画虽然画得很好，又得到艺术大师的赞赏，但毕竟不是科班出身，是在艺术大师的熏陶下自己努力自学取得的。要使冯叶的画在香港有一席之地，必须要有艺术学院的文凭和学历。林风眠为此也是在想办法。浙江美术学院院长萧峰去看他们父女时，林风眠要冯叶拿出她的作品给萧峰看。萧峰说："其画极有林师的风度，似又不似，令人赞叹。"

　　林风眠说："很好。我还想拜托你一件事。冯叶自幼跟我学画，没有能够在正规学校深造，按其实际水平说，不能讲很高，也不算太差。现在社会上讲职称头衔，我想聘任她教授是够不上的，当个讲师还是可以的吧，是不是可以聘她为客座的？"

1988年，香港冯叶画展开幕式上，林风眠、金董建平、冯叶合影

萧峰说："当然可以，等冯小姐的画到杭州展出后，我们可以发给聘书。"这当然是萧峰的应酬话，他知道这个承诺是没有条件也没有办法实现的。

在中国美术史上，林风眠的艺术贡献和地位已被认同，桃李满园，卓有成就的也不在少数。1989年，在他九十诞辰即将到来之际，北京和杭州准备开展纪念活动。浙江美院院长萧峰打电话告知林风眠活动内容。冯叶把这个电话内容告知林风眠，林风眠立即表示"不同意"，并要冯叶复信：

萧院长：

你好，来电提及纪念林老艺术生平有关活动：（一）拍摄影片；（二）中国美术馆举办画展；（三）庆祝生日活动；（四）出版文集画集；（五）成立林风眠艺术研究会；（六）请林老任全国政协委员。以上各项，已转告林老，林老将亲自答复。专此即请艺安！

冯叶

1989年4月4日香港

第九章　香港：中国现代派绘画的结束

在冯叶的信后，林风眠接着写道：

萧峰院长：

收到冯叶转交各位同学的信和转告了来电的内容，首先感谢大家的好意，但年纪大了，所以不同意举行以上一切活动。专此即致

敬礼！

林风眠
1989年4月4日香港

林风眠的"不同意"为他搞庆祝活动，这不是客气或故作姿态，这是出自他追求自然质朴无华的天然本性，更重要的是时代对他的伤害太大了。不只是这件事情，在为他建旧居艺术陈列馆的事情，也表现出他这一贯不二的态度。1983年，在全国政协大会上，王丹凤委员向大会递交提案，建议将林风眠在杭州的旧居改为旧居艺术陈列馆，让更多的人欣赏到大师的艺术。

尔后，全国人大、政协十八位美术界的代表与委员联合支持王丹凤的提案，政协委员吴冠中热心奔走呼号。为了使这一提案有真正实质性的进展，浙江美院院长萧峰又分别给林风眠及吴冠中、李可染等写信，希望把林风眠存在上海中国画院的一批画移杭州旧居陈列。

与此同时，萧峰给上海中国画院程十发院长通电话，表达了这一意向。程十发表示支持这一倡议。萧峰记述通话的情景："他（程十发）用上海方言告诉我：'如果有林先生亲笔手书的来信，我们立即将画转给浙江美院交林先生旧居陈列馆，我们绝不扣留。'"萧峰随即写信给林风眠，并托吴冠中到香港面陈。不久，吴冠中带来林风眠的亲笔信：

萧峰院长：

我同意将我赠国家的一百二十幅作品移交杭州在旧居成立纪念馆

陈列。

　　即颂

春安！

林风眠

1988年2月28日香港

　　不久，香港南源永芳集团公司董事长姚美良访问杭州，与浙江省有关领导谈起了他的乡贤林风眠的状况。由此，姚美良得知由于经费的困难，林风眠旧居陈列馆难以落成。姚美良深表同情，就说："我们梅县是广东穷乡僻壤，但名人荟萃，当代著名的乡贤，武有叶剑英元帅，文有林风眠教授，这是我们客家人的骄傲。"姚美良欣然允诺由永芳公司出资一百万元支持这个计划的实现。

　　消息传出，文艺界人士十分高兴。不久由文化部主持在北京王府井饭店召开了座谈会，艾青、李可染、刘开渠、王朝闻、吴冠中等文艺界知名人士出席了会议，一致赞扬姚美良的义举。

　　萧峰将这一切告诉林风眠，按理说林风眠应该高兴。但他立即给萧峰打电话，明确表示不能接受姚美良的义举，并给萧峰写了一封信：

萧峰院长：

　　你好！冯叶转告了你的来电内容，又收到你的来信，谢谢你的好意，请代向诸位朋友和同学们致意，惊动了大家，实在不敢当。不过替我建艺术陈列馆，这并不是重要的事，你们有力量就建，没有钱就不要建，或将来再建，要什么富商捐款一百万元，替我建艺术陈列馆，我是坚决反对的。我与那位姚先生非亲非故，我一生最穷困的时候，也从来没有向人讨过一分钱，如果为了建馆，而要人家捐款，我是绝对不会接受的，更不会同意在家乡建立什么铜像之类的东西。我这么大年纪了，希望你们尊重我的意见。姚先生如果要帮助艺术界，把一百万元捐款用来辅助青年画家出国进修，比替我建馆更为重要，更可留名千古。专此即复并颂艺祺。

林风眠
1989 年 10 月 25 日

又：姚先生我不认识，请转告他，我感谢他的好意，但我不能接受捐款替我建艺术馆，请他见谅。希望尊重我的意见。至于那位梁通（怡然）先生，我实在不愿意接见他，请他不要再来麻烦我。以后萧院长来信，请直接寄我为感。萧峰院长，你为我的事，费神之处，使我感动，特别向你致谢。

又，因为姚先生捐款之事，已在报上发表，所以我将这封信复印本寄给吴冠中、苏天赐同学通知一声。

林风眠
1989 年 10 月 25 日

这年的 11 月，"潘天寿画展"在香港开幕，萧峰应邀参加剪彩。趁此之行，萧峰又专为林风眠旧居艺术陈列馆拜访林风眠，试图说服他答应这件事，这样大家的面子都过得去。这位平时非常谦和的老人，对这件事仍然坚持自己的意见，没有商量的余地。他对萧峰说："我给你的信，你大概已经看到了。我是出于这样考虑，我这个人一生潦倒，年轻的时候，就热爱艺术，穷学生孤身奋斗，深知求艺之艰难。我深深体会到许多有才能的年轻人，由于物质上的拮据，大大影响了他们才能的发挥。因此，我考虑给我建豪华的陈列馆，是次要的。国家还困难，将来有条件再说。我认为还不如把这笔钱拿去支持青年人深造，扶植他们成长，这样我会感到安慰的。因此，请你转告姚美良先生，用于修建旧居陈列馆的这笔捐赠，我难以接受。我十分感谢他的厚意，是否可以用这些钱作基金，以利于对青年美术家的支持。"

萧峰把林风眠的意见转告姚美良，姚也十分理解林的心情，并表示尊重林的意见。当萧峰与林风眠研究这个基金会命名时，萧说：

"是否可以用你的名字来命名?"林风眠十分谦虚而不愿意地说:"这可使不得,一方面我还活蹦乱跳,怎么能用我的名字命名呢?另一方面如果用林风眠的名字作奖学金,就应该从我自己的口袋里掏出钱来,不能由别人资助。但现在我还拿不出这许多钱来。"

用谁的名字来命名呢?姚美良也是谦谦君子,绝不会用他的名字命名。他的父亲是南洋有名的爱国侨领,一生关心祖国的文化教育事业。这点情况林风眠是知道的。因此,他建议说:"你与姚美良先生研究一下,是否可以用他父亲姚永芳的名字命名,这样就更有意义了。"

萧峰把林风眠的意见转告姚美良。姚美良同意了。林风眠得到这一消息时,高兴地说:"了不起,他为美术办了一件好事,应该谢他,代我感谢他。并请你替我约请姚先生下午到饭店喝咖啡。"

遗憾的是,林风眠突然发病,住进医院,林风眠还要人打电话给萧峰:"十分抱歉,只有以后另找时间会面了。"

1990年,萧峰在林风眠家中做客

壮心不已：在画上要再变一变

香港是个国际性的大城市，是一个自由港，适于交往，也是中国书画最佳市场，但是并没有改变林风眠孤单的状况，他仍然像在上海一样，隐居寓所，生活的圈子仍然很小。他初到香港时，学生金碧芬常来常往，在生活上给他许多照料，还有吴棣榕也帮助他做一些书画经营方面的事情。冯叶来到香港之后，这一切都由她承担起来，就很少有人再介入他的生活了。

但林风眠在绘画上从来没有寂寞过。巴黎画展归来之后，他重新审视自己的作品，又有些雄姿英发，想创新的艺术风格。初到香港，林风眠的艺术仍沿着原来的轨迹在作惯性发展，主要还是画静物、风景、仕女、花鸟和戏曲人物。给人总的印象还是冬日寒鸦，寂寞的秋，孤独的白鹭。虽也有艳丽的花朵，娴雅的仕女，然而，它们给人们的是说不清的沁人肺腑的淡淡悲凉与孤寂。巴黎展览归来后，不只是画题增加了基督、修女等，风格愈加趋于奔放、自如和强烈，或是明快地唱歌，或是重重地叹息，甚至呼号，嬉笑怒骂在所不惜，早年油画的某些特质似乎在这一时期的墨彩作品里又复现出来，似乎要冲出原来的创作天地。

林风眠 1990 年于香港寓所

林风眠在杭州生活了十多年，但他很少画西湖风景。在西湖办学时，可能是由于忙，没有画西湖，后来可能是心境不佳，没有情绪画西湖。隐居香江，却吟咏起白乐天的《忆江南》，并大笔挥洒，画起西湖烟雨的美态了。画家不是在画西湖，而是在画自己的心，在画画家自家的情怀，在画记忆中的西湖。

林风眠到了香港之后，经过几年的沉寂与积淀，画风又为之一变，真正画他所要的东西，而且一发不可收，进入一个多彩多姿的艺术新境界。

林风眠的艺术风格是在他长期艺术生涯中，经过反复探索、尝试才逐渐定形的。因此，无论从题材、画法等方面看，他的绘画保持着相对的稳定性。林风眠在20世纪五六十年代创作的许多非常个性化的绘画形式，其中有几种特别受到了人们的喜爱和欣赏，也就是人们常说的"风眠体"。收藏家的收藏习惯也是沿着惯性发展的，他们根据自己的审美情趣，从林风眠的几种为人们乐见的绘画形式中，选定几件作为收藏目标。因此，林风眠到香港后也不能不考虑这种市场因素。由于这种因素，决定了林风眠晚年绘画必然会有延续性的一面。这可用林风眠久负盛名的芦苇鹭鸶来说明这一问题。林风眠的芦苇、飞鸟在二十世纪五六十年代就已非常出名，其中的《孤鹜》《夜》《秋鹜》等都得到普遍的好评。特别是《秋鹜》一画，秋气萧瑟，暮色迷蒙，湖畔芦苇在风中摇曳不定，一群野鹜在水天之间展翅飞过，无论是笔墨的提炼，或是意境的营造，此画都堪称经典之作。林风眠到了香港之后，这仍然是他的保留"节目"，他画过不少类似芦雁图，虽然和过去的作品不尽相同，作品的意境、韵味上产生了种种微妙的变化，但他变得非常谨慎，芦苇、飞鸟的画法上基本没有改变。然而，不断进行探索创新是林风眠的一贯原则，他不停地在变，他曾说："我还有许多画要画，还没有画出来，我还需要五十年的时间。"他几乎是在立下誓言似的说："除非死了才不改，不断学习，不断吸收，自然也不断在变。"到香港之后生活环境与心态的变化，也必然要在林风眠的绘画中留下痕迹。

林风眠晚年画稿一

林风眠晚年画稿二

二十世纪五十年代，林风眠曾游过一次黄山，也画了不少写生之作，有着自己的激情，但归来后并没有黄山的专题创作。到了香港之后，他忽然画起黄山来了。林风眠的黄山图没有表现缥缈的云海，青黛的山峰，幽深的境界，活泼的群山，而是以粗犷之笔、热烈的色彩，描写山间灿烂的晚照，酣畅淋漓堪称是"当其下手风雨快，笔所未到气已吞"。沉重的墨色和辉煌的金红色，表现出一种恢宏气象。

作品看似无法度，无秩序，实则是乱而不乱，不齐而齐，达到了"拙规矩于方圆，鄙精研于彩绘"的高妙境地。画面奇异、恣肆、热烈、沉雄、灿烂，具有一种强烈的意味，折射出画家晚年审美情趣及心境上新的变化、新的追求。

自《黄山》之后，林风眠风景画中清寂明净的特色在渐渐地隐退，原来就积郁心头而难以迸发的英国泰纳的海景、莫奈的日出印象、塞尚的圣维多亚的山乃至唐代李思训的青绿山水各种技法和情调此时喷薄而出，创作出中国现代风景画。继《黄山》之后的《海》《山水》《晨》《江山》巨制，画家改用浓重墨色、深暝境界，表现彤云密布、夜色初临或黎明未开之时，在隆隆雷声中所望见的山间景色，不仅林木，连山石也似乎孕育出奔腾之势。深沉的力量和动感主宰着画面。林氏晚年山水或风景画变化万端，并没有像一些仕女画那样堕进造型的公式中去。这些山水画具有现代气息，重视的是整体构成——造型的统一性，色彩和水平线斜线相互交错的几何结构，山的造型图案式，树和屋符号式，画中最大的变化是色彩和光影，这体现在云彩的刻画上。真可谓"庾信文章老更成"，雄壮且凄美。以后研究林风眠画艺者，晚年山水当是重点之一。

早在巴黎留学时，林风眠的人体速写已有相当功夫，可谓"信手拈来，皆成妙谛"。在二十世纪二十年代至四十年代，裸女自然是林风眠常画的题材之一，不过当时的人体画主要是油画，但他的墨彩人体作品，无论是造型或用笔，都还不成熟。五六十年代虽然偶尔为之，但不敢公开，是在"地下"进行的。所以他非常感慨"人像总是画不好"。相隔几十年之后，林风眠到了香港又开始作裸女画了。他画的裸女通常是面容姣好，身材婀娜，丰满的肌肉和圆润的曲线，表现出青春生命的娇艳与某种渴望。在各种色彩的花草枝叶、窗帘、床单的烘托下，她们或坐，或立，或卧，尽态极妍，女体的起伏圆转，流走自然的韵律美，得到淋漓尽致的表现。裸女身上那清冽的色泽，光滑而透亮的肌肤，简直可与宋明瓷器相媲美。这些裸女活泼而又含蓄，温情而又纯朴，使人想起马蒂斯和毕加索晚年所画的裸体作品，但又少了几分感官刺激；有着中国传统绘画中的古典削肩美女的神韵，但又多了几分朝气。已往那种如梦如诗的着衣的羞态没有了，似乎又回归到他四十年代的人体画，而且更有抒情的韵致。他的生命脚步虽然向前走了五十年，但他的心态往后退了五十年，仍然有着青春气息。在老一代艺术家中，像林风眠这样始终追逐现代性目标的，则几乎是绝无仅有的了。

二十世纪五十年代末期，林风眠就画戏曲人物。和他的仕女画一样，温婉典雅。进入八十年代，他画的《群舞》《宝莲灯》以及《噩梦》组画、《痛苦》《基督》《屈原》《火烧赤壁》和《南天门》等，采用直线和几何分割的方法处理形象，使画面具有浓烈的悲剧性。《火烧赤壁》作于1985年，画两组面貌粗野的古装战士在一挤压的空间中斗争，红、黑二色对比，以红色为主，画出了排山倒海的气势，一种空前浓烈强悍而躁动的戏曲性场景，统统收纳在这悲壮又纷乱的景象中了。《南天门》有时画曹福和曹玉姐二人，有时画曹福和许多有如鬼魂似的方脸、圆脸和半脸的人物，且多以黑白和偏冷的色调渲染气氛，使悲剧性更张扬更强烈了。这是在以往内敛含蓄抑郁的戏曲画中所没有的。对这套组画的创作，林风眠说："那是一种感想、回忆，那段时间我常做一些噩梦，所以画出来就是噩梦了，并非画风的转变。"这组不是技法的变化，只是情感的变化，通过画笔把自己的情感倾泄出来。

已告别主题性绘画半个多世纪的林风眠，进入八十年代，他的画笔又涉足于人类命运的主题，由"出世"而"入世"，倾注着画家的大悲大哀。他创作的《痛苦》《噩梦》《基督》等，均为褪去了画家寂

裸女（1979年）

裸女（约二十世纪八十年代）

寞情绪、有时代节奏的佳作。画家似乎在表现"文革"时期生命际遇的噩梦般的回忆。

　　这些作品与林风眠笔下的山水、人物、静物、花鸟等画截然不同，他直接表现人的苦难与善恶冲突。这些主题画中同中有异，但都是具有摄人魂魄的艺术魅力。如《痛苦》中的人物以夸张变形的艺术手法，肢体僵硬无力，眼中充满了恐惧、哀伤和绝望。背景上墨块沉重，其间散布着的黄色块令人触目惊心，这两者相互交织，相互碰撞，动荡不安，渲染了作品的悲愤痛苦的气氛。关注人生、关注社会是林风眠早期绘画的最重要的方面。如二十年代他就画了《人类的痛苦》《人道》《悲哀》等作品，沉郁凝重，悲天悯人，蕴涵着强烈的人道主义精神。后来迫于政治压力，他的创作重心才转向其他方面。定居上海之后，林风眠公开展出的作品多为花鸟、风景、静物等，把欣赏者带进一个轻快、鲜明、优美和深邃的情境中去。与此同时，他也画过《打麻雀》《基督受难》等作品。《打麻雀》又名《噩梦》，画里奇怪的人头、惊恐的眼睛、闪烁不定的目光，交叉的线条充满着紧张感，黑色、深蓝色与厚薄不均的白粉颜色交织在一起，形成恐怖、死亡的效果。看来，他对1952年全国掀起的打麻雀这种违反自然规律的运动很不以为然，他虽然还不清楚这种运动的后果，但他从画中已经表现出不祥的预感。这说明林风眠轻松清雅恬淡的艺术境界里，还有关注社会、关注人生，内心还是充满痛苦的。但在政治高压下，他无法用艺术倾泻内心的痛苦，只是偶尔为之。所以在五六十年代，他这类作品不多。

　　其他如《天问》，刻画了屈原作《天问》时愤激的神姿，《基督》则描绘了基督受难和哀悼者身体曲折悲怯的情态，又使人想起他早年的《探索》巨制来。只不过是六十年前那些作品还不免带着洋腔洋调；如今这些作品，似乎是洋乐器与中国的锣、鼓、板、钹等同台演奏，特色鲜明，和谐一致。经历了将近一个世纪的动荡历史，尝尽了人间滋味的林风眠，在晚年似乎又有着青春的回归，又焕发出艺术激情，对于理念性绘画主题有着浓厚兴趣。

打麻雀(为1958年
创作组画系列之一)

屈原(1989年)

林风眠的这种象征性、主题性的作品，人们存在着质疑，提出了不同的看法。评论者都认为"应是表达对人性、善恶和政治的看法"。刘霜阳在《庾信文章老更成——读林风眠晚年画记》中评论说："林氏画这些的道德立场和勇气当然使人钦佩，但绘画形式是否配合得上主题就很成疑问：将林氏这类主题性绘画跟德国珂勒惠支的作品作比较，其差别显而易见。林风眠显然不擅长于主题性绘画。但1988年所画《耶稣》则是较成功的一帧。"对刘霜阳的评论，评论界多有同感。在这一类画中，不管表现什么题材，也不管是用什么形式表现，线条似乎已经消失，颜色也单一，看起来简化了，但这一切都融在他的灵魂中了。石琪在《名家的重复》短文中亦云："对于老年的林风眠，作为前辈名家应表示尊敬，并且庆幸他在被迫隐退数十年后能重出，再执画笔，来到香港安享晚年。他近年的画作保持一贯风貌，却不宜有额外期望。"又云："林风眠不是多变型，而是专一型，数十年前他中西合璧地创出美妙脱俗的画风，基本上圆熟了。如果他不是在黄金时代受环境所限而停笔，或许会创作得更加丰富多彩，不过他这种综合东西方写意特色的画风，其实近乎极限，不能再变。"席德进在香港拜见老师时，亦对其师直言："我最欢喜你画的山水和鸟，这些画可与古今中外大家作品并列而无愧色。但我比较不欢喜你画的变形静物和立体京戏人物。它们太西洋化了，而且与你的风格不一致。"

巴黎展览的刺激，林风眠纵有雄心壮志，想在艺术上再上一层，但力不从心是显而易

林风眠晚年

见的了。他也无法摆脱任何一位大家所走过的路：当艺术成熟到一定的程式，想从这个程式中走出来，那是很困难的。如果真能像林风眠期望的再给他二十年到五十年的时间，他可能会超越自我，重复这段路程，再现一个新的飞跃。这当然带着一些幻想。同样，如果要摆脱六十年的艺术积淀，远离惯性，了无痕迹，那也是另一种幻想。

林风眠想变，已说明他的不满足，一个画家能看到并勇于承认自己的不足，这恰恰是他的伟大之处。

对林风眠的艺术的评论，都是言之成理，这是极为正常而又极为健康的事情，基本上从以往的一边倒式的评论中解脱出来，讲的都是评论家真实的感觉。

好用方形构图，这是林风眠多年来一以贯之的创作习惯，他说这是从宋代画家册页画中学来的。到了香港之后，他的大部分作品仍然采用方形构图，但同时也运用他早年运用的长方形横幅式的构图。他这种横式长方形构图，既不同于中国画的长卷，也不同于西方的黄金分割的比例，如宽银幕电影。这种特殊的构图形式，我想林风眠是从自己的绘画心得中得来。如他的风景《秋》《雪》《山水》等都是用这种形式。《秋》就是一幅颇具代表性的作品。此图堂庑开阔，气象万千，画面物象的开合聚散与色彩的浓淡深浅都有着鲜明的节奏感。观赏此画，如听一首交响曲。其实在画法上并没有什么新意，这在他以往的方形画中也是常见到的，前有水塘，中景是杂树，远景为山峦，明亮的色彩，奇妙的倒影，早就成熟和定型了。但是采用横长式的构图，这幅《秋》看起来就显新颖而韵味悠长了。《火烧赤壁》是林风眠晚年常画的题材，有方式，也有长式。《火烧赤壁》表现曹操与东吴两军对垒时，东吴大将黄盖火烧曹营的历史故事。这一场面宏大、人物众多的画题，如果用方形布阵，显然是无法承载这样多的内容的，他因题材而异，采用横长式的构图，当然是最佳选择。《赤壁之战》气势雄浑，场面壮观，观之如身处千军万马在熊熊大火恶战厮杀之中。这种宽银幕式的构图，是林风眠借以加强画面气势、节奏感和翻新出奇的有效手段。

福寿双修：依风长眠香江

林风眠是近代中国美术教育重要的奠基者之一，治学严谨，教书育人，培养出一代又一代美术人才，桃李满天下，是受人尊敬和爱戴的一代师长。在艺术上，他融汇中西，贯通古今，为中国画开拓一个新的时代，其艺术造诣蜚声中外，其画品与人品为人楷模。因此，海峡两岸以某种形式视之为国宝。

1989年，为纪念林风眠诞辰九十周年，台北历史博物馆举办林风眠画展。

10月3日下午3时许，林风眠从香港抵台湾的桃园机场，他的十几位老学生前来迎接，师范大学教授何明绩拥抱了老师，说："老师是老了，个头也小了些，唯一不变的是他脸上的笑容。"林风眠表示：很高兴到台北来，感谢台北历史博物馆为他举办回顾展，也带来一些

林风眠和郝柏村在台湾

作品请大家指教。有些老朋友在台北，也希望能见到他们，以前我们还年轻，现在都老了啰。

因纪念林风眠九十岁诞辰，所以这次展览也叫"林风眠九十回顾展"，总计展出九十幅作品，创作时间跨度从1937年至今，题材广泛，涉及山水、风景、戏剧人物、仕女、裸女和花卉、静物。近期新作有《噩梦》与《痛苦》。这是林风眠自选的作品，表示是在自由、平等及博爱的理念下，很自然完成的两幅大画。

展览会开幕的那天，盛况空前，都想一睹大师的艺术风采，参观人数打破了历史博物馆历年的纪录。但是，在陈列林风眠作品的展厅前悬有蒋介石像，林风眠要求展出时取下，他的意见没有被采纳，于是换了展厅。林风眠被挂上花环，被簇拥在鲜花中。

展览会开幕式由台北历史博物馆陈癸淼馆长主持，林风眠多年前的老朋友黄少谷、郑彦芬及施金池，评论家、画家何怀硕等四百多人参加。施金池向林风眠颁发了台北历史博物馆最高荣誉的"荣誉金章"和奖牌。林风眠表示：希望多给他一点时间，继续画出他的感受。无疑林风眠是属于世界的，但他的伟大是把根扎在中国，他的艺术诞生于本民族的血液中。

台北历史博物馆为展览印制了大型画册《林风眠画集》，一套十二帧的"林风眠画集明信片"，还选了四幅作品精印成复制品，供不应求。林风眠在复制品上签名留念，不厌其烦，面上总是带着仁慈的笑容。

在台湾，林风眠和台湾的同行进行艺术交流，并接受了媒体的采访，谈了自己的一些作品和艺术主张。

问到从祖国大陆到香港，都画了不少仕女形象，画风有什么变化，他说："没有什么不同。我的仕女画主要来自中国的陶瓷艺术，我喜欢唐宋的陶瓷，尤其是宋瓷，受官窑、龙泉窑那种透明、颜色影响，我用这种东西的一种灵感，技术放在里面。"

当问到他那流畅挺拔的线条是否受马蒂斯的影响，他回答说："我是比较喜欢画中国线条，后来我总是想法子把毛笔画得像铅笔一样的线条，用铅笔画的线条很细，用毛笔画画就不一样了，东西要练很久，这种线条有点像唐代的铁线描、游丝描，一条线下来，比较流利，有点像西洋画稿子、速写。而我是用毛笔画的。"

当问到绘画流派和个人风格是否有矛盾，他回答说："我觉得文艺界一定有流派的，你以一个人的流派去发展，绘画是很个人性的东西，个人里面创造出来就是流派。我主张还是个人发展。如印象派是很大的流派，它主要在发现光这一点，而所谓印象派画家画出来的东西却不是千篇一律的，如凡·高、高更等都不同，因此它还是个人的。故艺术这个东西，关键还是个人的。"

当问到他和徐悲鸿以前都画油画，后来都用宣纸作画，这是为什么，他回答说："我是中国人，有中国的底子、血统，自然喜欢表达自己的东西。以前我画油画，在抗战期间显得不方便，于是就用宣纸作画。宣纸一画又有味道了，油画就搁置了。现在我又想画油画了。"

《民生报》报道了冯叶对这些作品出售的说明：这九十件作品，一部分是从收藏家手中借回来，一部分是林老自己的收藏，少数则是她所有；林老这几天接到不少希望购藏作品的电话，因此原则上可以割爱的仅约十幅，早期的作品是无法出售的。

在台湾的九天行程，林风眠除了沉浸在老学生重聚、观众欢迎的温馨之中，更惦记着另一些老朋友。对他有救命之恩的张学良，此时还在软禁中，林风眠前往探望，使他多年的夙愿以偿，不能不说是他人生中的一大快慰。

林风眠还探望了老朋友郎静山。郎静山在中国摄影界有着教父之称的地位，1928年首拍裸女，坚持传统，又锐意创新。他的革新摄影与林风眠的现代绘画，可谓心有灵犀。如今两位老人相聚，都精神矍铄，散淡之态可掬。

移居台湾几十年的无名氏（卜乃夫）与林风眠有着知心之交。林风眠此时更是忘记不了他。林风眠约他在丽都饭店共进早餐，谈往话今，还表示这次时间太仓促，将来悄悄来台小住，再邀老友长谈。

林风眠与郎静山相聚

  1991年3月，台湾授予林风眠文艺奖章及美术类特别贡献奖。林风眠特意前往领奖。林风眠的一生历经三代，不慕名利，甘于淡泊与寂寞，为什么会前往领奖？他的本意如何？在香港和台湾均引起种种猜测。对林风眠应该不应该去领这个奖，众说纷纭，台湾人说应该领，香港人说不应该领。对于这次赴台领取文艺特别贡献奖，林风眠说："我还是只能用'开心'这两个字来形容获奖的心情。九十一年来，这是我第一次获得肯定艺事的奖励，而且是中国人颁发的奖，我真的很开心。大家对我这么好。这次来台，主要就是领奖，我希望将奖金捐给台北历史博物馆。我第一次来台湾就是在历史博物馆办展览，有特别感情，希望这笔奖金能发挥作用，让更多艺术活动得以发展。"林风眠多次用"开心"两字表达自己的心情，一直浸沉在快乐中。老学生还为老师设宴庆贺，细心的学生还把林风眠上次来台活动照片收辑成册，送给老师作为纪念。学生们说："在老师面前，我们都像高三的学生。"

  无名氏更是紧紧地握着林风眠的手，连连说："林公，你真伟大！你真伟大！"

第九章　香港：中国现代派绘画的结束

林风眠弟媳林绍惠一家

1991年，林风眠与侄女林素玲夫妇在香港寓所合影

虽然如此，林风眠仍然有着"独在异乡为异客"的凄凉之感，思乡之情常萦绕心头。为了慰藉乡愁，他到香港后即寄了一笔钱给阁公岭山村的侄女林素玲（二弟林绍惠的女儿）和其他家人，委托他们修造了祖坟，又镌刻了祖父等亲人的墓碑，了却了对祖父的孝敬之心。1991年4月，还邀请侄女林素玲夫妇到香港探亲，当时林风眠只能坐在轮椅上和他们合影留念了。

中国人有句人生谚语："七十不留宿，八十不留饭。"这时的林风眠已经九十二岁，按照中国传统风习，他已积闰九十有五，毕竟年纪老迈，返港不久就病倒了，在医院里进进出出，时好时坏。1991年7月下旬，他又因心脏病突发，在大雨滂沱中被送进港安医院。这一年大水成灾，音乐家傅聪在香港举办"傅雷纪念音乐会"，所得收入捐献内地救灾，翻译学会会长金圣华与傅聪联络，咨询应由谁来题字，傅聪马上想到的是林风眠，他说："父亲与林风眠大师是挚友，由他题字再恰当不过了。"金圣华与林风眠联络，他已经入院，病体不支，冯叶本不忍心再打扰他。谁知在病榻上的林风眠闻讯，坚持要为音乐会题字。这时，他已不能用毛笔了，就在病榻上用日本水笔，题写了"傅雷纪念音乐会"，并签上了自己的名字。

谁知这次题字竟是林风眠的绝笔，自此病情一天天恶化，心脏病并发感染性肺炎，冯叶从英国请名医为他诊治，亦不见好转，朋友们去看他，他说："风鸣，风鸣，鸣不动了，要溘然长眠了。"他还告诉冯叶："过后，火化当肥料种花也无妨。"

8月12日，又是一个风

1991年，林风眠题"傅雷纪念音乐会"

第九章　香港：中国现代派绘画的结束

雨交加的日子，他望着窗外，对冯叶说："三十多年了，总算盼着你长大了，可以独立了，总算教会你了，我可以放心了。"这以后，林风眠的病突然恶化，群医抢救，最后吊在病床上的针药全部停止流动，心脏的跳动已在荧光屏幕上成为一点。那一点光芒，宛然如一颗引路星星，引着他走完了人生道路的最后一段。

林风眠病逝，香港、台湾地区及海外华人纷纷撰文悼念，称他是"一代宗师"，他的"艺术与人格成为当代艺术家写照"，他是"水边的一只孤雁"，如今是"倚风长眠""留声远去"了。林风眠到香港定居后的忘年交蒋芸，是香港知名的专栏作家，林风眠逝世时她就在病床边，她在《风中长眠》的悼文中写了他病逝时的情景：

老人呼吸逐渐微弱，心脏的跳动已在荧光幕上成为一点，那一点光芒，果然如一颗星星，是这样一颗星星为他引路吗？他已经太累，太疲倦，人世的道路走到了最后一段，而有幸在这段道路中替他送别，夜来的风雨声，每一声都似乎在为一个离别的人奏起挽歌；也许他的灵魂将回到他梦中的江南，那好风好水的地方，他的一生因他

蒋芸与金东方

那永恒的画而不朽，因他的作画育画坛英才而不朽。在风中长眠的长者，安息吧。

8月17日，在香港殡仪馆，风雨霏霏，香港各界人士为这位二十世纪在中国画坛贡献卓著的一代宗师送行。

向林风眠遗体告别仪式，新华社及香港各家报纸，用不同的视点作了报道。

林风眠灵堂花圈簇拥，挽联高悬，享年九十有二的林风眠，遗容安详，遗照摆放在灵堂的正中，两边挽联为"新风格汇中西画苑声名宗一代；真性灵甘淡泊艺坛典范足千秋"。新华社香港分社社长周南，副社长郑华、张浚生，名画家刘海粟、吴冠中、赵无极、杨善深、赵少昂及钢琴家傅聪等，以及林风眠的亲友及香港各界人士，均送花圈，表示哀思。林风眠住院近月的港安医院治疗部全体护士亦送了花圈。新华分社副社长郑华和林风眠亲友和生前友好近百人，向林风眠遗体告别，并向林风眠的义女冯叶表示慰问。会上还宣读了海峡两岸及海外发来的唁电。林风眠灵柩由林汝祥、韩中旋、刘璞良、徐承来、张五常、韦基舜、黄国祯、王烘忠、黄永玉、董千里十人扶灵，随即送至哥连臣角火葬场火化。

林风眠之女林蒂娜由于心脏不适，并没有到香港为父亲送行，一切事宜由冯叶办理。冯叶声称将林风眠的骨灰暂存一家道观中，准备将来移葬于西子湖畔。因为给林风眠留下最美好记忆的不是香江的浓艳，而是西子湖上的微波与清风。

斯人远去，人们还在用不同的方式悼念他。那双眼睛，几乎阅历了整个中国近代史的长城——固执和冒进、呐喊与优悠，现在，不再有嘉许，也不再有批评，笑容将永远挂在他的脸上。就是那笑容，不断地提醒我们，他是林风眠。你可以诠释或批评，说他在表现主义那里拾了某些东西，造型有马蒂斯和莫迪利亚尼的影子，用粉从符拉曼克（Vlaminck）变化出来，构图和水墨不脱画像砖和八大山人的影响。人，当然是从历史中走出来的，但他作品的统一性却告诉我们——历史并没有予他太大的重负，在近代无休止的争执和混乱间，他沉默的内向在孤寂地挖掘。除了他的艺术所爆发的撞击声以外，常常在某个不大为人注意的角落，一管笛声悠扬而起，轻轻地，不哀不怨。你也许说对了，他是意境的营造者。他少年时代就爱读诗。看林风眠的画，只有把它当作诗来读才能看懂。林风眠就是林风眠，他有别于黄宾虹与徐悲鸿，前者是历史的总结者，后者在中西传统的夹缠间扮演了一个尴尬的角色，而林风眠则把身体平卧在历史上，好待后来的人平稳地走过去。

外一章

林风眠的绝笔：我想回家，要回杭州

1977年，林风眠以出国探亲为理由获准，他于10月19日离开上海到了香港。他本来准备在香港逗留一段时日，画画、卖画，积攒一些资金，再去巴西和夫人、女儿团聚，下一步再考虑是就此定居巴西还是移居巴黎。也许是命运的安排，直到1997年8月12日星殒香江，他在香港一住就是十三年。十三年的时间于人生是极长的一段，也是林风眠艺术生涯中最为华彩的乐章，除了在书画市场上透过他的绘画看到他生命的闪光，其他都是寂然无闻，岁月的封尘是一种无形的屏障，把他和外界隔绝开来。这段时间林风眠的生活又成为一个谜，许多人都在试图解开这个谜。

  外界人很少知道林风眠还有一个外孙。2012年12月，他的外孙杰拉德·马科维茨（Gerald Markowitz）到上海来了。我应邀和他见面，他那瘦小的身形，穿着一件比他自己的身形肥大很多的外套，以陌生的目光看着周围的一切。当他知道我是他外公林风眠传记的作者，我把一本《林风眠传》交到他手中时，他和我热烈地拥抱着，一时找不到交流的话题，就抖了抖他身上那件不合体的大衣，对我说："这是我外祖父生前穿过的大衣，我回到了外祖父的祖国，所以我身穿外祖父的衣服。"他的眼睛不大，有点像林风眠，不像一般外国人有着大眼睛，闪着光，盯着我问："你见过我外祖父，穿上这件大衣，是不是很像我的外祖父？"

  这次来和杰拉德·马科维茨见面的，还有席素华的儿子王泽良，他也注意到马科维茨穿的这件大衣。他告诉我："我也有这样一件大衣，德国货，

林风眠外孙杰拉德近照

是林风眠送给我的。"后来，王泽良告诉我，他那件大衣的由来：中国三年困难时期，食品变得非常昂贵。继父冯纪忠是高级知识分子，享有文化俱乐部食品券。母亲星期天常常带我去吃一顿高级西餐。有一次因我的缘故，惹得我母亲和父亲大吵起来，母亲一气之下就拉着我，叫了一辆三轮车，气呼呼地跑到林风眠的画室里。林伯伯听后也感到冯纪忠太过分了。他看我委屈的样子，就拿出一件黑色呢短大衣，说："这还是从德国带回来的，天冷了，给小Baby改件大衣吧。"由于我个头较高，一试穿，正好，也不用改了。我记得1978年参加金山卫围堤劳动时，我还靠这件衣服挡风御寒。

这次见面会布置了许多照片，有林风眠当年在法国留学时和第一位夫人的照片，还有许多是我没有见过的照片，如他去巴西探亲的照片，和外孙在一起的照片。马科维茨指着照片说："人们只知道外祖父育有我的母亲蒂娜，不知道还有我这个外孙，所以我母亲去世后，就没有人和我联系了。"马科维茨还说：我这次来要办四件事，第一想把外祖父的骨灰从香港一个道观移出来，挪到杭州安葬。第二参观外祖父在杭州故居及上海南昌路53号故居，还想参观外祖父生前工作过的地方，上海中国画院。第三，希望能有更多时间，访问外祖父认识的人，追忆外祖父在上海的往事，搜集更多材料，我现在正在写《我与外公林风眠》。第四，同时希望能把外祖母的骨灰移过来，与外祖父合葬。外祖母一生都很辛苦，与外祖父聚少离多。

马科维茨1959年生于巴西里约热内卢，是林蒂娜的独生子。这样算起，他身上仅有四分之一中国血统。在他身上唯一留下中国文化痕迹的，就是写字用握毛笔的姿势握圆珠笔写字，他说这是母亲从小教给他的，"写中国毛笔字要这样握笔"。林蒂娜在上海读过中学，何况她的父亲林风眠又是用毛笔在宣纸上作画的。马科维茨的到来，可以澄清外界对于"林风眠无后人"的误解。

这个外孙何以姗姗来迟，直到外祖父林风眠逝世之后许多年才来上海？

这里有主观原因，也有客观原因。说主观原因是在此之前，他自己"对这件事情也没有倾注很大的注意力",客观原因就是"家庭状况一直不好,贫困,外祖母多病,母亲去世,一系列打击甚至令我崩溃,之后得了重病"(接受顾村言、陈若茜采访记录)。他们在巴西一直都是租房子住,没有自己的房子,在他的记忆中总是从一个地方搬到另一个地方。外祖父林风眠去看望他们的时候,也是住在他们租的房子里。外祖父总是说,什么时候等他的画卖得好了,就给他们买自己的房子。直到外公去世后,他妈妈收到外公托别人寄来五万美元。拿到钱后,他妈妈首先想到的就是买房子。但这些钱还不够买整栋房子,由于母亲没有工作,银行不愿贷款给他们。后来由于邻居出面担保,银行才同意贷款,1995年8月,母亲终于买下他们自己的房子。马科维茨没有透露外公委托寄款者姓名,他也许并不知道。可以推测,林风眠生前寄款交给女儿买房子的钱不会只有五万美元。他去过巴西,不会不知道五万美元能买什么样的房子呢?何况林风眠一生中牵挂最多的是女儿蒂娜,对女儿也很慷慨,他临走能把房子送给学生潘其鎏,潘赴美国时,他一次就资助三万美元。

外祖母和父亲去世后,马科维茨就和母亲林蒂娜相依为命。2008年2月18日这天,他的母亲突然发心脏病晕倒了,他叫出租车送她去医院,还没有到医院,她就死在儿子怀里。他抱着母亲来到医院,抢救了很久无济于事。当医生宣布说他的母亲林蒂娜已经去世,他仍然是不能相信。但又不能不相信,母亲林蒂娜真的死了,他本想把母亲和父亲葬在同一坟场。但是他们唯一的钱还是外祖父寄来的钱买了房子了。巴西的坟地很贵,他没有钱去为母亲买坟地,只好租了一块坟地,把母亲和外祖母、父亲葬在同一个坟场。

那个坟场三年一租。租期到了,他还是筹不到钱将坟地买下来。他说:"我违背了母亲的遗愿,卖了一张外祖父的画,但还是不够,按合同的约定,母亲的尸体被重挖了出来,缩到一个小盒子里,不让再葬在那块坟地,移到了另一个天主教的集体葬室。经过这件事情后,我几近崩溃。"(顾村言、陈若茜采访笔录)

林风眠1977年10月到了香港,1978年2月筹划去巴西探亲,他

林风眠与女儿林蒂娜、外孙杰拉德

那时还没有人寄住在身边,行动还很自由。他于1978年、1979年、1981年、1983年先后四次去巴西探亲,和家人团聚,其中的快乐在给朋友的信中已经表现了出来。他很关心那个外孙马科维茨,十八岁的他脸上长了青春痘,这是一种正常现象,是不需要医治的。可是他还是写信给在上海的袁湘文或香港的医生,讨教医治青春痘的办法。除了关心外孙青春痘的治疗,还送给他一块CYMA手表。

林风眠每次去巴西探亲,都给家人带来欢乐。外孙学过建筑,他就经常跟外孙讨论建筑方面的问题,他对外孙说:"如果一条线是用尺子划出来的,那是没有生命的,要用活的线条来画。"这话给外孙留下深刻的印象。他知道外孙喜欢音乐,他们就经常在一起交流音乐。但是外祖父的探亲,也在他的心中留下难以抹去的阴影。他曾对我说:"有一次外祖父来巴西探亲,带来了那位守在他身边的人,外祖父的一切事都由她管着,对外祖母刺激很大,伤透了外祖母的心。"

1983年,林风眠第四次到巴西探亲,他的夫人爱丽斯已于1982年6月13日去世了。他这次在巴西待了六个月,是四次探亲中待的时间最长的一次。他带去了宣纸和毛笔、颜料，还有四颗印章，为女儿画了许多画。林蒂娜手里有父亲林风眠这样多的画，应该说经济上不会有什么困难的。但她守着父亲的画，不愿意把父亲的画变成金钱。至今，她的儿子马科维茨仍然遵守着母亲的遗愿，是外祖父林风眠的那些画的守护者。

杰拉德·马科维茨在上海期间，我的青年同道、《东方早报》艺术周刊的记者顾村言、陈若茜和他在一起活动了几天，追随采访，他和他们谈了许多话。他们都如实地记录了下来，并写了《林风眠的绝笔：想回家，回杭州》的文章。笔者在《林风眠传记》"外一章"一节就是借用了他们的标题。我觉得这个标题真实地传达了林风眠晚年的心境，因之把他们文章中的几段重要记录抄之于后：

艺术评论：你知道你外祖父临终前的任何情形吗？

杰拉德·马科维茨：只知道他那时非常想见我们，可他身边一个人都没有。母亲说到此就泣不成声。之后曾听Aso（苏天赐）他们告知：外祖父曾在不能说话的情况下，用笔写下过："我想回家，回杭州。"我知道，就在那里的玉泉路边，有过一个我外祖父一家欢乐无比的家。可为什么外祖父死后一直都回不了那个家呢？他竟被孤零零地弃放在香港那无人知晓的道观里。

艺术评论：你们是怎么获知外祖父逝世的消息？你和你母亲作为他的直系亲属，怎么没有出席外祖父的追悼会？

杰拉德·马科维茨：我记得很清楚，是一位香港友人打电话告诉妈妈外祖父去世消息的。我们尝试过联系那边，一直联系不上，这里边的原因很复杂。另外，当时我们家的状况很糟糕，妈妈坐不来飞机，没办法长途旅行，当初移民巴西，他们也是坐船出去的，到了巴西之后她再也没有出过国门。

艺术评论：对外祖父有过抱怨吗？

杰拉德·马科维茨：有过，尤其是外祖母去世时。但后来我更多的是理解和怜惜。因为亲眼见过了他的无奈和无助，那样子真的很可怜的。命运对他的不公,迫使他做出了可能让自己都后悔的选择。而且,我和母亲一样坚信他的最后几年一定过得很凄苦和悲哀。他和我们一样都是受害者。但无论怎样,我相信他现在已和外祖母、母亲在天堂团聚了,那是一个对他们来说再安全不过的地方。再也不用担心,再也不受侵犯,更不用再去看任何装腔作势的小人演戏了。

艺术评论:这些年,中国艺术界有人替你外祖父建造纪念馆和纪念园,也有人想替他建碑造墓,甚至拍电影,你有兴趣参与吗?

杰拉德·马科维茨:当然,如果我能将外祖父的骨灰盒从那跟他毫不相干的道观里迁移出来,我真想亲手替他建造这个墓,到时我还要将外婆也迁来和他并葬。这也是外婆生前的愿望。过去的七十余年,战争、饥荒和中国的大小"运动",之后又因小人的阴谋、贪婪和作践,我的外祖母没跟外祖父过过好日子,但我亲眼见证了外祖母对外祖父坚贞的感情和真正的关心与体贴。中国二十世纪六十年代初的灾难时,外祖母自己省吃俭用,不停地给外祖父往上海寄食物,又不停叮嘱他的学生一定要替她照顾好外祖父。外祖父在监狱时,外祖

杰拉德·马科维茨拜谒林风眠之墓葬处

母心急如焚，不停写信给中国的要人，请求释放外祖父。好不容易盼到了与外祖父团聚的那一天，我又亲眼见到了她眼里从未有过的光。可是不知何时，外祖父身边却跟着一个人，无时无刻地威胁着外祖母等待已久的梦……所以我一定要让外祖母死后圆梦，让她永远跟外祖父在一起，永不分离。

  艺术评论：你是目前林风眠先生留在世上唯一的骨血。请问你是如何看待外祖父传奇的一生和他留下的物质与精神财富？

  杰拉德·马科维茨：外祖父果然是个传说中的奇妙人物。我从小就因看不懂他的画而感到奇妙。我常问外祖母："为什么外祖父画的女人老不穿衣服呢？"外祖母的回答总是那么简单易懂，"她一定是太热了"；"那为什么外祖父画的天不是蓝的呀？""因为那是晚上啊"；"那小鸟为什么都是黑的呀？""因为它们和你一样不喜欢洗澡"……长大后我越来越被他的画所吸引，时不时还会用相机去对着拍，再做成幻灯片看。眼下外祖父的画价日益疯涨，我觉得太有趣了。当然也替那些以此发财的人们高兴，尽管这跟我没什么关系，除非这发生在三十年前，那我们一家人的日子会好过得多。但不管怎么，我们一家人这辈子都活过了、非常光彩和问心无愧，我外祖母和母亲如天堂有知，一定会和我一样为外祖父而骄傲。

  这一段访问谈话，我们对林风眠晚年的心境有了更深一层的了解。"悲苦悲哀"的晚年，有着多少"无奈和无助"，见不到朋友，与世界隔绝，家人得不到他逝世的消息，就是因为他"身边跟着一个人"，而这个人不只是封闭了林风眠，而且还在"无时无刻地威胁着"他的夫人艾丽丝"等待已久的梦"。但是，直到艾丽丝死后也没有能圆和丈夫林风眠团圆的梦。这是不是林风眠在"无奈无助"中的自我选择，今天还是无法知道。外孙马科维茨为了"让外祖母死后圆梦，让她永远跟外祖父在一起，永不分离"。

  《东方早报·艺术评论》记者陈若茜追踪采访，于2013年1月7日以《林风眠骨灰将被迁，去向未明》为题作了报道：

2012年12月中旬，杰拉德·马科维茨结束了上海、杭州之行到了香港，他这时才发现外公林风眠的骨灰不是放在以前他所知、外面盛传的什么道观，而是放在香港歌连臣角火葬场慎终堂七楼。杰拉德·马科维茨捧着鲜花，来到慎终堂，按照"编号入座"，好容易才找到他外公骨灰存放的地方，只有四只螺钉，一块盖板，骨灰就存放在盖板之后的盒子里。这里是许许多多无法入地亡灵骨灰的存放处，盖板除了有死者的照片，还有一个特殊的标志。林风眠的骨灰存放处和其他无法入土的亡灵骨灰存放的盖板一样，也有一种特殊的标志，只是没有林风眠的照片，盖板上用赤色的笔写着"梅州林公风眠之灵龛"几个大字。存放骨灰的箱子太高，也没有放鲜花的地方，马科维茨翘首仰望，默默地祈祷外公安息，只能把鲜花放在地上。

　　杰拉德·马科维茨向歌连臣角火葬场提出，要把外公林风眠的骨灰移到杭州西湖，和外祖母合葬。对方告诉他，2012年11月23日，林风眠的义女冯叶已经办了林风眠骨灰迁移手续。现在，林风眠的骨灰还在，火葬场只能接受将骨灰存入者的申请，其他任何人都没有权利将骨灰移走。而冯叶已于一个月前办了林风眠骨灰迁移的手续。如果杰拉德·马科维茨要以外孙的身份将骨灰移走，也就是更换经办人，必须和冯叶取得联系，双方办理骨灰移交的手续。但是，他们经过多方联系，无法找到冯叶。为了使林风眠夫妇圆在杭州同穴而居的梦，《东方早报》也热情地联系，也是无法找到冯叶。

　　现如今，林风眠之魂仍漫游香江，无法回到他生前曾经歌颂过的西湖。

　　西湖也在呼唤，为现代派大师林风眠招魂：

　　魂兮归来，何远为些？

　　魂兮归来，返故居些！

　　魂兮归来，恣所择些！

　　……

后　　记

　　《林风眠传》初版是在 1999 年，距今已经二十多年了。在这段时间里，这本传记作了两次修订，两次再版，我仍然是放不下心来，因为对林先生爱之最深，了解得最多的两位学生潘其鎏、金碧芬，我还没有机会采访到，是不是还有他们知道的林先生的重要材料有所遗漏？每想及此，我心中就有些惴惴不安。但是自称"林风眠迷"的徐宗帅创办了"民间风眠"，他自己也成了研究林风眠的民间学人。他采访了林先生的这两位学生潘其鎏、金碧芬（金东方），并写下了详细的谈话记录。所以，《林风眠传》第三次修订及再版，得益于这个"访谈记录"，我选择几条重要史料写入修订本中，并一一加了注释。至此，我的心放下了许多，完成了《林风眠传》"终极之作"。所谓"终极之作"，即我不会再修订了，这是一个最完整的本子。

　　感谢文汇出版社，在我写的人物传记中有《谢稚柳传》《叶恭绰传》两本"终极之作"，都是由他们出版的，《林风眠传》是我"终极之作"的第三本了。再次致以谢忱。

郑重

二〇二五年一月于梧桐人家